集人文社科之思　刊专业学术之声

集 刊 名：北京史学

主办单位：北京市社会科学院历史研究所

主　　编：刘仲华

副 主 编：高福美

执行主编：任　超

BEIJING HISTORICAL STUDIES

编辑委员会（按姓氏笔画排序）

马　钊　王　岗　王建伟　左玉河　朱　浒　刘仲华　孙冬虎

李　帆　李建平　杨共乐　吴文涛　岳升阳　郑永华　赵志强

倪玉平　黄兴涛　章永俊

编辑部

编辑部主任：刘仲华

本 辑 编审：任　超

2023年春季刊（总第17辑）

集刊序列号：PIJ-2018-284

中国集刊网：www.jikan.com.cn/北京史学

集刊投约稿平台：www.iedol.cn

2023 年春季刊
（总第 17 辑）

北京史学

北京市社会科学院历史研究所　编

任　超　执行主编

BEIJING HISTORICAL STUDIES

社会科学文献出版社
SOCIAL SCIENCES ACADEMIC PRESS (CHINA)

北京市社会科学院集刊
编辑工作委员会

目录
CONTENTS

城市治理　003　从五城行政到巡警厅：清末北京
　　　　　　　　　　城市治理的变革之路　　　　　刘仲华

　　　　　　　032　民国时期冬防问题试析　　　　　李自典

　　　　　　　049　近代北京龙须沟水环境变迁及其治理　熊志鹏

　　　　　　　077　近代北京消防事业与城市管理述论
　　　　　　　　　　（1902—1937）　　　　　　　辛　静

　　　　　　　105　新中国成立初期北京市蔬菜产销制度的
　　　　　　　　　　建立与调整（1949—1956）　　李玉蓉

政治文化　131　新中国成立初期天安门广场与北京礼仪
　　　　　　　　　　空间的重塑　　　　　　　　　唐仕春

　　　　　　　154　韩寿萱对新中国成立前后中国博物馆
　　　　　　　　　　事业的探索　　　　　　　　　杨家毅

　　　　　　　176　他者之思：柯乐博在华期间对中国革命的
　　　　　　　　　　观察与分析　　　　　　　　　陈佳奇

古都北京　209　论乾隆帝弘历贬斥"汉人习气"的
　　　　　　　　　　指向与用意　　　　　　　　　孙　昉

　　　　　　　231　北京智化寺兴衰与明代宦官政治探析　张　岩

　　　　　　　257　觉生寺清代祭坛祈雨初探　　　　王　申

　　　　　　　277　太保与作册：北京琉璃河 M1902 新出
　　　　　　　　　　作册奂卣研究　　　　　　　　陈光鑫

目录
CONTENTS

读史札记　289　一个北京市民解放前后的生活实录
　　　　　　　　　　——喻世长日记史料价值简介　　　　　　　　丁　芮

　　　　　　311　沧桑巨变中的世家子弟
　　　　　　　　　　——兼论祁景颐日记的史料价值　　　　　　　赵妍杰

学术综述　341　2022 年北京史研究综述　　　　　　　　　　　操宇晴

城市治理

从五城行政到巡警厅：
清末北京城市治理的变革之路

刘仲华 *

摘　要：在西方外来冲击的影响下，传统城市管理中原本就存在的弊端被进一步放大。历经洋务运动、戊戌维新，随着中国人对西方城市社会的了解不断加深，有识之士开始呼吁在北京设立巡警，改造城市道路，对城市治理进行变革。清末新政期间，清政府先后设立协巡局、工巡局，负责地面巡逻、清查户口、办理诉讼以及道路维护等事务。与此同时，五城御史和街道厅等衙门被撤销，五城练勇全部改为巡捕，清代北京的五城体系基本废止。光绪三十年，清政府设立巡警部，京城工巡局改为内外城巡警厅，其职能更进一步接近了近代城市政府的管理功能。

关键词：协巡局　工巡局　巡警厅　清末北京城市管理

　　清承明制，在京城设"五城"即中城、东城、西城、南城、北城，与八旗驻防共同构成了北京城市管理的二元化模式。清中期以后，传统模式的城市管理越发不适应日益发展的城市需求，互不统属的五城行政，以及中央和地方多元权力交叉的城市管理格局，导致社会治理和城市建设等诸多方面顾此失彼；道路交

* 刘仲华，北京市社会科学院历史研究所研究员。

通、沟渠卫生等公共事务缺乏投入，导致城市面貌日益残破。随着晚清中国发生一幕幕"三千年未有之变局"，中国开启了从传统向近现代艰难转变的历程。也正是在这场充满曲折的时代变革中，北京城市治理的变化次第展开。

一　戊戌维新中对城市变革的呼吁

在清末新政以前，北京城市治理虽然没有像通商口岸城市上海、天津乃至广州等地那样发生明显的变化，但北京城市管理的变化速度正逐步加快。尤其是戊戌维新前后，有识之士呼吁效仿西方进行变革，虽然还没有形成系统的城市治理理论体系，但在舆论上已经为北京城市变革铺垫了基础。

其一，主张仿照西法，设立巡警。戊戌变法之前，一些主张仿照西方进行变革的有识之士就提出过类似的建议。郑观应在《盛世危言·巡捕》中曾介绍西方城市的警察制度："考西法通都大邑，俱设巡捕房，分别日班、夜班，派巡捕站立街道，按段稽查。遇有形迹可疑及斗殴、拐骗、盗劫等情，立即拘往捕房，送官究办。故流氓不敢滋事，宵小无隙生心。即有睚眦小忿，口舌纷争，一见巡捕当前，亦各释忿罢争，不致酿成命案。而其禁止犯法，保护居民，实于地方民生大有裨益，诚泰西善政之一端也。"他认为中国城市中治安不佳，皆因为没有巡捕。"今中国各省奸民布满市廛，或名青皮，或名光棍，或名混混，或名流氓，总而言之皆莠民也。此辈不耕而食，不织而衣，游手好闲，毫无恒业，挟其欺诈伎俩，横行市肆之间，遇事生风，无恶不作，不啻以拆梢为秘诀，以敲诈为薪传，皆因内地城乡无巡捕往来弹压，故敢肆无忌惮，慁不畏法。"[1]

---

1 《盛世危言·巡捕》，见夏东元编《郑观应集》上册，上海人民出版社，1982，第512页。

西方城市中的"巡捕一端实远胜中国胥役"，因此郑观应主张在全国城乡各地设立巡捕，按段梭巡。

同一时期的维新派思想家陈炽所提出的"巡捕"则更接近于近代的城市治理新模式。陈炽推崇西方城市的警察制度，"泰西巡捕之设，虽略如古之虞衡、今之快役，而御灾捍患，意美法良，清洁街衢，逐捕盗贼，永朝永夕，植立途间。号令严明，规模整肃，风清弊绝，井然秩然"。他还曾经游历沿海口岸城市，也去过香港、澳门，这些城市或租界区的管理，"为之董率者，数西人，十数印度人耳。而华捕千人，皆循循然谨守范围，罔敢逾越，徒以事无瞻庇，俸有盈余，赏罚之法行，身家之念重，贪饕之性，悉化廉能"。同样是中国境内的土地和民众，这些城市之所以能够治理得秩序井然，其根本就在这些地方设立了"巡捕"。陈炽建议，"改弦而更张之，请先自京师始"，具体办法就是，"增练勇名数，参仿巡捕章程，番役之疲羸，急宜裁革，街道之费用，力杜侵渔，内城责之金吾，不可以他官兼摄，外城责之御史，不宜以一岁遽更。编立门牌，疏通渠道，街衢必洁，稽察必严。慎选贤能，务除冗滥，互相纠正，毋许瞻徇，偶有弊端，罪其主者。官款不足，量取民捐，涓滴归公，敷用而止。行之一岁，政令大行，然后详定规条，颁行天下"。[1] 陈炽虽然只是就设立"巡捕"立论，但他对北京城市治理中弊病的指摘还是切中肯綮的。

郑观应和陈炽的主张都是在戊戌变法之前提出的，除了引起维新变法同道者的共鸣之外，当时大多停留在议论的层面上，加之百日维新的失败，维新派的很多主张因"康梁逆党"而被妖魔化，未能转化成为城市建设中的具体措施。

---

1 《庸书·巡捕》，见赵树贵、曾丽雅编《陈炽集》，中华书局，1997，第98—99页。

其二，兴办工艺，解决城市贫困。清末中国积贫积弱，加之内忧外患、天灾人祸，大量流民、灾民涌入城市，救助贫困的任务更加迫切。京城作为首善之区，慈善救助事业虽然比较健全，得到清政府的资助力度也最大，但在面对这种情形时，旧有的救助措施也是捉襟见肘，考验着城市的治理应对能力。

随着清末自强求富思潮的兴起，有识之士提出了救助贫困的新途径。仍以郑观应为例，他就提出"欲救中国之贫，莫如大兴工艺"。[1] 他认为西方国家广泛设立工艺一事，"非但有益商务，且有益人心。院中课习制造、机器、织布、造线、缝纫、攻玉，以及考察药性与化学等类，教分五等"。至于中国，"向无工艺院，故贫民子女无业谋生者多"。如果能在全国各地"设院教其各成一艺，俾糊口有资，自不至流为盗贼"。[2] 因此，他呼吁"工艺学堂亦今世之亟务"，主张在全国各地设工艺专科、开工艺学堂、设博览会等。

另外，时人对造成城市贫困问题的根源也有了更进一步的认识。例如，杨然青就认为西方工业产品的输入导致中国本土大量民众失业，是造成贫困无业游民增多的根本原因。他说："中国户口不下四百兆有奇，较之百年前增三分之一，而土地不加广，生计不加多，非惟不多，且日少焉。何则？自道光年间大开海禁，西人之工于牟利者接踵而来，操贸易之权，逐锥刀之利，民间生计皆为其所夺。未通商之前，大布衣被苍生，业此为生者何可数计。自洋布、洋纱入口，土布销场遂滞，纺绩稀少，机轴之声几欲断矣！帆船亦为绝大生业，当其盛时，北至天津、牛庄，南至八闽、百粤，凡舵工水手恃以养赡家口者尤多。自轮船入华，而帆船之失业日众，帆橹之影几叹无矣！近来中国贫民之多，职是

---

1 《盛世危言·技艺》，见夏东元编《郑观应集》上册，第 728 页。

2 《盛世危言·学校上》，见夏东元编《郑观应集》上册，第 267 页。

之故。"因此，杨然青主张仿照西法设立善堂，而这并非中国传统的善堂，那么西法的善堂有什么不同呢？曰："西国善堂法良意美，而其规制不外乎教工艺、严部勒、洁居室、别勤惰而已。"其中最关键是"教工艺"，区别男女，学习工艺，"男如做靴鞋，理破布，制木器、铜器、铁器等物，为一等；聪明者，教以印书、绘画、制造、织造之细工，为一等；粗愚者，教以农工、种茶、种谷、垦地、肥地、兴修水利之法，为一等"。女工则"有作绣货缝衣裤者，有织布者，有纺线者，有修皮者"。[1] 工艺学成以后，可以留在学堂，也可以准其出外谋生。

郑观应不仅非常赞同杨然青的主张，而且将此文附录于《盛世危言·善举》一文之后。郑观应认为传统的救济措施并不能彻底解决贫困流民问题。"中国生齿日繁，生机日蹙，或平民失业，或乞丐行凶，或游手逗留，或流民滋事。近虽设有栖流所、施医局、养老院、育婴堂诸善举，然大抵经理不善，款项不充，致各省穷民仍多无所归者。小则偷窃拐骗，大则结党横行，攫市上之金钱，劫途中之行旅。揆其所自，实迫饥寒。"因此，郑观应也主张以西法之善堂解决问题："亟宜设法扩充，官绅合力，令世家贵族、富户殷商酌量捐资，广为收恤，城市乡落遍立善堂"，"所有无告穷民，各教以一工一艺，庶身有所寄，贫有所资，弱者无须乞食市廛，强者不致身罹法网。少年强壮之夫，则官为资给，督令垦荒，国家可增赋税。所谓一举而数善备者，此也"。[2]

其三，改造城市道路。晚清，在诸多游历北京的西方人眼中，京城城市道路缺乏维护，街面卫生堪忧，一直备受批评。与此同时，一些游历西方各国的国人也开始介绍西方城市景象的方方面

---

1 《杨然青茂才〈论泰西善堂〉》，见《盛世危言·善举》附，夏东元编《郑观应集》上册，第 529—530 页。

2 《盛世危言·善举》，见夏东元编《郑观应集》上册，第 525 页。

面，尤其称赞整齐修平的街道。因此，在戊戌维新时期，主张变法者纷纷提出改造道路的主张。

郑观应认为修治道路原本就是古代帝王"致治"的一项重要内容，"道路之修否，可觇国政之兴废，可征人事之勤弛，商务之衰旺系之，行旅之苦乐因之，市面之兴衰系之"，因此"王者重修路之政，具有深心"，并非可有可无。

西方各国皆设工部局，"司理道路桥梁以时修葺，化艰险为平易，变欹侧为整齐，以水车洒尘埃，以木车收垃圾，街道洁净迥异寻常"。至于中国各府、州、县，"道路则任其倾圮，污秽则任其堆积。官虽目见耳闻，不啻司空见惯，置诸不理，盖修路之政久废矣"。尤其是京津往来大道，官、商、士、工皆荟萃于一途，其道路本应"随时兴修，俾安行旅"，但现实是"参差不一、凹凸不齐，平时两马一车已难行驶，偶逢霪雨则平地顿成泽国，车马运于水中，贸贸然如瞽者夜行，无路径之可辨，因而倾覆伤损时有所闻"。作为清政府最重视的通州至朝阳门的四十里石路，也是长期残坏，"倾侧颠覆不一而足"。

郑观应主张参照西方各国以及上海等租界地的方法，"其修法当仿泰西各国，有石路、土路、碎石路、黑膏路、铁末子路，皆便转输之力，较中国沙土坎陷相去不啻天渊。今凡租界所修马路，大都下铺石块，宽窄立侧不一其形。石块之上则用泥土碎石铺匀，然后以人马机器拽铁碌碡往来旋转，压愈重则路愈坚固，轧愈多则路愈砥平。阔以五尺为度，亦有一二丈、四五丈者。盖繁盛之地必宜稍宽，冷落之区不妨稍窄，皆视地势为之。其路心宜高，以免霪潦存积。所用之石，必质刚性韧、文理细密者方能耐久。中国可用青石、砂石、花刚石铺以为基，须厚一尺，虽极重车马行过亦无轧碎之虞"。[1]

---

1 《盛世危言·修路》，见夏东元编《郑观应集》上册，第660—664页。

积极呼吁维新变法的陈炽也认为"道路一端乃万国富强之根本"，然而京师首善之区的街道一旦"霪雨十日，路绝行人，疾疫熏蒸，死者无算"，其"芜秽崎岖"，已成为"天下之最"，不仅"天下病之"，还引得"四夷腾笑"，成为国际笑话。更令人痛心的是，这种"习见习闻之事，官不过问，民不敢言"，陈炽不禁斥责："不知内外品官数溢二万，有何要政日昃不遑，坐听商民之困苦颠连而熟视居然无睹也。"

陈炽介绍了西方城市道路的修治方法："以粗石击碎，大小如胡桃，日炙风吹，历一二载则石质益坚，取之垫路，其厚盈尺，铺以细土，压以重机，中高旁低，状如覆瓦，偶有霪雨，滂沱四隤，途路中间不能蓄水，碎石之性复能含吸水泉，故旱不扬尘而潦不留湿。两旁各有明沟，下有暗沟，虽大雨时行，而行人往来干洁如故。中为铁道，其外为车马奔驰之道，又其外为商旅步行之道，道侧则分行对植嘉树美木，清阴宜人，午日炎天，不知伏暑。复有洒水拾秽之车，时时泛扫飞尘，恶气涤荡无遗。巡捕植立道旁，预防水火盗贼、争竞斗殴、不测不虞之事，清明严整，遂至于斯。"

为改造中国各地的道路，陈炽建议："先之以京省，而渐及于城镇乡村，创之以街衢，而推广于郊原。"至于修路之法，"道路如法，垫以碎石，经费取之民捐，置捕梭巡，设官经理，则无穷盗贼皆化良民，百万孤穷陡饶生路"。[1]另一位启蒙思想家宋恕也主张："今宜先于京师开造西式木路或沙路，行东西人力、马力各式车，以免乘车者倾覆震伤、徒行者泥滑尘迷之苦，以新气象，以鼓精神。续于南北干衢、支衢、大小城邑向无石路者，逐渐酌造木、沙等路；其向有石路者，暂缓改造；腹地并宜开造铁路，

---

1 《续富国策·治道之工说》，见《陈炽集》，第 226—228 页。

以便运米救饥。"[1]

效仿西方进行变革，在当时的政治社会环境中，并不容易为人所接收，很容易被扣上"背弃祖宗"、向洋人投降的帽子。为了说服国人，陈炽特意说明像法国这样的国家，其城乡道路起初也是"多土路"，由于"泥潦之没胫没辙"，也曾经"改用石路"。但这种石路"偶有破损，修改綦难"，而且"横亘区中，转为行旅之害"。另外，以花岗岩或者鹅卵石砌筑路面，"入夜则车走雷声，惊人清梦"，所以后来才逐渐"改用碎石筑路"。陈炽又援引《诗经》"周道如砥，其直如矢，君子所履，小人所视"；《尚书》所言："无偏无党，王道荡荡；无党无偏，王道平乎；无反无侧，王道正直。"以此来证明，"彼人之新法，实中古之遗规"。[2]

梁启超在戊戌变法前撰《治始于道路说》一文，指出中国城市的街道大多污秽不堪，"城会之间猥狭湫滞，毂击映咽，不能旋踵，且其粪秽之所积，腥膻之所萃，污垢敝物之所丛集，弃遏蒸郁，动如山阜。又其甚者，坎穴岖崎"。作为"天子宅中之境"的首善之区京城，更是"道涂荒芜，几如沙漠，大风扬播，污蕹昼晦，积秽没踝，淳潦妨毂，白昼大途之中，甚且粪溺以为便，臭毒所郁，蒸为瘴疠，每一夏暑，毙者乃不知几十万人，此固行路之所掩鼻，外人之所悼心矣"。而中国历史上原本重视道路卫生，"殷人之制，弃灰公道，则断其手；周人之制，列树立鄙以表道"。至于西方国家的城市道路"无异于古王之制"，"其修道之制也，宽廓涂轨，以张逼滞，高中卑旁，以流潦渍，甃水

---

1 《六字课斋卑议·变通篇·道路章第二十三》，见胡珠生编《宋恕集》，中华书局，1993，第144—145页。按：宋恕《六字课斋卑议》，作于1892年4月至1897年6月之间，在戊戌维新之前。

2 《续富国策》卷3《工书·治道之工说》，见赵树贵、曾丽雅编《陈炽集》，第226—227页。

通沟，以涤污垢，日加轮碾，以平颇仄，车人异道，以达壅塞，激水浇洒，以荡氛蕰，而复燃电灯以烛之，逻巡捕以叙之，禁弃粪秽以洁之。其街道之制，亦可谓精且密矣"。而且兴修道路，可以"为养民之资，以工代赈，效至易收"。因此，梁启超主张"远法商周之旧制，近采泰西之新政"，这样不仅可以"内豁壅污之积弊，外免邻国之恶诮"，而且一举数得，"民生以利，国体以尊，政治以修，富强以基"。[1]

以上关于设立巡警、兴办工艺、改造道路的思想主张，是戊戌维新时期中国早期启蒙思想家所提出效仿西法进行政治社会变革思想的一小部分，并不足以构成近代城市治理转变的思想体系，有的甚至只是对西方城市治理某一个侧面的简单介绍，尚未触及城市治理的根本要素，但在一定程度上，为城市治理从传统向近代转变打下了思想基础。在戊戌变法中，虽然像仿照西法改造京城道路等一些措施已经开始实施，但百日维新的失败，还是中断了很多维新主张在现实层面的转化。直到庚子事变爆发后，清政府在无奈中为自救推行新政，又赓续了政治社会的变革。

二　庚子事变对京城治理的影响

清末，越发频繁的危机事件不断冲击北京城市旧有的治理体系。这其中，对北京城市治理变革影响最大的是八国联军入侵北京，其影响既有认识层面的思想观念，也有具体实操层面的行政措施。

---

[1] 梁启超：《变法通议·治始于道路说》（光绪二十三年），《饮冰室合集》第二册，中华书局，2015，第149—151页。

首先，是近代警政的初步建立。八国联军攻入北京城之际，因慈禧太后携光绪帝逃亡，城内几乎没有抵抗，五城练勇与步军统领衙门官吏、营汛官兵大多逃散，官署一空，秩序混乱，生灵涂炭。占领北京城的联军召开各国军队指挥官会议，决定"在各国军队占领区内部署警察"。[1] 例如日军在占领区设立"军事警务衙门"，于八月初二日（8月26日）"设置人民自治的总办事务公所，选拔地方名门望族担任总办及其以下之职，各派三名宪兵作为事务监督，后随着职员增加改称'安民公所'"。[2] 加之"各国洋兵间出滋扰，而劣绅土棍又复勾结洋人，多方罔利"；各国驻兵处所设立的绅董办事公所良莠不齐，其中"实有为民害者"。[3]

面对这一困境，联军开始与清政府积极联络，以稳定秩序。而在清政府方面，也冀望"渐收官权"，"安抚地面"。以清政府全权大臣身份负责同各国议和的总理衙门大臣奕劻与税务司赫德筹议恢复市面的商货供应，紧接着，在五城绅董的配合下，各处"公所"（或称"安民公所"）成立。[4] 先是，"由绅董于美国驻兵处所暂立公所，办理交涉等事"，接着，"五城亦设办事公所于中城地面中正义学，酌留原有练勇，配穿中国号衣，筹给口粮，认真巡查"。各占领区"公所"成立后，民众生活略有恢复，"现在英美洋兵暂驻处所居民还定安集，市面渐复旧观，中城练勇局先为

---

1 《义和团运动文献资料汇编·日译文卷·日本参谋本部文件》卷4，第二十章"占领北京后之处置"，山东大学出版社，2012，第316页。

2 《义和团运动文献资料汇编·日译文卷·日本参谋本部文件》卷4，第二十章"占领北京后之处置"，第342页。

3 （清）陈璧：《安抚地面事宜会商洋员筹办冀以渐收官权隐纾民困折》（光绪二十六年十二月初一日），《望岩堂奏稿》卷1，朝华出版社，2018，第143—144页。

4 "各国之目的，本不外以军队之存在为主，但对诸如作为整顿占领区内及保护人民之生命财产之方法手段，却甚为冷淡。虽设立公所，但一般事务多交由中国官吏办理。"见〔日〕服部宇之吉《清末北京志资料》，张宗平、吕永和译，北京燕山出版社，1994，第232页。

美兵占据，现亦收回，惟德兵驻扎地段尚有骚扰情事，甫经绅士联络该国各段兵官，暂设公所缉捕，将来或可一律安堵"。[1] 意大利占领区位于长安街西迤北至四牌楼迤南，"安民公所立在灯市口裕兴堂"，总办八人，为海福、端良、文祐、胡图哩、文绅、延昌书、端正和继纲。[2] 这些"公所"成立于应急之时，以解燃眉之急，按照陈璧的说法，就是"俟各国退兵后即行裁撤"，时间虽然短暂，却在清末北京城市治理的变革进程中发挥了独特的作用。

此时京城巡防人手极为短缺，五城练勇原额是一千名，光绪二十六年（1900）五月间，五城团练分局曾经添募一千五百名，自八国联军侵入北京后，所添募得一千五百名全数撤散，原额的一千名也因口粮无从支领而陆续裁撤，所留无几。十月，京城局势略有稳定，经巡视中城御史陈璧提议，庆亲王奕劻批准，又恢复练勇二百名。但这区区二百练勇，巡防五城地面远远不够。光绪二十七年（1901）正月十七日，经陈璧奏准，增补八百名练勇，补足原额。[3] 与此同时，八国联军警务衙门又积极为清政府培训巡捕，为解决经费问题，清政府从步军统领衙门各营每月经费中"筹拨二万两为华捕办公之用"。[4] 在这方面，日军表现得最为积极，"清国巡捕的教育依靠清国步兵统领敬信，自10月25日开始教育三十九名学生为嚆矢。其课程分为专业、算术课和实际业务练习三部分，由宪兵曹长一名、宪兵二名和陆军翻译一名担

1 （清）陈璧：《陈明五城地面大概情形并现在筹办事宜折》，《望岩堂奏稿》卷1，第137—138页。

2 北京市档案馆编《那桐日记》上册，光绪二十六年八月廿九日，新华出版社，2006，第357页。

3 （清）陈璧：《筹办防范事宜恳恩酌复练勇原额以资得力而靖内匪折》（光绪二十七年正月十七日），《望岩堂奏稿》卷2，第155—158页。

4 （清）陈璧：《安抚地面事宜会商洋员筹办冀以渐收官权隐纾民困折》（光绪二十六年十二月初一日），《望岩堂奏稿》卷1，第145页。

任，宪兵长监督之，其授课天数为四十天。12 月 1 日发给修业证书，继而于 17 日得到敬信之请，衙门录用之，分属东、西两安民公所"。1901 年 1 月下旬，日军警务衙门发出告示，"募集巡捕志愿者，应募者极多，应试者达到七百名。经过体格检查和专业考试，录用有资格者四百名，并发给规定的工资"。[1] 八国联军占领北京期间的警务衙门业务日益繁忙，不仅增加了工作人员，而且职能扩展至刑事审判、调查户口，以及街道卫生与道路修缮等事务。5 月，又新设立警务练习所，招募 450 名巡捕学生进行教育。

其次，是城市公共管理的变化，街面卫生居于首位。例如，日本占领军在所属警务衙门下设"净街局"。"警务衙门为厉行道路清洁法，在东西两分厅管内新设一个净街局。原本不重视卫生的清国人的一般习惯，很难一朝刷新。北京市街战后死尸散乱、脏物堆积，不能恬然不顾。于是，衙门设置净街局，担任各队宿营地内及市内卫生清洁法的施行。同时，发出告示，十日之内各自清除其房屋、庭院、街巷等。而后，各兵营及各市街，每天或者隔天分派拉土马车，扫除停放的污物。"[2] 后来，又在人员来往的密集之地设立"公共便所"，发布告示，引导路人使用公厕。

光绪二十七年六月，五城又设立"土水车"。据后来升任顺天府尹的陈璧在奏折中所言，"水土车创自庚子，每月额定经费银一千四百六十两，向归各城绅士经手"。"水土车之设，始于光绪二十七年六月间，原以粪除洒扫、洁清街衢，为卫生防疫必不可缺之政，泰西各国极重此节。"各城以其有益地面，仿而行

1　《义和团运动文献资料汇编·日译文卷·日本参谋本部文件》卷 5，第三十章"各地之军事行政"，第 527 页。

2　《义和团运动文献资料汇编·日译文卷·日本参谋本部文件》卷 5，第三十章"各地之军事行政"，第 531 页。

之，"按定段落广狭，分拨车辆工役，派交各段绅士管理。当联军之在城也，五城各设局所，公举廉正绅士办理地面交涉，颇著成效，故将此项水土车仍责成绅士监管其事"。五城从额定经费中每月拨款一千四百六十两，"分交各绅，以为添置车具，喂养牲口，津贴工薪之费"。[1] 由以上可见，八国联军占据京城期间清除街道垃圾、清洁街面卫生的做法，推动了当时京城街道卫生的管理方式和方法的变革。

最后，庚子事变进一步推动了京城治理事权从分散向统一的转变。

清代京城治理在事权分配上的最大特点是权力分散、互相牵制，这在承平无事之日就已经产生诸多弊端，一旦遭遇紧急情况，调度不灵的情形更加严重。在八国联军入城前夕，城坊各自为政、巡防缉捕人手不足和调度不灵等问题凸显。义和团进京之后，巡视中城御史陈璧制定"查办拳会详细章程"，其中就特意提到各城要协同缉拿，不得以邻为壑，"司坊等应即协同捕拿，不得各分境域，互相推诿"。[2] 为应对危机，光绪二十六年五月十九日，清政府更明确"责成中城御史陈璧倡率办理"。[3] 尽管清政府采取临时举措调动营兵，配合御史、司坊官稳定局面，但练勇数量不足、难以应付局面的问题仍旧突出。随着义和团进入京城，"京城地面往往有无籍之徒三五成群，执持刀械，游行街市，聚散无常"，京城虽然有步军统领衙门掌管的营兵，但主要负责把守城门、维护内城的安全，具体负责五城地面事务的御史

1　（清）陈璧：《遵旨议奏御史俨忠等节省土水车经费折》，《望岩堂奏稿》卷4，第395—396页。

2　（清）陈璧：《谨拟查办拳会详细章程并近日地面情形折》，《望岩堂奏稿》卷1，第100页。

3　（清）陈璧：《地面情形日急请旨特召重兵入京办理以安民心而弭祸变折》，《望岩堂奏稿》卷1，第107页。

却没有调度的权力，加之各城甲捕、练勇人数又少，不敷应对，是"每城额设练勇二百名，勇力过单"，陈璧"深恐有不服拿办情事"，遂上奏清廷，希望一旦遇到这类情形，自己有权力"立即咨呈统兵王大臣酌派所部弁兵，合力围捕"。[1]身为中城御史的陈璧，品级不高，向清政府提出如此要求，这在以往是不可想象的，但在八国联军入侵之际，清政府只得做出调整。

除了以中城御史统领五城事务之外，陈璧在此后升任顺天府尹，会办五城事宜。光绪二十六年二月，陈璧奉旨巡视中城，当时义和团已经在京城风生水起，五城会奏开办团练。七月二十日，慈禧太后携光绪帝出逃，城中秩序大乱，抢劫纷起，陈璧率团勇百人分守平粜局，练勇局捕杀抢犯十余名，"人心赖以稍定"。为了城内稳定，陈璧每日"骑马衣冠巡于市，并出示晓谕居民，谓和好在即，官商居民照常安业，人心因而大定"。[2]因守城有功，十月陈璧升署顺天府丞。次年七月，补授顺天府尹并会办五城事宜。无论是陈璧于危难之时敢于担当的个人因素，还是京城无主的困难局面，都在客观上促使此时的京城临时组建起能够统一行动的行政机构。

五城总公所的出现便是这一情形的具体反映。五城总公所出现于八国联军侵占北京期间，当时为集中协调五城事务，光绪二十六年秋经清政府议和代表庆亲王奕劻的批准，"五城办理地面事务，必须不分畛域，一体会同办理"。是为五城合署办公之始，"设立公所，审理词讼，规复勇局，整理缉捕"。二十七年七月间，随着八国联军逐步撤出北京城，经奕劻奏准，由升任中城御史的陈璧"会办五城事宜"，经会商，确定五城

1　（清）陈璧：《遇有匪徒滋事恳准随时咨请营兵合力围捕折》，《望岩堂奏稿》卷1，第103—104页。

2　陈宗蕃辑《陈璧年谱》，见《望岩堂奏稿》卷前附，第22—23页。

所有词讼案件，仍旧按照惯例，分城审理，至于巡守捕盗"仍沿合办之法"。

五城总公所的设立原本是特殊时期的应急之举，八国联军撤出北京城后，围绕五城总公所是撤是留，出现了不同的意见。光绪二十八年（1902）七月十八日，巡视中城御史文琭奏请五城可以恢复以往的"分办词讼"，但应继续"合办缉捕"。他认为，"原设之总公所一处为五城合办地面事宜会议之所，益以合办缉捕之事，拟请毋庸裁撤。其公所四处为各城分理词讼讯案之所，一时亦难遽撤"。

对于文琭的奏请，十月二十五日，政务处会同都察院议奏："五城地面词讼繁多，向章司坊各官衙门只准叙供录详，无论大小案件，均解城讯结。前兵燹时，词讼暂归五城合办，本一时权宜之计，今计分城审理，自应仍照向章解城讯结，庶无流弊。惟司坊官中贤否不一，应饬巡城御史认真稽察，若实有声名素劣之员，随时指参，毋得徇纵。至设立练勇，始于同治八年，由每城五十名增至二百名，现共一千名，按段弹压，会缉盗贼，较之从前分城捕盗，尤为得力。应请饬下五城御史督率委员、哨官认真巡警，以靖地方。其总公所为五城会议之所，嗣后毋庸议撤。分公所系各城审理词讼，应俟各衙署修竣后，再行各归本署办理。其所请分办词讼，合办缉捕，仍在各公所办事各节尚属妥协，均拟照准。"政务处与都察院认可文琭所言，同意保留五城总公所。

除此之外，文琭在原奏中还提出了将五城捕役全部裁撤的建议。以往，各城司坊官承办缉拿盗贼案件时全用捕役，由于积弊过深，一直备受指责。八国联军侵占北京城后，五城正指挥衙署"除酌留各地段总甲数名承查命案外，捕役全行裁去"，所用缉捕开始专用练勇，而且不再分城办理，而是分区分段承办，传讯或者押解案犯也用弁勇，积弊多有改善。鉴于各城捕役已经停废二年，文琭这一建议自然也得到批准。

文瑛又建议由各城实缺吏目充各城勇局坐办，专门办理缉捕，不准承办词讼。而事实上，此前专门办理关内坊事务的各城吏目，在八国联军入城、五城公所开办后，即停止办事。因此，政务处会同都察院议会议后认为："吏目流品甚杂，自爱者少，从前豢养捕役多名，于缉捕之外，尚有擅受词讼，其流至不可究诘。自前年开办公所后，实缺吏目即不令办事，迄今计已两年，若复派办勇局，带勇缉捕，必至仍前滋弊，徒扰居民。与其留一扰累多事之冗员，曷若尽行裁去？臣等公同商酌，拟将五城兵马司吏目五缺一并裁撤。"[1]这样，自清初以来设立的五城吏目与捕役都被正式裁撤。这既是五城行政体系的重要变化，也是庚子事变后京城地方治理中事权走向统一趋势的另一种表现。

三　从协巡局到工巡局

八国联军侵占北京后，各城在设立公所之时，协巡局也同时出现。协巡局成员以招募的巡捕和五城练勇为主。具体负责各处协巡事务的是各城推举的绅士，"绅士等分布各局，卒能联为一气，极力保护商民，昼夜轮班，始终不懈，一切开通商贾、往返洋营、维持钱市、清查地棍各事宜，均能助臣等所不及，其除盗安良，尤为有益地面"。[2]"该官绅等督率巡捕官兵，无分寒暑，昼夜巡逻，卒使商民相安，盗匪敛迹，迭次拿获窃盗并斩获枭人犯多名，随时解送步军统领衙门、刑部，分别惩办。洋兵甫

---

1 （清）陈璧：《议奏各城司坊各官分办词讼合办缉捕并请将巡城御史改为三年一任折》，《望岩堂奏稿》卷4，第333—337页。
2 《会办五城事宜顺天府府尹陈璧等奏为所保五城协巡诸员并无冒滥请仍照原保给奖事》（光绪二十八年三月三十日），录副奏折：03-5415-098，中国第一历史档案馆藏，以下同。

退时，有中外交涉词讼案件，以及商民乱后复业，房屋铺产类多
缪辖，一经呈讼到局，或派翻译官往返辩明，或知照外务部，随
时清理，亦均持平办理完结，中外均无异议，裨益大局，殊非浅
鲜。至稽查户口，弹压地面，清理词讼，保护商民，皆能实力奉
行。"[1] 可见，协巡局所办理的事务既包括与侵占京城各国的联络，
又包括地面巡逻、清查户口、办理诉讼等社会秩序的维护。各城
前后共设有协巡分局十七处，又设协巡总局一处，"提调综核"，[2]
充差各处协巡的士绅有一百四十余员。

八国联军与清政府议和时，要求"须目睹中国竭力设法保护
外国人及铁路诸物，永无危险，联军方能退去"。[3] 在得到清政府
的保证后，自光绪二十七年三四月起，至八月初，各国将占领区
警务事务陆续交于清政府，由步军统领衙门管辖。与此同时，清
政府也开始进一步调整京城城市行政管理的方式。全权大臣庆亲
王奕劻奏派都统广忠、内务大臣世续、仓场侍郎荣庆、大理寺
卿铁良四大员为善后协巡局大臣，"管理巡捕事务，负责弹压之
事"。这样，各国侵占北京期间所设之安民公所"皆改名为善后
协巡分局"。[4] 八国联军逐步撤出京城时，交还地面，五城协巡局
"派出绅士接收房屋一百六十余所之多，商民赖以安业"。[5] 光绪
二十八年二月初一日，《那桐日记》记："辰刻进内，三所会议步

---

1 《外务部总理大臣奕劻等奏为遵保京城善后协巡各局出力官绅人员事》（光绪二十八年五月
　二十五日），录副奏折：03-5518-051。
2 《庆亲王奕劻等奏为协巡总分局提调总办凤山等员倍著勤劳恳请从优奖叙事》（光绪二十八
　年），录副奏片：03-5418-170。
3 朱寿朋：《光绪朝东华录》第4册，光绪二十七年四月己未，中华书局，1958，第54页，
　总第4672页。
4 〔日〕服部宇之吉：《清末北京志资料》，第229—231页。
5 《顺天府尹陈璧等奏为光绪二十七年联军暂驻五城地面盗风不靖幸留得力绅董昼夜巡查
　著有劳勋请旨庭奖事》（光绪二十八年正月二十三日），录副奏折：03-5412-017。

军衙门忠廉胡侍郎条陈，五城、顺天府、协巡总局皆到。"[1]九月己未，御史徐埴奏称京城前门内迤东夹道地方有匪徒拦路抢劫，清政府命步军统领衙门、顺天府、五城御史及协巡分局严行缉捕。[2]可见，此时"协巡局"已经成为京城巡防的重要力量。

不过，以练勇、巡捕为主力的"协巡分局老弱相半，良莠不一，对警察规则一无所知"。加之，各协巡局与步军统领衙门所属步营之间的推诿依然严重，"若遇抢盗案，则巡捕推步营，步营让巡捕，相互推诿，无负责任之处"。[3]再者，协巡局的职能仍以巡查缉捕为主，道路整修、街面卫生等事务则无暇顾及。

如此一来，协巡局的改变也就势在必行。光绪二十八年正月二十五日，御史忠廉上折奏请应将京城地面督捕专归一处，清政府命步军统领衙门、善后协巡局、善后营务所等事务大臣会商具体办法。

正月三十日，办理京畿地方营务事宜的胡燏棻奏请效仿上海工部局的办法，在京城设立工巡局。胡燏棻认为，"若不按各国警务部章程办理，即使巡防缉捕诸事各专责成，亦难整顿"。也就是说，京城巡防等事务之所以难以整顿，关键在于没有真正实行警察制度。而西方国家办理警务包括甚广，不仅仅限于缉捕一项，即便是缉捕也是有条理可循。上海租界的管理经验就值得学习，"其管理地方事宜，则名之曰工部局，权归商董，每年应办之事及应用款项，于岁首会议一次。另设会审公堂，专管租界案件。道路则如砥如砺，一律修理整齐，所用华捕，率皆年力强壮，从未有以老弱充数。无论风雨寒暑，由捕头督令分段稽察，轮班站道，遇有警事，一吹洋号，顷刻百捕齐至。稍有偷惰疏忽

---

1 《那桐日记》，光绪二十八年二月初一日，第417页。
2 《清德宗实录》卷505，光绪二十八年九月己未。
3 〔日〕服部宇之吉：《清末北京志资料》，第229—231页。

情事，罚即随之。更有警巡随时密查一切，清查户口并路灯、土车、洒道、巡街等事，亦归巡捕经管。是以租界地面昼无争殴之事，夜无窃盗之虞，行之数十年，明效章章，极堪取则"。[1] 在胡燏棻看来，警务不仅包括缉捕，而且应涉及街道整修、清查户口、清洁卫生等事务。

二十八年四月，胡燏棻的建议得到批准，清政府在北京内城设立工巡局，命肃亲王善耆管理京城工巡事务并负责督修京城街道。[2] 内城工巡局的设立，是清末京城开始正式建立警察制度的起点，也是北京城市管理从传统向近代转变的重要标志。"于是从前所设之警务处及协巡局撤消，其警察事务移交工巡局。至此，始建立新警察制度之基础。旧有之警察机关步军统领衙门之实权几乎全部归于工巡局。后来，由于巡警部之设置，警察事务终于受到与其他政务同样之重视，新制度之基础日益坚固。"[3]

整顿巡捕、修治道路、统一事权是胡燏棻主张设立工巡局的主要目标，但对清政府而言，还有一个重要考虑，就是在京城妥善处理与洋人有关的事务。正是基于以上多重因素的考虑，光绪二十九年十二月初二日（1904 年 1 月 18 日），清政府命外务部尚书那桐署理步军统领衙门及工巡局事务。二十七日，那桐补授步军统领，并管理工巡局事务。[4] 这样，外交事务、京城巡防以及城市治理都由那桐一人掌管。由外交部门长官兼管城市治安事务，看似突兀，却是时势造就。例如，1904 年 12 月，某外国驻

---

1 《襄办京畿善后事宜署工部右侍郎胡燏棻奏为筹议京师善后请创设工巡局以期整顿地面事》（光绪二十八年正月三十日），录副奏折：03-5518-043。

2 《总理外务部王大臣奕劻等奏为遵旨会议京师街道及巡捕事宜事》（光绪二十八年四月十二日），录副奏折：03-7170-021。

3 〔日〕服部宇之吉：《清末北京志资料》，第 229—231 页。

4 《那桐日记》，光绪二十九年十二月，第 493 页。

京公使就通过外务部催促清政府改修京城街道胡同："闻有某国公使函商外务部，略谓中国京城地面虽经设有街道局，招雇夫役，各道路修补整齐，洒扫洁净，而各胡同内仍蹈前辙，拟请转饬各夫役，将各胡同住户按段督修，不但清洁壮观，亦可辟除四时瘟疫云。"[1] 由此例可知，当时清政府与驻京公使的沟通，除了外交事务之外，还有如改造街道这样的内政事务。

那桐上任后首要之举，便是整顿巡捕，不过其出发点却是奉皇太后懿旨，避免因日俄战争而再次引发中外冲突。光绪三十年正月初三日（1904 年 2 月 18 日），那桐就工巡局抽练巡捕队一事上奏折。当时，日俄两国因争夺中国东北地区而开战，清政府选择中立，那桐认为此时"京师重地巡查弹压均关紧要，谨当钦遵谕旨，按照局外中立之例办理"。北京城"使馆虽有专界，而教堂、学堂与各国商民散居各处。当此警报频闻，诚恐痞匪奸徒乘机煽惑，致起事端。殷鉴未远，自应设法防维，免生枝节"。内城工巡总局原练警巡、长捕共一千八百余人，分隶东、西、中三分局，按地设段进行巡察。光绪二十九年，经肃亲王善耆奏准，在京师警务学堂增设消防科，训练百余人，"教以救火捕盗之法"。那桐奏请计划从各分局中抽调曾经在警务学堂学习过的巡捕三百人，加上消防科一百人，共计四百人，组成巡捕队，配备新式快枪六百支，"专任弹压保护之责，以辅巡段之不足"。其编制，或五十人为一队，或三十人为一队，队长一人，以警巡充任；十人为一棚，棚长一人，以巡长充任。其中，消防科一百人分为三队，分扎东交民巷东西口外及北面长安街一带，专以保护各国使馆专界。东局一百人分为二队，一扎东四牌楼北，一扎东单牌楼北。西局百人分为二队，一扎西四牌楼北，一扎西单牌楼

---

1 《外国公使函请修路》，《时报》1904 年 12 月 14 日，第 6 版。

北。中局五十人也分为二队，一扎东安门内，一扎西安门内。[1]那桐的奏请很快得到批准，随后那桐便责成工巡局总监毓朗、副总监张柳从京师警务学堂中挑选精壮卒业巡捕，编为七队，分别驻扎城内东西中三路：东路由总办巡捕东局副都统治格管带，西路由总办西局奎珍管带；中路分驻东安、西安两门之内，由帮办巡捕中局杨德、耀益管带。[2]那桐所抽调的巡捕队，虽然直接目的是防范京城再次出现类似义和团盲目排外而引起的中外冲突，但客观上，巡捕队以京师警务学堂毕业的学员为主，配备新式枪支，采取编队组合、分段驻扎，在一定程度上提升了京城巡捕人员的素质和应急能力。

与此同时，已经任商部右侍郎的陈璧再次受命筹办五城练勇事宜，也开始明确效仿警察制度。他在奏折中称："练勇之设，实具警察规制，为内政中之一要图。"五城原有额设练勇一千名，散布于城厢内外，分段扎街巡夜，人力并不敷用，加之此前各城司坊捕役被裁撤，"词讼传案亦归勇丁，实有鞭长莫及之势"。陈璧援照历次设防募勇成案，又招募练勇五百名，添立巡局五所，每局下设练勇丁一百名，同时挑选额设洋操勇丁二百名，"作为游弋之队，专备巡防保护"。对于各城练勇，"逐渐教以警察规则，以期一律整齐，并与步军统领所管之营汛、提督姜桂题所统之武卫军联为一气，互相援应"。[3]由此可见，以练勇为主力的工巡局已经具备了近代警察体系的雏形。

工巡局的职能还扩展至修治道路。此前，那桐曾经两次前往

---

1 《那桐奏为筹办防护京师城内地面大概情形恭折仰祈圣鉴事折》，见《那桐日记》，附录"那桐奏折存档案"二十九，第1105—1106页。

2 《那桐奏为敬陈接管工巡事务办理大概情形并援案酌拟保奖章程以资鼓励恭折仰祈圣鉴事》（光绪三十年三月初十日），见《那桐日记》，第1108—1109页。

3 （清）陈璧：《筹办五城防护事宜请拨经费添募练勇折》（光绪三十年正月初九日），《望岩堂奏稿》卷4，第389—390页。

日本，一次是光绪二十七年七月出使日本，其间目睹东京"人烟稠密，街市整齐，别有气象"。[1]另外一次是光绪二十九年（1903）三月，那桐前往日本大阪博览会"观会"。这种阅历使他在仿照西式马路进行京城道路改造时，并不会存在认知上的障碍。那桐署理工巡局事务后不久，光绪三十年正月二十日（1904年3月6日），顺天候补知县王以安拜见他时，便"约其办理路工"。[2]

随后，那桐以王以安为总办、丁惟忠为会办，办理京城道路。正月二十日，西直门内马路工程开工。二月二十七日，崇文门内大街开工。"现届春和冻解，正兴工作之时，石路亟宜修造，第雇匠募夫及购运砖石灰砂、应用器具，事极繁难，非熟悉工程之员难期胜任。兹调委顺天候补知县王以安为总办，江西候补知县丁惟忠为会办。该二员均尚精勤练达，堪以承修。"所改修道路，逐段修治，"务令工坚料实，一律砥平"。[3]次年正月，东城东四、王府井等处马路"一律修齐"；西城另设分局，从西华门起，至西直门止，"一律起修马路"。[4]

除此之外，工巡局还兴办工艺局，并将各处粥厂逐步转办为教养局，同时还处理轻罪案件。在这种情形下，五城御史的裁撤便已成为必然趋势。

光绪三十一年（1905）七月初五，清政府正式发布谕令，裁撤五城御史和街道厅。"巡警为方今要政，内城现办工巡局，尚有条理，亟应实力推行。所有五城练勇，著即改为巡捕，均按内城办理。着派左都御史寿耆、副都御史张仁黼，会同尚书那桐通

---

1 《那桐日记》，光绪二十七年七月廿三日，第391页。

2 《那桐日记》，光绪三十年正月，第496页。

3 《那桐奏为敬陈接管工巡事务办理大概情形并援案酌拟保奖章程以资鼓励恭折仰祈圣鉴事》（光绪三十年三月初十日），见《那桐日记》，第1108—1109页。

4 《增修马路》，《时报》1905年3月3日，第6版。

盘筹划，认真举办，以专责成。原派之巡视五城及街道厅御史着
一并裁撤，陈璧亦着毋庸管理。"[1]七月十三日，位于鹞儿胡同的
五城公所改为外城工巡局，并在手帕胡同设立外城巡捕东分局，
在广安门大街设立外城巡捕西分局。五城练勇也全部改为巡捕。
至此，清代北京的五城体系彻底废止。

四　从巡警厅到民政部

光绪三十年九月，清政府设立巡警部，谕令称："巡警关系紧
要，迭经谕令京师及各省一体举办，自应专设衙门，俾资统率，
着即设立巡警部。"同时，所有京城内外工巡事务，均归管理，
工巡局改名为巡警厅。[2]

清政府设立巡警部，主要目的是加强全国警政，[3]而此前各地
办理巡警事务为此奠定了基础。早在光绪二十七年七月三十日，
清廷就发布上谕，命各省将军督抚将原有各营严行裁汰，精选若
干营，分为常备、续备、巡警等军，一律添习新式枪炮，认真训
练。各地方办理巡警，多有不同，但总体而言，当时的巡警军仍
旧兼具军队和警政的双重性，还不是近代意义上的警察，不过这
毕竟是清政府开始对军、警进行分离的政策起点。三年后，清政
府设立巡警部便是这一转变的标志。

光绪二十八年五月，顺天府也将捕盗营改编为顺天巡警军。
顺天府原设捕盗营，分中、东、南、西、北五营，中营由治中

1　《清德宗实录》卷 547，光绪三十一年七月丙子。

2　《清德宗实录》卷 549，光绪三十一年九月庚辰。

3　关于清末设立巡警部的原因，可参见苏全有、殷国辉《清末巡警部成立的原因探析》，《河
　　南科技大学学报》（社会科学版）2008 年第 3 期。

管辖，东、南、西、北四营分隶四路同知管辖。旧制，五营员弁三十五员，马步兵七百十四名，营马二百五十七匹，分布于顺天府各州县，弹压地面。八国联军入侵北京期间，捕盗营各路马步兵散佚。后由顺天府尹陈璧招募马步兵数十名，二十八年五月，重新整顿，将旧额裁减十分之三，留营弁共三十员、马步兵四百七十六名、营马一百四十匹。练习洋枪，改名曰顺天巡警军。[1]

设立巡警部的另一直接动因是，五大臣出洋考察时在北京正阳门火车站遇刺。光绪三十一年八月二十七日中午，奉命出使各国考察政治大臣载泽等人由正阳门外车站出发，刚刚登上火车，革命党人吴樾引爆炸弹，当场牺牲，出使大臣载泽、绍英"受有微伤，并伤毙车中车旁之人数名"。[2] 受这一突发事件的刺激，清政府于九月初十宣布设立巡警部，由署兵部左侍郎徐世昌担任巡警部尚书。

为推行警政，调集人才，九月二十一日，经巡警部尚书徐世昌奏请，将军机处存记山西补用道吴廷燮以及王善荃等22人调任巡警部。随后，制定巡警部官制，设左右丞各一员，正三品，主要职责是协助巡警部尚书管理全国警政，谋划警察制度；左右参议各一员，正四品，主要负责各司事务，稽核司员功过；下设五司十六科，即警政司（下设行政科、考绩科、统计科、户籍科）、警法司（下设司法科、国际科、检阅科、调查科）、警保司（下设保安科、卫生科、工筑科、营业科）和警学司（下设课程科、编辑科）、警务司（下设文牍科、庶务科）。

---

1 《兵部尚书兼管顺天府府尹事务徐会沣、顺天府府尹陈璧奏请将顺天捕盗营裁兵加饷改为巡警军事》（光绪二十八年五月二十三日），录副奏折：03-5955-057。

2 《步军统领管理工巡局事务那桐奏为出使大臣乘坐火车被炸严饬外城工巡局委员等查拿凶手事》（光绪三十一年八月二十七日），录副奏折：03-9280-009。

巡警部的职责虽然是统一全国警察事务，但设立之初，"却尚未见有何关系到全国警察事务之设施"，"仅专门致力于北京警察事务之改良"。[1] 因此，巡警部的重点工作还是京城警务，而"警政的兴起是我国城市管理向现代化转变的重要标志性事件"。[2]

巡警部成立后，京城工巡局改为内外城巡警厅，各设厅丞一员，下设参事知事各官。[3]

为接收内外城工巡局事务，九月二十一日，管理工巡局事务大臣那桐将内外城工巡局文案卷宗、已未审结各案、收发款项账目及修路经费，机器筹办、京师习艺所银款，以及该所木质关防一颗、巡捕及巡队等各名册，军装枪械、马匹数目造册移交新成立的巡警部。[4] 巡警部衙署设在西华门内迤北的宏仁寺和仁寿寺。

工巡局改为巡警厅后，所有巡捕又改名为巡警。内城巡捕原有二千七百名，除专门救火的消防队以及承担巡逻要差之外，"站街者仅止千名"，人力并不充足。外城自五城裁撤后，剩余练勇改为巡捕者有一千五百名，但这部分"均未教练，以之改为巡警，不但不敷分布，抑且难期得力"。因此，巡警部新任尚书徐世昌认为巡警人员"非大加增添，断不足以弹压地面"，于是增设协巡队、探访队。

十一月十六日，徐世昌与北洋大臣袁世凯协商，从北洋各镇期满退伍的后备兵中调拨一千名到京，改编为协巡队，分左右两

---

1 〔日〕服部宇之吉：《清末北京志资料》，第102页。

2 何一民：《中国城市史》，武汉大学出版社，2012，第548页。

3 《清德宗实录》卷552，光绪三十一年十二月癸丑。

4 《巡警部尚书徐世昌等奏报遵旨设立巡警部接收京城内外江巡事务暨京师习艺所大概情形事》（光绪三十一年九月二十一日），录副奏折：03-5519-037。

路，驻扎前三门外，"与原有巡捕划区分防"。同时，增设探访队五队，专门负责探访、侦缉等事，"与巡兵相辅为用"。[1]

在司法方面，内外城各设一预审厅，如犯寻常违警罪，各分厅可以直接讯结，如果刑事案件涉及徒流以上的罪行，由预审厅先讯明案情，再送交刑部定议。内外城预审厅各设正审官一员、陪审官一员、检察官一员。另外，附设民事审判官，每厅各一员，专门办理钱债案件；记事官每厅各三员，临时听审缮稿；每厅译员三人（精通法、英、日三国文字）；医官二员。[2]

光绪三十一年十二月十五日，巡警部制定京城巡警厅章程，规定由内城巡警总厅和外城巡警总厅，管理内外城一切警务。[3]其中，内城分二十六区，外城分为二十区，各区长官称为区官，以六、七品警官担任，处理区内事务。区官下有副区官一人，以八、九品警官担任。[4]另外，根据巡警部章程，路工局、巡警学堂、习艺所、教养局、消防队等都归其管辖。后来，又制定了《清查京城户籍办法》，[5]设立内外城官医院等。

与此前的工巡局相比，京师巡警厅的职能更加广泛，事权也更加统一。其城市治理的效果也较为明显，"设立巡警部数月以来，京城之内，警察周密，闾阎安堵，盗贼潜踪，诚善政也"。但是，不适应城市管理需要的弊端也仍然存在。例如，清查户口时，对于王公以下、二品大员以上人员，强调"其府第往往易

---

1 《巡警部尚书徐世昌等奏为京城冬防紧要巡捕单薄酌设协巡队探访队分区巡防事》（光绪三十一年十一月十六日），录副奏折：03-6039-075。

2 《巡警部尚书徐世昌等呈巡警部酌拟官制章程清单》（光绪三十一年十二月十五日），录副单：03-5451-124。

3 《巡警部尚书徐世昌等呈酌拟变动工巡局旧章改设官制章程清单》（光绪三十一年十二月十五日），录副奏折：03-5451-123。

4 〔日〕服部宇之吉：《清末北京志资料》，第241—242页。

5 《清德宗实录》卷558，光绪三十二年四月己亥。

于周知"，而加以特殊对待，"毋庸清查"。[1] 又如巡警事务起初局限于城内，巡警部"专办城内"，至于城外一带"巡警尚未遍及"，而且警部初设，顺天府大兴、宛平等县"意存观望，致使近畿重地捕务无所责成"。[2] 因此，次年二月，御史朱锡恩就奏请在京畿区域推广巡警，但由于经费短缺，未能施行。[3] 又如，承担诉讼案件的预审厅人力不足，"讯断者仅有十人，巡捕仅五十名，傅人队保不敷差遣"，而每天的案件有数十起，有时甚至多至百余起，预审厅即便工作至晚十二时，"势难渐渐讯结"，而且"审判含糊，无非以对保讨限为敷衍支吾之计"。[4]

清末北京工巡局改为巡警厅后，五城御史、司坊官和五城练勇局虽然同时被废除，但具有相同功能的步军统领衙门、顺天府捕盗营却依然存在。这样一来，在北京具有同等权力而且职掌同一种事务的机构仍然不止一个，权限不清、互相推诿的弊病，与此前并无二致。另外，这些机构的职责重点依然是缉捕盗匪，从事弹压，类似于刑事警察，至于完整意义上的行政警察事务则尚未展开。这造成了当时京城巡警事务的局限性。正如当时的日本人所观察："盖历来清国之警察，除捕盗事务外几乎无任何事务，此种历史原因，致使新警察制度至今仍处于幼稚时期。加之，按清国习惯，虽根据需要设立新官衙，但旧官衙并不废除，而有机构重叠之弊。由之而招致的结果是同一事务由若干官衙执行。且

1 《巡警部尚书徐世昌等奏为酌拟清查京城户籍大概办法事》（光绪三十二年四月初二日），录副奏折：03-5520-009。

2 《掌陕西道监察御史朱锡恩奏为京城以外近畿地方盗贼滋多请推广巡警以靖地方事》（光绪三十二年二月初八日），录副奏折：03-5520-004。

3 《巡警部尚书徐世昌等奏为遵旨复议筹办京畿巡警事》（光绪三十二年七月十九日），录副奏折：03-5520-023。

4 《掌四川道监察御史王诚羲奏为巡警预审厅亟宜整顿多选贤员以助治理事》（光绪三十二年九月初十日），录副奏折：03-6440-019。

官员职务权限错综复杂，不同系统之诸官员各因其职务关系而同掌某一事务。故虽设新警察制度，但由旧制之警察官衙及地方掌管，警察权呈现旧态依然之奇观。新警察官衙之职权亦因此不能充分有效地捕拿盗贼及匪类。"[1]尽管如此，清末北京警政的兴起是北京城市治理向近现代转型的重要标志，其职能涵盖人口、社会治安、消防、城市救助、道路交通、公共卫生等诸多方面，远远超过今天警察的职能，几乎就是现代城市政府的雏形。正如何一民所指出："晚清警察在中国城市出现后，扮演的角色是多重性的，可以说超越了现代意义上的警察职能，更类似现代城市政府，可以说是传统官衙门向现代城市政府转变的一种过渡型管理机构。"[2]光绪三十二年七月十三日，清政府宣布预备立宪。鉴于警政只是民政的内容之一，清政府于光绪三十二年九月又将巡警部改名为民政部。九月二十日，慈禧皇太后懿旨："为立宪之预备，饬令先行厘定官制。""巡警为民政之一端，着改为民政部。"[3]巡警部改名为民政部后，京城内外巡警厅自然隶属民政部，但其名称没有改变。

巡警部改为民政部后，其职能范围有所调整，一方面是"因就原设巡警部分司职掌原有者量为合并"，另一方面是将"原无者分别增入"，所增加者如"民政之地方行政、地方自治、移民侨民，暨户部分入之保息、赈救、疆理，工部之营缮，此皆为巡警部原设司科所无者"。其余各项，如"警察行政、司法教练，暨整饬风俗、礼教、户籍、保安、营业、工筑、卫生、编译等项"仍保留。新调整后民政部设五司，即民治、警政、疆理、营缮和卫生司。调整后的民政部，较之原先的巡警部，"事务倍

1 〔日〕服部宇之吉：《清末北京志资料》，第221页。

2 何一民：《中国城市史》，第548页。

3 《清德宗实录》卷564，光绪三十二年九月甲寅。

增"。[1] 也有部分职能被取消，例如处理诉讼的司法职能就归入了大理院。

相应的，京师巡警厅的职能也有所调整。例如，伴随着清末司法改革，民事和刑事诉讼归大理院办理，这样巡警厅原设之内外城预审厅被撤销，其职能就归入了京师地方裁判所。光绪三十三年后，京师地方检查厅和审判厅逐步建立，司法权与行政权的剥离从此开始。另外，在下设分厅上进行了简化，内城原设五分厅，外城原设四分厅，改革后，内城并为三分厅，即内城中分厅、内城左分厅、内城右分厅；外城并为二分厅，即外城左分厅、外城右分厅。此外，清政府还明确要求在京师四郊推广兴办警察，"应分设厅区若干，由两总厅酌量办理"。[2] 改称民政部后，京师巡警厅虽然仍旧分内外城两个总厅，但其职能进一步接近近代城市政府的管理功能，管理方式也更加制度化。[3]

1909 年 1 月，清政府颁布《城乡地方自治章程》。尽管具体实施不多，但这是中国近现代城市建制的开端。1921 年，北洋政府颁布《市自治制》，将城市分为"特别市"和"普通市"。从此，"城市在国家行政上的地位与影响开始通过法律的形式正式体现出来"。[4]

---

1 《军机大臣奕劻等奏为内外城巡警厅归并民政部议定其职掌事宜及司员各缺事》（光绪三十二年十二月十七日），录副奏折：03-5472-010。

2 《军机大臣奕劻等呈酌改内外城巡警厅官制章程清单》（光绪三十二年十二月十七日），录副奏折：03-5472-011。

3 清末巡警厅颁布了一系列涉及城市管理的规章制度，如《改定清道章程》《管理地排车专则》《管理大车规则》《管理人力车规则》《预防时疫清洁规则》《内外城官医院章程》《管理饮食物营业规则》《管理剃发营业规则》《管理浴堂营业规则》《内城官立东安市场营业规则》《外城官立广安市场地租规则》《外城官立广安市场管理规则》《内城贫民教养院管理规则》《外城贫民工厂章程》《戒烟局章程》《管理娼妓规则》《管理乐户规则》等，见田涛、郭成伟整理《清末北京城市管理法规》，北京燕山出版社，1996。

4 罗玲：《近代南京城市建设研究》，南京大学出版社，1999，第 53 页。

民国时期冬防问题试析

李自典[*]

摘　要：民国时期，社会治安形势严峻，尤其到冬季，气候严寒，加之
临近年关，饥寒交迫的贫民不惜铤而走险，多重因素交错使得
冬防问题凸显。为维护统治秩序，政府对冬防事务颇为注意，
在因循旧例的基础上，结合实际情形，从加强设施建设、配备
军警宪力量并开展宣传、订立管理法规办法等多方举措，逐渐
形成一套特殊的冬令治安防控管理机制。在各界努力下，冬防
管理取得一些成效，但问题依然存在。

关键词：民国　冬防　治安

　　何谓"冬防"？简要从字面含义而言，即"冬天的防务"。追
溯其由来，有学者指出："这是我国警察特有的一种名词，这个名
词还是从以前保甲时代所沿革下来的……因为我国社会状况与人
民生活的不同，每届冬季，警察工作格外繁忙，责任愈益加重，
所以对于冬天的防务特别重视，相沿既久，于是有'冬防'的名
称，外国警察是没有这种名词的。"[1] 还有学者认为，"'冬防'之
说，古来亦极重视，所谓'鸣柝宵征'者，即以儆盗贼也"。[2] 无

---

* 李自典，北京联合大学应用文理学院历史文博系副教授。

1 王固磐：《冬防的重要及民众应有的工作》，《播音教育月刊》第 1 卷第 4 期，1937 年，第
157 页。

2 《论冬防（卷头言）》，《警声》第 5 卷第 12 期，1944 年，第 1 页。

论如何，冬防作为一种特殊的冬令时节治安防控管理模式在中国相沿已久，其影响也颇为广泛。至民国时期，"冬防吃紧"字样仍时见于报端街头，可见冬防问题非常值得探究。

纵览目前学界有关我国历史时期冬防问题的专题研究，总体而言成果并不多见，有部分学者从不同区域视角探讨冬防管理，分别对不同历史时期云南地区及苏州、广州、北京等城市的冬防问题展开个案阐述，主要探讨了组织构建、管理举措及实际效果等内容。[1] 从已有研究成果不难看出，冬防问题在学界引起的关注还不够广泛，有待进一步从整体视角对该问题进行全面而深入的探究。基于此，本文即拟在前期研究基础上，以民国时期为考察中心，对冬防问题进行再思考，以期增进对此问题的认知。

一　冬防管理机制的演进

在清朝，为维护社会治安稳定，每至冬令时节，清廷对筹备防务力量、加强巡查等工作特别重视，冬防管理相沿成习。在清末现代警察制度创建之前，清廷没有专门负责治安的中央机关，军队与警察的职能也没有分离。全国的治安职责由兵部、刑部、都察院、大理寺、内务府等机关分担。[2] 京师治安主要由提督九门步军巡捕五营统领、五城御史等负责。在地方，省以下设有府与

1　主要参考余华《乾隆朝云南冬防研究》，《清史论丛》2019年第2期；郝芹、封锋《民国时期苏州冬防制度评析（1927—1937）》，《档案与建设》2017年第2期；袁曙光《1949—1966年广州冬防制度及其对城市消防的影响》，《沧桑》2009年第2期；李自典《近代北京冬防管理述论》，《公安学研究》2023年第2期；张力《民国时期广州冬防研究（1921—1938）》，硕士学位论文，暨南大学，2012。

2　朱绍侯主编《中国古代治安制度史》，河南大学出版社，1994，第697页。

州、县两级行政实体，县之下有保甲。保甲组织作为最基层的社会治安组织特别有效，故而受到统治者的重视。有清一代，一再申令实施。[1]在这样的治安管理体制下，清朝冬防事务也由多个机关组织共同负责。到晚清时期，随着新政改革的推进，现代警察制度创办，警察逐渐担当起社会治安管理的重任，成为冬防的一支重要依靠力量，但原来关涉治安的管理机构并没有完全脱离冬防，每届冬防期间，面对治安形势紧张的局势，警察与兵丁及地方保甲力量协作共维治安渐成定例。

中华民国建立后，在北洋政府统治时期，负责全国治安管理的中枢机构为内务部，其下设警政司专管全国警政与治安事务。警政司在全国建起一套自上而下的组织系统，即地方各级警察机关——警察厅、局、所。袁世凯执政时期，将军队和警察看作维持统治地位的两大支柱。为稳固政权，他提出"注重治安警察则实为目前最急最要之图"。[2]1913年初，袁世凯将京师内城巡警总厅与外城巡警总厅合并为京师警察厅，使得治安管理权的行使更为集中。此外，北洋政府还保留了清代军事治安机构——步军统领衙门，直接听命于总统。在武昌起义后，还一度成立京师军警联合会，后改为军警联合公所，以期协调军警关系，共同担负京师治安之责。为了强化对地方社会面的控制，北洋政府还大力组建地方保卫团与商团组织，作为地方治安管理的辅助力量。[3]到国民政府统治时期，中国近代警察制度已经成型，国家治安管理机构得到全面确立。在中央层面，国民政府改原北洋政府内务部为内政部，下设警政司统管全国的警

1　朱绍侯主编《中国古代治安制度史》，第724页。

2　陈瑞芳、王会娟编辑《北洋军阀史料·袁世凯卷》第2册，天津古籍出版社，1996，第84—85页。

3　陈鸿彝主编《中国治安史》，中国人民公安大学出版社，2002，第326—327页。

察事务。定都南京后，改原有的南京特别市公安局为首都警察厅，负责首都治安管理，直属于内政部。在地方，各省、院辖市、省会市及一般市、县、区、乡、镇警察机关及警管区相应设立，形成一套完整的治安管理体系。此外，国民政府还进一步强化保甲制度。为维护统治秩序，蒋介石对警察建设非常重视，曾多次发表讲话，说："我们警察，在政府中间，是占最要紧的地位。""现在警察的地位，尤其在中国，具有超越一切的重要性。""警察是国家的代表，同时也为国家的重要骨干。如果建警不成，那革命建国大业亦必随之失败。"[1]"警察的位置最重要，职权最重大，无论百姓、军官、士兵，凡是社会地方上的事情，统要受我们警察的干涉，指导指挥！"[2]在这样的治安管理体制下，冬防事务因循旧例，基本延续以往由警察机关协同军队宪兵共同管理的特点。

日本侵华战争爆发后，一些地方政权沦陷，日伪当局为维护占领区秩序，对冬防事务也很重视，除加强警务巡查、户口清查外，强调侦缉队游动侦查、驻郊警察队谍报侦查以及郊区人民谍报网建设等，其反动性表现明显。抗战胜利后，国民政府对各地治安维护极为重视，冬防作为一项重要任务，管理举措不断改进，明确策动警民力量，并与各有关机关部队密切联系，组织联防会，着力加强各阶层督导勤务机构和勤务配署建设，等等。总之，民国时期，冬防勤务的开展以及管理机制的不断演变，是适应社会治安形势需要而使然。

---

1 李士珍主编《增订警察服务须知》，第53—56页。北京市档案馆藏，资料号：ZQ012-002-00086（一）。

2 内政部警政司主编《警察教范》（一），第38页。北京市档案馆藏，资料号：ZQ012-002-00095-001。

二　冬防管理的具体举措

冬防作为特殊的冬令时节防务事项，在时间上通常约为三个月，一般在每年十一月中下旬至翌年一、二月举行，有时也会根据天气状况及治安形势变化而适时进行调整，或者延长至三月，或者提前自十月开始。关于冬防的主要内容，时人曾进行过概括，即"防火""防匪""防盗"。[1]可见，管理治安和消防事务，预防意外发生，维护社会秩序稳定是冬防的主旨。民国时期，冬防勤务的开展是在因袭旧例的基础上，又结合实际情形而不断摸索着逐步推进的。尽管各地的具体情况存在差异，但围绕主旨内容，冬防管理的举措仍有诸多共通之处，主要体现在以下方面。

首先，加强设施建设，以应冬防需求。为保障冬防勤务的有效开展，各地在加强防范设施建设方面多有所作为，以期发挥利器作用收冬防良好效果。例如，1912 年冬防期内，为预防火警，苏州警局开会决定，"由局置备新式洋龙及各种消防器具，并就警卫队内改编消防队四十名，教以操练及施救善法。即自十二月一号起，闻警即行出队"。[2]在广州，1930 年冬防期间，市公安局消防总队长除将总所分所各队员训练纯熟，并添置小救火机两辆及更换新式帆喉外，并择日前试验最好的灭火筒灭火粉等购备多筒，以便遇小火警时可用此种工具扑灭，并决定强迫各娱乐场所购备灭火筒，以防不测。[3]1927 年冬防

1　元水：《警察讲座：冬防做些什么？"防火""防匪""防盗"》，《警潮周刊》第 10 期，1947 年 12 月 3 日，第 39 页。

2　《本省纪事：冬防与火政（苏州）》，《警务丛报》第 1 卷第 33 期，1912 年，第 24 页。

3　《纪事：消防总所之冬防设备》，《广州市市政公报》第 346 期，1930 年，第 11—12 页。

将届之际，南京特别市市政府据公安局局长提议，向国民政府军事委员会呈请拨给快枪二千支及相当子弹，以厚警力而保治安无虞。[1]1928年冬防时期，北平公安局训令各区署，对于各街市路灯一律整顿，如能改装电灯更好，不能改装电灯者也要使其光线明亮，以免宵小隐匿。[2]北平宪兵司令部内还设立警备处，并装设专用电话机，地方上一旦发生抢劫案件，商民可以随时电报警备处，接得警报后，警备处当即派令宪兵前往肇事地点兜捕。[3]1933年，北平公安局还组织防匪脚踏汽车队，市府给警察机关添购脚踏汽车12辆，每辆并配置手提机关枪，遴选精干队兵特别训练，一遇匪警即可立即驰往兜拿，提高效率。[4]1934年入冬后，北平公安局为谋全市治安，将冬防日期提早，在各区安设防匪自动电机，订购防匪摩托车，添办指纹照相等项设施以加强防务。[5]此外，针对四郊辖境广阔，电话向未安设的情况，北平公安局筹备安设四郊电话以便联络，先就四郊冲要及偏僻处所安设57具，后又于警段适中地点加设交换机9具。[6]到1948年冬防计划实施前，北平公安局着重加强准备工作，包括"充实武器装备、改善车辆管理、实施剿匪演习"等方面。[7]

1 《南京特别市市政府呈第五七号：呈军委会请拨冬防炮弹由》，《南京特别市市政公报》第4期，1927年，"公牍 呈文"，第2—3页。

2 《公安局饬令整顿路灯 北平将大放光明》，《顺天时报》1928年11月7日，第7版。

3 《宪兵司令部内设立警备处 并装专用电话机 商民遇抢劫可随时通电》，《顺天时报》1928年11月2日，第7版。

4 《本市冬防之设施情形》，载季啸风、沈友益编《中华民国史史料外编——前日本末次研究所情报资料》第95册，广西师范大学出版社，1997，第226页。

5 孟威：《冬防与冬赈》，《市政评论》第1卷合订本，1934年，第70页。

6 北平市政府编《北平市政府二十三年上半年行政纪要》第2期，1934年，第27页。

7 《北平市警察局民国三十七年度冬防计划、冬防注意事项》，北京市档案馆藏，档案号：J181-001-00395-003。

其次，从军警宪及地方保卫团等多方面筹备扩展防务力量，为冬防开展提供充足人员保障。在北京，1925年12月《京兆日报》曾载，"警厅以京师内外城各区警察悬有缺额甚多，值兹冬防，地方治安正在吃紧，时局不靖，治安重要，深恐警察不敷调遣，亟应招募，以维警政。昨日出示招募二百名，凡年在二十五岁以上，四十五岁以下，粗通文理，身体健壮，无宿疾无嗜好者，赴厅报告，订于本月九日在厅挑补"。[1]1928年冬防期内，北平警备司令部特由警备军内选拔精明干练官长士兵二百名，编组巡查队四大队，分往内外城各街巷巡查会哨，协助警察办理治安防务。[2]1933年，北平公安局还将所有户籍警及消防队一律加入冬防勤务，以期严密。此外，在北郊一带，各村庄农商市民等在德胜门外祭旗庙内设立农商联合会，招募壮丁编练保卫团，以资自卫。[3]在广州，1930年宪兵司令部、省会公安局会商冬防办法，在兵警力量方面准备充足，计宪兵部原有宪兵九队、机关枪一队，现增设第十、十一两队，共十二队，除第一队赴梧、第四队调防增步外，尚有十队驻广州，共1200余人，公安局方面则有保安队十一中队，另机关枪队一队，共1500余人，又各分局警察及侦缉队员等3000余人，另外总指挥再令六二师巫剑虹团留省协防，总共军警不下7000余人。[4]在山西，1940年冬防期间，省会警察署当局为彻底防止盗匪潜藏活动，特招募冬防警察，增加守望岗，改正巡逻路线，增加巡逻次数。[5]可见，为保冬防治安，各地方在准备防备力量方面颇为努力。

---

1 《社会新闻 招募警察二百名》，《京兆日报》1925年12月6日，第3版。

2 《警备部组织巡查队》，《顺天时报》1928年10月30日，第7版。

3 《北郊农商联合设保卫团 在祭旗庙招募壮丁》，《顺天时报》1928年12月30日，第7版。

4 《纪事 本市筹办冬防之兵力》，《广州市市政公报》第372期，1930年，第31—32页。

5 《本市警察署强化冬防维护治安 充实巡逻岗警力量》，《山西通讯》第34期，1940年，第5页。

　　再次，加强组织宣传，在社会层面号召民众积极参与，以期官警商民团结协作，共保安宁。1924年冬防之际，四川军务督办杨森曾发布告，号召全省人民注意办团及整顿冬防，指出"团练这一件事，是保卫人民的第一个好法子，团练办得好的，地方就清静，团练办得不好的，地方就骚扰。……现在交了冬令，更要严防匪警，自来要办冬防。本督办业已拟定冬防办法三十条，分饬各县局遵办，省城情形，稍微有点不同，又特别订了十三条，分令宪兵大队同成华两县知事，转饬查照办理，望你们城厢内外，务要遵照严查户口，切实进行，夜间派出团丁，轮流梭巡，至于省城以外，各县乡间，就是白昼，也要派丁在隘卡地方分别巡查，遇着偏僻道路，更是不可忽略。……现在冬防期间，各团保巡查的认真不认真，本督办还要派人考查的，若这样替你们讲，你们还不好好的办，本督办是要惩戒的，大家注意！"[1]同时期，甘肃也有类似布告发布，《甘肃警务周刊》有载："照得冬防时间，宵小最易发生，外来游匪混迹，恒恐三五成群，所有防范一切，尤应格外认真，本厅传饬各区，迭次训诫严明，区署巡官长警，一体督令梭巡，分班酌定钟点，各员自专责成，……尔等居家铺户，最要共保安宁，凡有往来人等，手执灯笼以行，至于大街僻巷，住户加意留心，勿得粪草堆积，勿得火烛相侵，勿得夜间放鸽，勿得泼水凝冰，城关旅馆客店，来客查诘姓名，到此是何职业，谨防拐骗游民，本厅督查区署，不计风雨阴晴，其各守望相助，其各奋发精神，为此重申布告，务当一体懔遵。"[2]1928年入冬后，北平军警宪联合办事处

1　杨森：《布告全省人民注意办团及整顿冬防一案》，《团务周刊》第4卷第2期，1924年，"公牍"，第1—3页。

2　《布告现在冬防吃紧各官警商民务宜共保安宁由》，《甘肃警务周刊》第31期，1924年，"公牍"，第2页。

开会议定，由公安局饬各区遍告界内商民，劝令一律安设警铃以期自卫。[1] 到 1933 年底，北平公安局各区劝办住铺户装安警铃数量有了明显提升，据统计，15 个区装安警铃户数由 6440 户增至 9133 户。[2] 此外，北平公安局还布告各区民众劝募更夫以维治安，至 1933 年底各区劝募更夫数由 1368 人增至 1434 人。[3] 1930 年冬防期内，广州市公安局消防总所通告市内各商民，预备消防器具如灭火筒等，以便遇警易于自行扑灭，毋使火患蔓延，并详细拟定防火办法通告市民知悉，使各有所警惕，防患于未然。[4] 1940 年冬防期间，日伪警察局也曾发布告，示谕北平民众特别注意几点："甲、注意门户；乙、预防火灾；丙、预防煤毒；丁、注意冒充警宪不法行为。"[5] 诸多宣传告示，把冬防的意义及有效应对办法通俗易懂地传达于民众，争取民众自觉防卫进而构建全民联防网络。

最后，从政策法令方面出台一系列规章办法，为冬防管理提供法律保障。在北京，1912 年 1 月底军警联合会连开会议，研究保卫北京秩序各办法。商定倘于日内无论北京有何暴动，各处军警务须联合团体力保治安，拟定临时草案二十四条，颁行各处一律遵照。[6] 为督促官警着力巡查，1913 年 11 月 8 日京师警察厅发布《冬防暂行巡官长警赏罚条例》，其中赏例包括发现重要

1 《军警宪联合办事处昨日召集治安会议 为保卫冬防严查共党 饬令商民装电铃自卫》，《顺天时报》1928 年 10 月 29 日，第 7 版。

2 《北平市公安局二十二年十二月份各区劝办住铺户装安警铃数目比较表》，《北平市市政公报》第 233 期，1934 年，第 34—35 页。

3 《北平市公安局二十二年十二月份各区劝办更夫数目比较表》，《北平市市政公报》第 233 期，1934 年，第 35—36 页。

4 《冬防期中之预防火患》，《救火月刊》第 2 期，1930 年，第 41 页。

5 《冬防吃紧时期：警局编制文告，晓谕民众注意，以期官民合作共维治安》，《北京市政旬刊》第 39 期，1940 年 1 月 4 日，第 2 版。

6 《闲评二 军警联合会特开密议》，《大公报》（天津版）1912 年 1 月 27 日，第 5 版。

窃盗案登时捕获及依限破获者、发现重要命案登时捕获正犯及从犯及依限破获者等各款，按照定章从优给奖；罚例包括发现重要或寻常窃盗案未能即时捕获及依限破获者、发现杀伤及命盗各案不即时报告者等各款，按照定章从重处罚。[1]1922 年 1 月，京师警察厅总监训令实施《京师宪兵司令部所属驻京各营连冬防服务办法》，规定"冬防勤务昼夜轮流，不许间断，规定以上午六时至下午九时为昼间，下午九时至翌早六时为夜间。各营连服行夜巡宪兵须随时与其他夜间查道军警联络，以便遇事互相协助办理"。[2]1928 年，针对冬防期间抢案层出且案中抢犯多着制服的情况，北平军警宪各当局特拟定取缔军人办法，用警备司令张荫梧、宪兵司令楚溪春、公安局局长赵以宽三人名义，致函北平各驻军机关，不准军人外出闲游以及携械；通令各区署传知界内各公寓旅店，不准容留军服人等投宿。[3]1929 年冬防之际，北平公安局特制定《公安冬防临时非常警逻汽车队暂行办法》十条，规定："为预防非常事变特设临时警逻汽车队，内外城不论某区地面遇有非常事变时，均驰往助理。"[4]1933 年还制定了《北平市政府公安局冬防保安实施办法》，在联合市民协助方面，规定"唤起市民安全注意""加添更夫协助巡逻，完成联户警报电铃""推进人力车夫等辅助工作"等；在防缉盗匪方面，规定"清查户口""搜索盗匪""检查枪械""村庄联防、邻县联防及省市联防"等；在火警预防方面，规定"胪列预防火警注意各事，刊入维安

1　《京师警察法令汇纂》，撷华书局，1915，"总务类"，第 151—152 页。

2　《京师警察厅总监关于京师宪兵规定冬防宪兵服务办法的训令（1922 年 1 月）》，北京市档案馆藏，档案号：J181-018-13855。

3　《近日城郊抢案层出 军警当局积极预防 拟定取缔办法就地格杀勿论 公安局开防匪会议饬队严缉》，《顺天时报》1928 年 11 月 21 日，第 7 版。

4　北平市政府编审室编印《北平市政府公报》第 6 期，1929 年，第 153 页。

须知，唤起注意"；等等。[1]1937 年，为维护其殖民统治，日伪当局修正通过《北京特别市公署警察局各警察分局缉捕盗匪奖惩规则》，规定"各分局在冬防期间一个月内不发生盗匪案件，该管分局长及主管署员应传令嘉奖，两个月内不发生盗匪案件各记功一次，三个月以上不发生盗匪案件各记大功一次"。[2]1947 年冬防期间，北平市政府还制定《北平市各区冬防夜巡队设置办法》，据此各区成立冬防夜巡队，队员由受训完毕的国民自卫团员轮流充任，于每一警察分驻所辖区设立一个分队，每分队下设三班，每班队员 16 人。[3]

浙江在 1928 年通过《浙江全省冬防办法》，规定"有匪县分以及近匪区域县分在冬防期内应按照浙江保卫团组织暂行条例迅即召集各界人士筹议举办保卫团，其经费枪械服装等照保卫团暂行条例第七、八、十条办理。无匪患县分如无设立保卫团之必要，在冬防期内应准酌各该县情势添设临时警察，得随时出发梭巡"。[4]武汉在 1929 年制定《武汉军警联合稽查处办事规则》，明确指出："兹值冬防期间，所有武汉军警为维持武汉治安并各部队军纪风纪便利起见，特组联合稽查处。联合稽查处职掌如下：1、查拿散兵游勇及匪徒；2、维持地方秩序。"[5]1931 年，天津市政府为巩固冬防起见，特定《天津市政府冬防给奖办法》，规定无论公安官警或市内民众，凡破获下列

1　《北平市公安局关于冬防保安的实施办法》，北京市档案馆藏，档案号：J181-016-00229。

2　(伪)北京特别市公署参事室编《(伪)北京特别市市政法规汇编》第三辑，"第三类　警察"，第 50 页。

3　《北平市政府社会局抄发市警察局〈北平市各区冬防夜巡队设置办法〉的训令（附：军警宪保甲冬防联合夜巡大队组织草案、冬防计划）》，北京市档案馆藏，档案号：J016-001-00160。

4　《浙江全省冬防办法》，《浙江民政月刊》第 3 期，1928 年，第 36 页。

5　《武汉军警联合稽查处办事规则》，《军事杂志》第 7 期，1929 年，第 23 页。

案件经审判确定后均得分别酌给奖金，如"绑票勒赎者，意图诈财而置留暴裂物或投送恐吓信致人受有损失者[1]"等等。同年，《青岛市军警联合处理冬防办法》出台，明确指出"本办法由青岛市政府、海军司令部会同订定，于本市冬防期内军警联合查防时适用之。军警联合查防事项如下：一、关于闲散军人查察事项；二、关于土匪查缉事项；三、关于枪械贩运查缉事项；四、关于娱乐场所取缔事项；五、关于各乡村清乡事项"。[2]上海在 1933 年 11 月核准通过《上海市公安局冬防期内防范盗匪员警功过临时赏罚办法》，明确指出"本局为冬防期内防范盗案发生，奖励事前预防及奋勇捕盗起见，暂订临时赏罚办法，凡各区所队巡官长警侦缉员均适用之。缉获盗案给奖之标准规定如下：各区所队巡官长警侦缉员等凡在事前发觉盗匪当场拿获，经讯明属实者，奖洋四十元至六十元，其情节重要或获有多数首从者增加给奖。"[3]杭州在 1936 年制定《杭州市冬防联合办事处组织简章》，规定"本处遵照省政府令组织之，以办理本市冬防期内治安及统一指挥监督为责职。本处以下列机关组织之：一、杭州市政府；二、浙江省会公安局"。[4]可见，为求冬防治安稳定，各地方政府对冬防事务高度重视，从行政管理及组织各方力量共维治安方面设法筹划，力争提供稳妥保障。

当然，针对冬防问题，各地的应对举措除存在以上共通之处外，根据各自实际情形，还有一些特别的处理办法。例如，在北京，1928 年冬防期内，军警宪联合办事处召集治安会议，决定

---

1 《天津市政府冬防给奖办法》，《天津市政府公报》第 26 期，1931 年，第 72 页。

2 《青岛市军警联合处理冬防办法》，《青岛市政府市政公报》第 16 期，1931 年，"单行法规"，第 14 页。

3 《上海市公安局冬防期内防范盗匪员警功过临时赏罚办法》，《上海市政府公报》第 139 期，1933 年，第 93—94 页。

4 《杭州市冬防联合办事处组织简章》，《杭州市政季刊》第 4 卷第 1 期，1936 年，第 102 页。

由警备司令部内密探员化装分往各旅店公寓探访案件，由宪兵各营组添巡查队，昼夜梭巡街市，以固冬防，并派人分驻电话局设立内间听电话室。[1] 同时，北平市政府还饬令社会局、公安局会同提前筹办粥厂，并由北平救济院设法收容无家可归者，以维治安。[2] 1932年冬防期间，北平市曾举办夜间化装侦缉，于踩访盗匪不无裨助，1934年市政府又指令公安局，查照成案酌核办理。[3] 1933年北平地方迭经变乱后，冬令防务较往年更为重要，为此新任公安局局长余晋龢特指出非加紧工作不可，以保安队余力租用汽车，于一日间最危险时间如夜晚清晨出巡各胡同内，以资减少抢案。[4] 此外，为加严警戒，特编成"警察纲"，布置包括"甲、守望编成。乙、定线巡逻编成。丙、不定线巡逻编成。丁、更夫巡逻编成。戊、督察线编成"。[5] 在上海，1928年冬令时节，除冬防区域由指定军队担任防务外，公安局所辖官警互相联防，搜检行人，清查户口，于英法租界毗连之地会商，邻近捕房随时协缉盗匪，并编队加班巡逻，昼夜出勤以资周密。[6] 在河南开封，1935年冬防时期举办本市住户自卫枪支登记领照，"无论官民人等，自卫械弹概须声请登记，以便定期给照，即领有国民政府或绥靖公署枪照者，亦应将原照呈验备案，届时并指派部队会同公

---

1 《军警宪联合办事处昨日召集治安会议 为保卫冬防严查共党 饬令商民装电铃自卫》，《顺天时报》1928年10月29日，第7版。

2 《市政府设备冬防 注意失业贫民 已饬令社会局即日筹办 收容贫民提前开办粥厂》，《顺天时报》1928年11月1日，第7版。

3 《指令公安局 据呈报规定冬防严重时期市区警察网编成办法请备案应准备案由》，《北平市市政公报》第233期，1934年，第13页。

4 《平市公安局长余晋龢视事 对职员训话勖以努力从公 余谈今后警政决注意冬防》，《大公报》（天津版）1933年9月29日，第4版。

5 姜春华：《北平警政概观》，出版地不详，1934，第50—52页。

6 《上海特别市公安局业务报告：冬防之筹办》，《市政公报副刊》第2期，1928年，"各局业务汇报"，第109页。

安局，逐户清查，如有隐匿不报者，一经查出，即以私藏军火论罪"。[1] 在湖南，1933 年冬防期间，省会公安局各署所户口加紧清查，各警士调查户口草册由值班巡官随时核阅以觇勤惰。[2] 由上可知，各地方在冬防期间，想方设法谋划，使防控办法日益多元，以期布置周密维护治安。

三 冬防管理的效果及问题解析

由上所述，不难发现，各地在冬防问题上均予以充分重视，组织官民各方力量设法防范，从维持春节前后的社会治安稳定层面来讲，冬防管理机制的运行无疑起到一定的积极作用。在多种防范措施的严密布控下，各地治安取得一定效果。例如，在北京，1929 年 12 月底报纸有载："北平治安自张荫梧兼领公安局长、王锡符主任局务以来，数月间整顿尚著成效。……当初到任之时，大小抢窃之案日有所闻，……近两月以来，官兵一致努力，市面较前安静矣。"[3] 对加强冬防给社会治安秩序带来的影响，文献中也有评论，"二十二年冬防期间，时局严重，北平市治安，能以差强人意，未遭大祸，吾人不能不承认警察当局对冬防设施的周详"。[4] 抗战胜利一年后，北平警察局在工作总结中，对冬防事务也予以肯定，指出"自去冬实施冬防计划以来，治安渐趋良好，

---

1 河南省政府秘书处统计室编《河南省政府年刊（民国二十四年）》，开封新时代印刷局，1936，第 423 页。

2 《总务：命令（廿一年十二月四日于湖南省会公安局）》，《公安月刊》第 10 期，1933 年，"工作纪要"，第 7 页。

3 《北平警政》，《大公报》（天津版）1929 年 12 月 30 日，第 3 版。

4 姜春华：《北平警政概观》，第 54 页。

盗匪案件已较往年减少"。[1] 关于上海的冬防问题，时人也有探讨，指出"在军警当局的周密戒备中，当然是可以说他一声'可保无虞'"。[2] 在广西，围绕冬防问题，曾有人专门进行研究，指出"在本省，自从十九年秋开始建设后，在三自政策的指导下，我们首先以全力从事的，就是民众自卫力量的培植，以广大民众的力量，消灭盗匪，维持社会的安宁，使人人得以安居乐业，各种建设，得以进行无阻。这一项工作的实施，就是我们过去所努力的民团运动。随着民团运动的发展，本省治安问题，从原来在全国为盗匪最盛的省区，转为治安最良好的省区"。[3] 可见，实施冬防管理对维护各地社会治安起到了一定作用。

在看到冬防管理成效的同时，我们也不能忽视，尽管在冬防期间，社会各界努力采取了诸多举措以应对，构建起较为严密的防护体系，但是冬防问题并没有彻底解决，需要年复一年地设法布防。冬防问题的症结在哪？针对于此，时人也多有思考。有人指出，"处在这混乱的状态之下，盗贼蜂起，伏莽滋多，一年三百六十五日，没有一天不要防备的。……半因群盗如毛，当局也是捉不胜捉，而生计困难，实为主因，所以以后各地如不急为游民设法，而生活程度，却继续增高，恐怕铤而走险的人，将愈聚愈众，这不是社会的大患吗？每年到了冬天，各地例有冬防之举，这本是治标的方法，因为堕落的人，一时不容易挽救，只能就安分良民，加以保护"。[4] 另有人分析，"为什么每到冬季，盗匪尤其特别多呢？当然，我们不应该忽略各种政治上、社会上、

1　北平市政府警察局编《一年来之北平警政》，第42页。北京市档案馆藏，资料号：ZQ012-002-00147。

2　《冬防的闲话》，《社会新闻》第10卷第1期，1935年，第27页。

3　亢真化：《谈冬防问题》，《基层建设》第7期，1942年，第13页。

4　群僻：《评论：冬防问题》，《吴江》第216号，1926年，第2版。

经济上、教育上的因素，但是最直接最显著的原因，却是由于赌和游惰未能绝迹。……在冬季，因为处在农闲时节，所以赌风最盛；在冬季，由于天寒地冻，游惰者加上了饥寒双重的压迫，这两者合起来，便是冬季匪盗最多的原因"。而解决之法，"第一个是乡村联防问题。……除了关于闻警赴援的共同约定守则外，我们以为最关重要的，应该互订消灭匪盗公约。……第二是放哨守卡问题。每晚应由国民兵团派兵，分赴各要道哨守。……第三警戒野火烧山。……第四办理民众消防。冬季风物燥，必须小心火烛，并须组织救火队，及备水事宜"。[1] 还有人认为，"所谓'防'也者，只不过防止其暴行的'动'而已，在实际上消弭这一问题的根本办法，似乎得在'防'字以外来想办法。在我们的感想，觉得用军力警力来举行冬防，固然是有其必要；可是用其他补救的办法，像失业工人的安置，像各种食用必需品的平沽……当然，这不只是三言两语说说可了，在事实上行起来，自得非有其精密的筹划不可的。这，便得有烦我们的贤明的当局了"。[2] 此外，也有学者指出，"'冬防'与'恤赈'应该同时期来注意举办，对于饥寒交逼的人，要予以有效的救济，以免他们铤而走险"。[3] 还有说法，"冬防是消极的，治标的，而救济才是积极的治本方法。冬防的措施，政府已颁布有详密的办法，但其最重要处，则在严密基层组织。……至于救济，则着重于衣食问题的解决。关于食的问题，以工代赈，仍不失为最好的方法，但此只限于有工作能力者；一般老弱妇孺，尚须设法顾及。而在衣的方面，……我们要展开救济的捐助运动，使大家能慷慨解囊，共同拯救这还挨饥

1　亢真化：《谈冬防问题》，《基层建设》第 7 期，1942 年，第 13—14 页。

2　《冬防的闲话》，《社会新闻》第 10 卷第 1 期，1935 年，第 26—27 页。

3　梁上燕：《从冬防说到警卫的办理》，《广西民政》第 2 卷第 6 期，1946 年，第 25 页。

受寒的苦难同胞"。[1] 从以上分析可见，冬防问题在当时既已引发诸多考虑，从其原因到解决办法，时人也提出很多建议，但无论如何，在近代中国积贫积弱的国情下，加以民国时期政权不稳，战乱频发，贫困问题无法彻底改观，冬防也只能是稳定社会秩序的一种治标不治本的消极方法。

总之，民国时期冬防问题在社会中占有特殊的重要地位，每届冬令时节，各地的一项重要任务即是开展冬防管理。经过不断实践，各地冬防管理逐步形成一套模式，积累了一些经验，例如注重加强设施建设，增强防范力量，号召民众参与共保治安，各界共同筹划制定管理办法，等等。通过加强冬防管理，社会治安得到一定维护，但这只能是暂时表面化的一种效果，并没有从根本上解决威胁社会治安的贫困症结。无论如何，民国时期冬防管理的运行，在治安防控方面充分做了努力，体现出鲜明的预防为先的管理理念。

---

1 沛棠：《冬令救济与冬防问题》，《广西民政》第 2 卷第 6 期，1946 年，第 3 页。

近代北京龙须沟水环境变迁及其治理

熊志鹏 *

摘　要：晚清以降，北京外城龙须沟在自然与人为因素的双重作用下，水环境发生了翻天覆地的变化，水污染、淤塞、水患逐年加剧，严重影响附近居民的生活质量，威胁其生命安全。清末，龙须沟的治理多依靠附近居民挑挖疏浚，收效甚微。北洋政府时期，在京都市政公所与京师警察厅的共同负责下，龙须沟上游被改砌为暗沟。国民政府时期，北平市工务局先是将精忠庙街南口以西龙须沟明沟改砌为暗沟，而后利用毒犯对精忠庙街南口以东龙须沟明沟全段进行挑挖疏浚。日伪统治时期，龙须沟治理工作仅仅局限对局部沟渠的挑挖疏浚。战后，国民党当局采用以工代赈方式对龙须沟明沟全段开展了系统性的挑挖疏浚工作。总之，龙须沟水环境恶化的情况在新中国成立前未能得到根治。近代龙须沟水环境的治理之所以未能取得成功，归咎于多方面的因素，不同利益群体的冲突与合作也深刻地影响着治理的最终结果。

关键词：近代北京　龙须沟　水环境变迁　治理

在经典文学作品《龙须沟》中，老舍先生有着这样一段让人触目惊心的描述：

* 　熊志鹏，首都师范大学历史学院博士研究生。

> 这是北京天桥东边的一条有名的臭沟，沟里全是红红绿绿的稠泥浆，夹杂着垃圾、破布、死老鼠、死猫、死狗和偶尔发现的死孩子……每逢下雨，不但街道整个的变成泥塘，而且臭沟的水就漾出槽来，带着粪便和大尾巴蛆，流进居民们比街道还低的院内、屋里，淹湿了一切的东西。遇到六月下连阴雨的时候，臭水甚至带着死猫、死狗、死孩子冲到土炕上面，大蛆在满屋里蠕动着，人就仿佛是其中的一个蛆虫，也凄惨地蠕动着。[1]

老舍笔下的文字并非对事实的刻意夸大，这种场景的确是解放前北京外城龙须沟一带的真实写照。当时的龙须沟对北京城的居民来说再为熟悉不过，它是北京城最大的臭水沟，同时它所在的地区还是北京城最大的贫民窟。由于形象过于深入人心，时至今日，"龙须沟"仍然是臭水沟的代名词。

以往涉及龙须沟的研究，主要集中在解放后北京轰轰烈烈的下水道治理工程。[2]而关于近代龙须沟的研究，则寥寥无几。史明正的《走向近代化的北京城——城市建设与社会变革》从近代化转型的角度研究市政管理机构对北京城的改造和建设，其中专门讨论了北京城排污系统的建立，对龙须沟有所涉及。[3]董丁瑜在《1912—1937 年间的北京排污系统建设》中也涉及了对龙须沟的研究，但仅仅只对其西段的加盖工程进行了简短论述，而对于近代以来龙须沟水环境变迁的原因，以及其他相关的治

---

1 老舍：《龙须沟》，人民文学出版社，1979，第 3 页。

2 瞿宛林：《观察新中国的一个视角——试析龙须沟治理与新中国形象》，《当代中国史研究》2007 年第 2 期；李裕宏：《整治龙须沟》，《当代北京研究》2010 年第 1 期；陈德光：《龙须沟的变迁》，《文史资料选刊》第 9 期。

3 〔美〕史明正：《走向近代化的北京城——城市建设与社会变革》，王业龙、周卫红译，北京大学出版社，1995，第 102—127 页。

理工作则鲜有提及。[1] 盛华的《民国时期北京城市排水问题研究（1912—1948）》对于龙须沟也是寥寥数语一笔带过。[2] 基于此，本文主要依据市政档案、报刊文章、政府公告等一手材料，并辅之私人文集、历史地图等相关文献，对近代北京龙须沟水环境的变迁及治理过程进行考证和讨论，以期为现今及未来城市内河水环境的保护与治理提供一些历史参考。

一　近代龙须沟水环境的变迁

明永乐年间，为排泄山川坛以西来水，于山川坛与天坛北面开凿了一条排水渠。这条被称作郊坛后河的排水渠，便是龙须沟的前身。有明一代，它大约自内城起，经虎坊桥、天桥，再沿着天坛北缘自西向东流淌，最后转向东南经今龙潭湖出外城。同时，沟尾巴、三里河两条支流分别在精忠庙南端和金鱼池东南汇入其中。[3] 至清时，除支流三里河湮塞外，该沟渠流域基本保持不变。据嘉庆二十二年（1817）所绘制的《北京城区图》，[4] 可以清晰地看出龙须沟的流经区域。到了民国，龙须沟仍是北京外城最大的一条排水沟，它"北起虎坊桥，迤逦东下，经永安桥、天桥、红桥，经天坛之北，复南折至永定门外之护城河，长约一万九千余尺"。[5] 同时，它也是北京城最大的一条臭水沟，是外城众多排污

1　董丁瑜：《1912—1937 年间的北京排污系统建设》，硕士学位论文，中国社会科学院研究生院，2009。

2　盛华：《民国时期北京城市排水问题研究（1912—1948）》，硕士学位论文，北京师范大学，2012。

3　侯仁之主编《北京历史地图集·政区城市卷》，文津出版社，2013，第 59 页。

4　国家图书馆编《北京古地图集》，测绘出版社，2010，第 147—153 页。

5　京都市政公所编纂《京都市政汇览》，京华印书局，1919，第 617 页。

沟渠的汇入之地，终年藏污纳垢、淤塞不通、臭气熏天。

起初，龙须沟并不是让人们避之不及的臭水沟。与此相反，龙须沟及其所在的天桥地区在清光绪以前是风景秀丽、人烟稀少的"江南水乡"。明代，天桥地区是一片环境优美的水域沼泽地带。天桥"东西净是河套，遍种荷花。河边建亭，常泊画舫，备游人乘坐。每届夏令，青衫红袖，容与中流，颇饶画船箫鼓风味"。[1] 对于天桥迤东，紧邻龙须沟的金鱼池，明末诗人谭元礼有诗《晚晴步金鱼池》写道："帘开我为晚晴出，万叶沉绿浅深一。滴滴跃跃洗池塘，朱鱼拨刺表文质。接餐生水水气鲜，霞非赤日碧非莲。"无独有偶，同时代的王应翼在其《金鱼池观鱼歌》中也写道："清旷中边疏碧沼，畛之域之岐巨小。素湍平静不潜鳞，柳匝烟垂敷荇藻。"[2] 清乾隆时期刊印的《宸垣识略》对于龙须沟沿岸众多湖泊也多有记载。[3] 嘉道年间诗人邵葆祺亦喜游天桥，留下诗《桥东诗草·同人游天桥池上》曰："桥头新水活粼粼，桥外高楼聚酒人……碧瓦朱桁护泾云，千重坛树波光绕……清漪夹道苍烟暮，指点游人垂钓处，鱼意还嫌人面尘，避影堂堂摇尾去。"[4] 甚至到了光绪十年（1884）前后，据近人齐如山回忆，天桥之南，"旷无屋舍，官道之旁，惟树木荷塘而已，即桥北大街两侧，亦仅有广大之空场各一，场北酒楼茶肆在焉。登楼南望，绿波涟漪，杂以芰荷芦苇，杨柳梢头，烟云笼罩，飞鸟起灭。天坛之祈年殿，触目辉煌，映带成趣，风景至佳。意者，此即曩昔诗人吟咏憩息之处也"。[5] 可以推测，此时龙须沟及其周边水域的

1　张次溪：《天桥丛谈》，中央编译出版社，2016，第4页。

2　（明）刘侗、（明）于奕正：《帝京景物略》，北京古籍出版社，1980，第103页。

3　（清）吴长元：《宸垣识略》，北京古籍出版社，1981，第175—176、207—209页。

4　张次溪：《天桥丛谈》，第35页。

5　齐如山：《〈天桥一览〉序》，载张次溪《天桥一览》，中华印书局，1936，第1页。

水质依然较好。然而，在之后随着时间的推移，龙须沟水体逐渐变脏变臭。进入民国，龙须沟水污染进一步加剧，最终成为北京城家喻户晓的臭水沟。

清末以降，龙须沟水污染的同时，沟道也渐渐淤塞。当时，北京内城西部的排污总干渠为大明濠，常年壅塞不通，为人所诟病。然而到了民国初年，龙须沟"年久失修，其壅塞淹积较大明壕为尤甚"。[1] 此后，龙须沟淤塞沟段之多、淤塞之反复、淤塞之严重，广见于市政档案中。如 1930 年，据当时政府所派官员勘查，龙须沟"天桥迤东至红桥止，中间一段壅塞最甚……其大市小市两支沟，亦因龙须沟底太高不能宣泄，故亦联带壅塞"。[2]1932 年，北平市筹备自治委员会去函北平市工务局称，第十一自治区第六坊公所"界内之龙须沟，淤塞已满，宣泄甚难，每当淫雨时期，不但街巷泥水满途，即局院中，亦因而积水"。[3]1941 年，日伪当局查明作为外城泄水要道的龙须沟明沟，"现已淤高，宣泄不畅"。[4]

除水污染与沟道淤塞以外，近代龙须沟的水患也有加重趋势。清光绪以前，龙须沟水质良好，沟道通畅，因而水患相对较少。光绪以来，随着龙须沟沟道渐渐淤塞，雨后沟内排水不畅，更易引发水患，殃及附近居民。轻则秽水四溢，有碍卫生。如北平市工务局曾派官员于 1945 年 12 月对龙须沟进行调查，结果显示龙

1　京都市政公所编纂《京都市政汇览》，第 617 页。

2　《北平特别市政府、公安局、工务局关于修理精忠庙迤西龙须沟加盖工程的指令、调令、公函、呈》，北京市档案馆藏，档案号：J017-001-00493。本文所引档案资料均藏于北京市档案馆，以下不再一一注明藏所。

3　《北平市筹备自治委员会与工务局关于南郊农民义务掏挖龙须沟淤泥事宜的函》，档案号：J017-001-00624。

4　《北京特别市公署、区务监理处、工务局关于疏浚龙须沟请拨款等的指令、呈（附平面图、估单、土方表等）》，档案号：J017-001-02488。

须沟明沟"污物沉淀，水流不畅，淤塞殊甚，以致正阳门大街等处，每值雨季，雨水不能宣泄，停潴街心，旬日不退，最近该沟渠益行淤塞，污水不能下行，竟自路旁沟篦涌出，倒灌街上，臭秽不堪，关系市民公共卫生，至深且巨"。[1]重则水势泛滥，影响居民生存。如1929年夏，北京淫雨连绵，外城各处雨水均向该沟汇集，"惟因淤泥塞满，沟道来水不能畅流，以致水势泛滥，附近各街巷成为泽国，居民无不视为大患"。[2]这样的情况同样出现在1930年的夏天，当时"以雨势过大，沟内宣泄不及，致路面水深过胫，庐舍被水"，[3]足见水患情形之严峻。

清光绪以前，天桥一带水源充沛，风景秀丽，龙须沟水质良好，沟道通畅。光绪以后，龙须沟水体污染的同时，沟道也渐渐淤塞，一旦遇到多雨的夏季，相较以往更易发生水患。进入民国，龙须沟水环境恶化的情况则进一步加剧。总之，清末以后的短短数十年，龙须沟水环境发生了翻天覆地的变化。

二 近代龙须沟水环境恶化的原因及影响

事实上，近代龙须沟水环境恶化是自然因素和人为因素共同作用的结果。就自然因素而言，北京地处华北平原北部的永定河冲积扇上，地势西北高，东南低，典型的暖温带半湿润大陆性季

---

1 《北平市工务局河渠股主任杨曾藝调查龙须沟情况的呈及付孝先、何树铭的测量书以及工程计划书、土方计算表、图纸等》，档案号：J017-001-02924。
2 《北平特别市政府、公安局、工务局关于修理精忠庙迤西龙须沟加盖工程的指令、调令、公函、呈》，档案号：J017-001-00493。
3 《北平市政府、秘书处、工务局等关于利用毒犯掏挖龙须沟的指令、训令、交办单、呈、函、联单》，档案号：J017-001-01135。

风气候使北京夏季雨量异常充沛。[1] 因此，一旦遇到多雨的夏季，作为北京外城最大排水沟的龙须沟极易由于难以承载远超自身排泄量的水量而引发水患，危害附近居民。历史上，龙须沟一带乃至整个北京城在夏季因内涝成为泽国的情况屡见不鲜，其中以嘉庆六年（1801）和光绪十六年（1890）的大水灾最为典型。关于光绪十六年的大水灾，《天咫偶闻》对北京城内的景象有着这样的描述："无室不漏，无墙不倾。东舍西邻，全无界限。而街巷至结筏往来。"[2] 进入民国，北京水灾形势依然严峻，通过当时的报道，也能窥见一二。[3]

相较于自然因素，人为因素对龙须沟水环境的影响更甚。晚清以降，时异世变，原本人烟荒凉的天桥地区逐渐成为北京城浮摊杂耍的群集之地，后又因"京津车站设于马家铺，京汉车站设于卢沟桥，往来旅客，出入永定门，均以天桥为绾毂。而居民往游马家铺者甚多，亦于此要约期会"，[4] 由此变得更加热闹。与此同时，因北京外城人为活动的增加，龙须沟及周边水域的水环境开始遭受破坏。进入民国，龙须沟所在的天桥地区因"成立平民市场，五方杂处，百商猬集"，[5] 愈是繁华兴盛。对此，民国八年（1919）刊印的《京都市政汇览》对龙须沟的情况记载到："现在外城商况日盛，居民日繁，该沟亟宜修理。"[6] 据统计，清光绪

1　霍亚贞主编《北京自然地理》，北京师范学院出版社，1989，第 2、58 页。

2　（清）震钧：《天咫偶闻》，北京古籍出版社，1982，第 191 页。

3　《北平天桥一带被水浸深五尺》，《新加坡画报》第 58 期，1929 年，第 13 页；"北平入夏以来，淫雨为患，自永定门至天桥一带，马路均被淹没，往来车辆涉水而渡。永定门外之护城河，水势汹涌，几及于岸，此处堤岸与城墙建筑极牢固，而地势亦较高也"（《上海漫画》第 71 期，1929 年，第 1 页）。

4　齐如山：《〈天桥一览〉序》，载张次溪《天桥一览》，第 3 页。

5　张江裁：《北平天桥志》，国立北平研究院总办事出版课，1936，第 9 页。

6　京都市政公所编纂《京都市政汇览》，第 617 页。

八年（1882），北京外城共计50499户，296711人；宣统二年（1910），北京外城共计52226户，316472人。[1] 三十余年间，外城人口增加了不到两万人。然而到了解放初，外城总人口高达50万，相较于宣统二年，增长了约20万人。可见，较清末而言，民国时期龙须沟一带的人为活动出现了进一步的增多。

清末以来，北京外城的人口呈现巨幅增长，人口密度达到了极为惊人的数字。但是，对于龙须沟水环境恶化的情况来说，猛增的人口只是诱因，生齿日繁所产生的大量垃圾粪便向沟中倾倒，附近居民在沟渠两旁胡乱搭建房棚以及种菜才是直接原因。作家高参在其写实小说《龙须沟的变迁》中，对此有着形象的描写：

> 原来的龙须沟不是这个样子。沟身比现在宽好几倍，沟的两岸是一片乱葬岗子。后来，打别处运来的脏土没竭没完的往这儿倒，坟头儿垫平了；沟身挤窄了；沟底也填高了。脏土堆上密密层层地盖起了小土房和窝棚。穷人越聚越多，这儿可就成了北京最大的"穷人窟"。[2]

除了写实小说的记录之外，档案资料对此也有颇多记载，且跨越相当长的时间。1930年，北平市工务局办事员侯耀庭被派遣对天桥迤东至红桥一段龙须沟进行勘查，后向当局披露道："因该沟左近居民将炉灰秽土任意倾倒沟内，以致泥土淤塞，沟底日高；同时沟墙上边堆积炉灰等物，日加月增，沟身愈狭，以致排泄不通，污水几有盈溢沟外之势。"[3] 即使是在龙须

1　民国元年内政部统计科：《内务统计　京师人口之部》。

2　高参：《龙须沟的变迁》，天下出版社，1951，第2页。

3　《北平特别市政府、公安局、工务局关于修理精忠庙迤西龙须沟加盖工程的指令、调令、公函、呈》，档案号：J017-001-00493。

沟部分沟段修筑沟盖后，也"每有摊贩在盖上排列及支搭房棚情事"。[1] 在挑挖龙须沟的商人递交给当局的呈文中，也可发现龙须沟"因两边居民商号堆积秽土，渐渐侵占，认为己有，及淤泥壅塞，日复一日，年久致有今日甚窄之程度，每至夏季雨水时，行之时，因沟洼疏浚不畅，秽水四溢，日晒蒸腾，臭汽闻出数里之外"。[2] 甚至在其挑挖过程中，仍有"沿沟一带铺住商户，每有侵占官沟"的现象发生。[3] 还有如 1945 年，由于龙须沟两旁住户"时有向沟内倾倒秽土秽物及垃圾等情事"，工务局特去函警察局，希望其派员对此类现象严加取缔，进而维护河道畅通，保护环境卫生。[4] 同年 12 月，工务局河渠股主任杨曾艺对龙须沟情况进行调查，发现龙须沟"经历年附近居民倾倒秽土，沟渠两旁，任添公厕，随意便溺，或于沟内铺垫砖石，以通行人，而形成堵段之河身，污物沉淀，水流不畅，淤塞殊甚"。[5] 1947 年，当局即将完成龙须沟、御河、大石桥等明沟挑挖工程时，"附近居民，时有向新挖的沟内倾倒秽水秽物，或堆积岸上，或冲入沟内，以致损毁沟岸，阻碍水流"。[6] 到了解放前夕，档案资料记载到：

---

1 《北平市政府、工务局、财政局等关于保护龙须沟计划线、取缔两旁房棚、严禁贩摊在沟盖上支搭房棚等的指令、函、呈》，档案号：J017-001-00609。

2 《北平市政府、工务局、公安局等关于处理吴振华挑挖天桥东龙须沟及永定门至左安门护城河道工程的指令、批、函、呈》，档案号：J017-001-00614。

3 《北平市政府、公安局、工务局等关于吴振华等挑挖天桥东龙须沟及永定门至左安门护城河道问题的指令、函、呈》，档案号：J017-001-00625。

4 《北京特别市公署、区务监理处、工务局关于疏浚龙须沟请拨款等的指令、呈（附平面图、估单、土方表等）》，档案号：J017-001-02488。

5 《北平市工务局河渠股主任杨曾艺调查龙须沟情况的呈及付孝先、何树铭的测量书以及工程计划书、土方计算表、图纸等》，档案号：J017-001-02924。

6 《北平市工务局关于龙须沟附近居民禁向新挖明沟倾倒秽水秽物给市政府的呈和布告等》，档案号：J017-001-03240。

　　龙须沟一带居民都是些零散工人、三轮车夫、贫苦市民，这里没有一条像样的街道，也没有一所像样的大瓦房，居民喝的是比自来水贵四五倍而又脏脏的井水，北京全部的外城人口是50万，其中40万人口的污水都流到一条曲折狭小的龙须沟里。沟里水泛着古铜锈的绿色，一年有9个月臭气熏天。苍蝇、蚊子到处滋生着，是历年传染病的发源地。[1]

　　此外，龙须沟一带的手工作坊所产生的垃圾污秽是导致水环境恶化的另一大原因，不容忽视。清末以来，龙须沟一带分布着众多如染坊、打铁作坊、旋床子、铺陈屋子、袼褙厂、刷子铺、皮局子、骨品厂等的手工作坊。"这些作坊大都占用露地操作，弄的这一带更加污秽，皮局子在沟旁晒皮子，袼褙厂在沟旁晾袼褙，骨品厂收购来的各种兽骨堆积如丘，无不招引苍蝇成团，令人恶心。"[2]这些手工作坊所制造的各种垃圾污秽，均未经处理便直接排入龙须沟，加剧了其水环境的恶化。[3]

　　还需要注意的是，挑挖过程中的操作不当也会对龙须沟水环境造成破坏。挑挖淤泥，疏浚沟道，是治理沟渠的常见措施。清末以来，龙须沟的挑挖大致分为"官方沟工队挑挖""官方批准商人、农民等承包挑挖"以及"商人、农民未经允许私自挑挖"三种类型。前两种类型，由于受政府主导监督，挑挖工作较为规范，不易对沟帮造成伤害。但也有例外，1934年吴振华等人在挑挖四块玉段龙须沟时，为牟私利，任意刨挖，既不浚深沟底，

1　《北京市的河道、下水道、粪便、清洁（资料）》，档案号：136-001-00012，第13页。

2　陈德光：《龙须沟的变迁》，《文史资料选刊》第9期。

3　《北平市政府、秘书处、工务局等关于利用毒犯掏挖龙须沟的指令、训令、交办单、呈、函、联单》，档案号：J017-001-01135。

还毁坏沟帮及桥梁。[1] 相较前两种类型，商人、农民私自挑挖时，由于没有政府进行规范指导，往往"只图自利，不顾公益，挑挖漫无秩序，以致沟帮残缺不平，秽水四溢"，[2] 从而造成龙须沟水环境的进一步恶化。

龙须沟水环境的恶化直接影响到附近居民的生活质量，并威胁其生命安全。首先，壅塞淤积的龙须沟每逢多雨的夏季便会由于排泄不畅产生内涝，届时周围房屋便会成为一片泽国，漂浮着猫狗等的各种尸体，使附近贫民原本凄惨的生活更加苦不堪言。其次，污染严重的龙须沟里充斥着各种垃圾与秽水，时时刻刻散发着恶心的臭味，在严重影响人们感官的同时，也给整个城市卫生环境带来消极影响。再次，平时藏污纳垢的龙须沟还是滋生各种蚊虫的温床，极易成为各类传染病的发源地，严重危害附近居民的身体健康。

三 近代龙须沟水环境的治理

清末，龙须沟因地处外城，且当时清王朝的统治正处于风雨飘摇之中，故而没有得到有效的治理。进入民国，随着北京城市化进程与市政建设步伐的加快，龙须沟水环境的治理开始进入崭新阶段。但放眼整个民国时代，龙须沟水环境的治理在不同时期又呈现出各自的特点。

---

1 《北平市政府、公安局、工务局等关于吴振华等挑挖天桥东龙须沟及永定门至左安门护城河道问题的指令、函、呈》，档案号：J017-001-00625。

2 《北京特别市工务局、张启奎关于挑挖崇文门外红桥至左安门西水关龙须沟工程的批、函、呈》，档案号：J017-001-01817。

（一）1928年以前：清末及北洋政府统治时期

民国以前，外城多为汉人居住，地处外城的沟渠被称为"民沟"，即沟渠的维修多由当地居民自行负责。清王朝虽于光绪十五年（1889）与光绪二十七年（1901）前后两次疏浚治理龙须沟，但由于当时政府能力有限，且官员毫无热情、敷衍塞责，故而并未取得多大成果。作为外城"民沟"的龙须沟，在此时期多依靠附近居民自行挑挖疏浚，总体来说，收效甚微。

北洋政府时期，京都市政公所与京师警察厅共同负责北京城内沟渠的治理工作，市政公所制订沟渠治理计划并拨发资金，警察厅下属的沟工队则负责具体施工。警察厅沟工队成立于1913年7月，[1] 主要职能为挖掘和清理沟渠内的淤泥，并通过在沟渠内修砖筑墙来防止沟渠坍塌。龙须沟作为当时北京城重要的排污泄水干道之一，污染淤塞极其严重，自然是当局的重点治理对象。

民国初年，警察厅派遣沟工队和贫民等对龙须沟照例进行挑挖疏浚。据1916年绘制的《京都市内外城地图》，[2] 可以看出自虎坊桥至左安门西水关的龙须沟全段均为明沟。1918年2月，在日本东京高等工业学校土木科进修过的市政公所官员唐在贤提出，"如欲通至全城沟道，必须先修各干道"，[3] 认为市政公所要想疏通北京全城的沟道，必须先对以龙须沟、大明濠和护城河为首的排污干道进行翻修。市政公所很快便采纳了这个提议，批准了这三项大型工程。然而工程进行得并不顺利，由于龙须沟工程缺乏资金，当局只得计划对其地处繁华区域的沟段进行修理：

1　蔡恂：《北京警察沿革纪要》，北京民社，1944，第61页。

2　国家图书馆编《北京古地图集》，第276页。

3　唐在贤：《京都市政计划书》，《市政通告》第10期，1918年，第14—15页。

计全沟实长一万九千二百余尺，全部改砌暗沟约需工料银二十万元，限于经费目前未易办到。惟该沟自西而东之一部分邻近商场，餐馆林立，距城南公园尤近，于交通卫生均大有关系，疏浚之事，势难稍缓。现拟将香厂以南，城南公园以北之龙须沟，计西自永安桥起，东至仁寿寺之南止一段，先行掏挖改砌暗沟，借资局部之疏通，余俟逐渐改修或另辟适当新尾间，以谋永逸。此公所对于该沟修理计划之大概也。[1]

可见，当局早已深刻意识到龙须沟亟须治理，且最优的办法乃是将沟全部挑挖疏浚，并改砌为暗沟，彻底改变其露天的状态。然而，捉襟见肘的当局难以负担高额的工程费用，只得计划先行治理地处繁华区域的一段——香厂以南，城南公园以北之龙须沟。当局的先行计划，在之后成功付诸实践。

1919 年 4 月，市政公所实施城南公园北门外龙须沟挑挖工程，承包商为富盛路工厂于怀富。此次工程自 4 月 13 日开工，5 月 7 日完工。通过该项工程，此段沟内直至沟底的淤泥被挖净，挖出淤泥被甩至两旁；两面沟帮也被拆除，拆除下来的砖石铲去灰泥以备后用。与此同时，市政公所为改修城南公园以北龙须沟，公开向社会招标。商人崔云峰以最低预估价沟每丈九元四角，漏井每个两元，揽得此项工程，经批后 5 月 17 日开工，历时约两月，于 7 月 15 日完工。此次工程以砖石和洋灰为主要修建材料，共计修理完竣龙须沟暗沟一道，长 125 丈，含漏井 7个。[2] 同年 8 月，市政公所委托商人王金有修建天桥以西龙须沟东西两端工程。此次工程于 9 月 2 日正式开工，但在 10 月初遇

---

1 京都市政公所编纂《京都市政汇览》，第 617 页。

2 《京都市政公所改修龙须沟丈尺做法和招商投标规则及包商富盛路工厂的揽单》，档案号：J017-001-00076。

上天降大雨，致将已修沟尚未灌浆者冲塌五丈有余，且下游天桥一带东西沟内淤泥秽水难以掏净，因而工程并未如合同计划那般顺利按时完工。对此，王金有不得不恳乞市政公所准予展期才得以完成工程。此次工程共接修龙须沟暗沟两道，东端长59丈3尺，西端长15丈，共计长74丈3尺，宽6尺，高5尺，还包含4个漏井。[1]

随后，在北洋政府当局的筹划治理下，天桥以西龙须沟其余沟段也陆陆续续兴工修建。总之，截至1928年，龙须沟上游即虎坊桥至天桥一段，或"改筑铁筋混凝土管，或于原沟上面加砌石盖"，不再暴露在空气之中散发恶臭。[2]虽然，市政公所在其存续期间还对龙须沟下游制订了详备的治理计划，并着手进行了部分治理，但终因经费不足、"购买民地困难"等而未取得明显成效。

（二）1928—1937年：国民政府统治时期

1928年，北京被降为特别市，改名北平。市政府也随之进行重组，并于同年8月成立北平特别市工务局，而沟工队则划归卫生局，与清道队、水车队等统称清洁队。1930年，卫生局被撤销，沟工队脱离清洁队，划归工务局，"平市之沟渠行政始归于统一"。[3]北平市工务局负责管理全市工务事务，龙须沟等沟渠的治理工作自然也就成为其分内之事。

1930年，刚重组不久的北平特别市政府委派工务局、公安局

---

1 《京都市政公所第四处处长唐在贤、稽核科、王金有关于修建龙须沟东西两端工程的呈、禀、函》，档案号：J017-001-00075。

2 《民国二十二年〈整理北平市沟渠计划大纲〉》，档案号：J001-004-00029。

3 《北平市沟渠行政之沿革》，《市政评论》1934年第1卷合订本。

对天桥迤东至红桥间龙须沟明沟情况进行彻查，发现该段龙须沟水环境形势严峻，沟道淤塞严重，臭气四溢，每逢雨季，水势泛滥。鉴于此种情形，工务局随即派遣沟工队对此段沟渠进行挑挖疏浚，决定将天桥迤东至精忠庙街南口一段龙须沟原有沟帮修补完整，加筑钢筋混凝土沟盖。通过面向社会招商比价的方式，广和木厂以最低价洋 423 元 6 角最终获得此项工程的承揽权。该项工程不久后便完工并通过验收。自此，旧有暗沟沟口至精忠庙街南口小桥这段共计长约 230 米的沟段上，均添设了由钢筋铅丝、洋灰、粗砂以及河光石按比例组成的钢筋混凝土沟盖。这些沟盖厚 17 厘米，宽 50 厘米，长则自 2.3 米至 3.3 米不等。[1] 此段龙须沟的沟盖修筑工程完成后，附近摊贩在沟盖上排列及支搭房棚的现象屡见不鲜，当局唯恐此举对新修筑的沟盖造成损害，且不利于进行挑挖疏浚，便随即对此类现象进行了取缔。[2]

虽然精忠庙街南口以西龙须沟均已被改为暗沟，但以东仍为露天的明沟，水环境形势依然不容乐观。1932 年，北平市筹备自治委员会去函工务局，告知当时第十一自治区第六坊境内的龙须沟"淤塞已满，宣泄甚难，每当淫雨时期，不但街巷泥水满途，即局院中，亦因而积水"；因市面萧条，且前有第七坊公所与南郊农民杨鹤亭合作商定义务挑挖并成功付诸实践的先例，于是第六坊公所本着"不欲民众增加负担，谨筹两全均便之计"的想法与南郊农民冯书文等达成义务挑挖本坊龙须沟淤泥事宜，并呈报北平市筹备自治委员会、工务局核实备案。具体言之，即第六坊所与农民"订立自约办法，掏挖第六坊所属龙须沟，由精忠

1 《北平特别市政府、公安局、工务局关于修理精忠庙迤西龙须沟加盖工程的指令、调令、公函、呈》，档案号：J017-001-00493。

2 《北平市政府、工务局、财政局等关于保护龙须沟计划线、取缔两旁房棚、严禁贩摊在沟盖上支搭房棚等的指令、函、呈》，档案号：J017-001-00609。

庙南口至袼褙店为止，掘深三尺，不得伤及沟帮，沟泥随时运走"，农民义务挑挖沟泥，政府分文不给，所有掏出的淤泥均归这些挑挖农民运走肥田。此次农民义务挑挖工程商定不久后便顺利完工，并获得该坊龙须沟附近各住户的一致好评。[1]农民挑挖龙须沟淤泥，政府不需要支付任何费用，而挑出的淤泥又能肥沃农民的耕地，在当时看来确系一举两便之事。

同年 7 月，崇文门外住户吴振华等向北平市工务局递交呈文，请求挑挖龙须沟明沟。因前有此类成功合作挑挖的范例，当局随即批准了吴振华等人的请求。然而此次挑挖工作并不如想象般顺利，一方面是吴振华等呈请挑挖开工后，"未久遽值军兴，乡间大车不敢入城拉运，所以工作未能完竣"，待至 1934 年，当局再次批准其呈请，并发放其挑挖工作的工程规范及平面水平各图，吴振华等人却迟迟不愿动工；[2]另一方面是吴振华等人在前期挑挖此段沟渠时，"只将该沟东面两岸肥泥挖出，售与农民为肥料，以求私利"，在具体挑挖过程中"任意刨挖，致将近靠沟岸民地，刨挖坍塌不堪"，同时也使此段龙须沟界内的南北两座木桥深受其害，"其桥梁附近，亦被刨挖，桥身甚属危险"。可见，吴振华等人实际挑挖行为与原呈报意旨完全不合，其行为只为挑挖沟帮、桥梁附近肥泥来贩卖获利，并不浚深沟底。市政府自治事务整理处在去函工务局的公文中对吴振华等人的行为评价道："故于水道疏浚，公共清洁，毫无裨益。"[3]可谓一语中的。

---

1 《北平市筹备自治委员会与工务局关于南郊农民义务掏挖龙须沟淤泥事宜的函》，档案号：J017-001-00624。

2 《北平市政府、工务局、公安局等关于处理吴振华挑挖天桥东龙须沟及永定门至左安门护城河道工程的指令、批、函、呈》，档案号：J017-001-00614。

3 《北平市政府、公安局、工务局等关于吴振华等挑挖天桥东龙须沟及永定门至左安门护城河道问题的指令、函、呈》，档案号：J017-001-00625。

　　面对此种情况，再加上"该沟为外城泄水尾闾，关系重要，现届雨期"，北平市工务局当即决定，"由本局拨派沟工队前往挑挖，以畅水流"，并获得北平市政府的同意。[1] 然而，沟工队在挑挖时，将"挖出之泥即培于沟之两坡，经雨淋水冲仍复将挖出之泥留于沟内，今照旧淤塞，两坡仍残缺不齐"。沟工队对精忠庙街南口以东龙须沟明沟的挑挖，由于办理不善，并没有取得明显的成效。因此，该段龙须沟明沟，仍然"年年淤塞，每届雨水稍大，秽水四溢，实与卫生大有妨碍"。[2]

　　精忠庙街南口以东龙须沟明沟前虽经多次挑挖，但由于挑挖不够彻底、挑挖时损坏沟帮，再加上附近居民向沟内任意倾倒垃圾秽土，"沟身颇多变迁，其两岸之距离高度，极为参差，且沟底淤泥塞滞，水面污物积掩，以致水流不畅"。为求暂时改善此段龙须沟明沟的水环境，北平市卫生局于1935年向市政府递交呈文，拟利用毒犯对此段龙须沟全段进行挑挖。据档案资料得知，此次龙须沟明沟挑挖工程，在工务局派员监工指导下，于同年7月20日正式开工。该工程分为两部分施工，精忠庙街南口起至红桥止，计沟长约1600米，用毒犯100名，于8月6日竣工；红桥起至左安门西水关止，计沟长约2100米，用毒犯150名，因雨耽搁数日，至8月15日竣工。此项工程，是由政府全权主导的对龙须沟明沟全段进行的系统性挑挖疏浚工程。虽然此次挑挖工程使该段龙须沟明沟两岸土河帮得到有效整理，沟内浮油乱草也被一并捞出，以利宣泄。[3] 但正如其初始目的所

1　《北平市政府、公安局、工务局等关于吴振华等挑挖天桥东龙须沟及永定门至左安门护城河道问题的指令、函、呈》，档案号：J017-001-00625。

2　《北平市工务局第三科、辛松凯、耿元明等关于请求挑挖龙须沟、东河槽河泥的批、函、呈》，档案号：J017-001-00767。

3　《北平市政府、秘书处、工务局等关于利用毒犯掏挖龙须沟的指令、训令、交办单、呈、函、联单》，档案号：J017-001-01135。

言，只为求暂时改善此段龙须沟明沟的水环境。事实上，此种治标不治本的措施，也只能短暂地缓解龙须沟水环境日益恶化的趋势。

在对精忠庙街南口以东龙须沟明沟进行挑挖疏浚之时，1934年1月，北平市第十一区区坊公所与外五区署合作召开清洁会议，为协助工务局整理外五区界内龙须沟及各明暗沟渠，联席会议议决成立北平市外五区公安自治合组修沟委员会。该会成立不久，便就龙须沟的治理提出了明确计划：

> 窃本会成立，责任修治龙须沟，及本区界内明暗各沟渠。工程浩大，进行匪易，经详加筹划，妥慎测量结果，计龙须沟西自太平桥，经天桥，达红桥，顺流而东，绕外三区界，转入护城河，沟长约三千丈，其在本区界内者，达千四百余丈，兹为修治便利起见，权将全沟划为五大段，其工程即按段顺次实施。[1]

按照规划，五段沟渠划分如下：第一段工程，南自永增工厂门前迤南二丈经本会立桩为记之处起，北至永安桥与龙须沟原有暗沟连接之处止，沟身共长 214 丈 4 尺；第二段工程，西自狗尾巴胡同起东至粉厂止，沟长 213 丈 2 尺；第三段工程，西自帐垂营南起，东至泾县义地，与第一段工程衔接处止，沟长 147 丈 8 尺 4 寸；第四段工程，西自精忠庙南口起，东至红桥止，沟长计 470 丈零 4 尺；第五段工程，北自先农坛西坛根永增工厂门前，与第一段工程衔接处起，南

---

1 《北平市政府、秘书处第三科、工务局等关于送外五区公安自治合组修沟委员会等处呈、请将外五区公安自治合组修沟委员会主旨改为协助市政府整理沟渠且可以募集捐款补助等的函、签呈、训令、指令》，档案号：J017-001-00846。

至永定门水关出口止，沟长共 372 丈 5 尺。[1]

第一段工程公开招标，富兴木厂因估价最廉，照章中标。双方于 1934 年 10 月 23 日订立合同，同年 10 月 29 日开工，据工务局所派监工于 12 月 25 日递交给工务局的呈文可以知晓："该沟基础，沟底、沟帮已十九砌就，沟盖亦大部做成。沿沟各巷口亦均留入水沟眼一孔，既做与规范尚无不合。然探井仅留位置，尚未动工。据该包工称：年内已结冰，须候来春方可修砌。"[2]14 个探井于次年 4 月 20 日开工修建，5 月 21 日完工。此外，修沟委员会与该包工商妥，将原定钢筋混凝土盖改为铁盖，并增加铁子口。至此，第一段工程于 1935 年 5 月 21 日全部完竣。此外，"又永安桥迤东，原有旧沟一段，即与新修第一段工程北首连贯之暗沟，年久失修，淤塞不通，为一劳永逸计，并经本会责成承揽人雇工掏挖，照添青石沟盖六块，长九十七公尺，共用工料洋九十元零四角，总计两项工程共支付洋六百一十九元六角"。[3]

第一段工程顺利修筑完竣，给修沟委员会极大的激励。1935 年 8 月，也就是第一段工程完竣不久，修沟委员会便立即推动其余各段工程按照原定计划次第兴修，并去函工务局，希望对方派员现场测量，并赐予绘制平面断面沟身水平及沟井沟孔做法等图，以便筹划兴工。然而令人遗憾的是，修沟委员会还没

1 《北平市政府、秘书处第三科、工务局等关于送外五区公安自治合组修沟委员会等处呈、请将外五区公安自治合组修沟委员会主旨改为协助市政府整理沟渠且可以募集捐款补助等的函、签呈、训令、指令》，档案号：J017-001-00846。

2 《北平市政府、秘书处第三科、工务局等关于送外五区公安自治合组修沟委员会等处呈、请将外五区公安自治合组修沟委员会主旨改为协助市政府整理沟渠且可以募集捐款补助等的函、签呈、训令、指令》，档案号：J017-001-00846。

3 《北平市政府、工务局、外五区公安自治组合修沟委员会关于掏挖龙须沟两次工程估价单、派员监修及第一段工程竣工等的呈、指令、公函》，档案号：J017-001-01136。

来得及实施后续一系列修理沟渠计划，便因事于 1936 年 4 月停办了——"外五区修沟委员会主办者，业已被人控告查办，府令暂时停办，所有该会委办计划，可暂行停顿"。[1] 龙须沟工程其余各段的治理事宜就此搁置。

（三）1937—1945 年：日伪统治时期

日军侵占北平后，于 1937 年 12 月成立伪北京市工务局。1938 年 1 月，伪北京市工务局改称"北京特别市公署工务局"。整个日伪统治时期，龙须沟治理工作仅仅局限于对局部沟渠的挑挖疏浚，没有其余突出成就，精忠庙街南口以东龙须沟明沟水环境恶化情形较往日更甚。

1939 年 9 月，商人张启奎以红桥至左安门西水关一段龙须沟"现已淤塞，秽水停滞，两帮塌陷凌乱不堪，交通观瞻，均有妨碍"为由，向工务局呈请挑挖此段龙须沟。该请求当月便获批。此次挑挖工程，人工工具等项费用均由张启奎独自担负，并由工务局派人随时监督，挖出沟泥召集乡民运走肥田，每车收费一角，以补助人工之费用，以期达公私两益之效。此外，工务局也为此次挑挖工程制定了相应规范，要求张启奎在挑挖沟渠时："按照沟身现状挑挖，深度规定为七公寸，至于宽度则按照两岸原形，逐渐向下缩窄至新挖之沟底止，以免坍陷。且若有沟帮残缺不平之处，按原有形势修补整齐。"此次挑挖工程于同年 10 月 14 日正式开工，次年 1 月呈报工竣。然而工务局派员查验，发现其所谓的竣工，与原定的工程计划尚有许多不合之处。"由红桥至法华寺街迤南一段，约长四百公尺，尚未开始挑挖。其已挑挖

---

1 《北平市政府、工务局、外五区公安自治组合修沟委员会关于掏挖龙须沟两次工程估价单、派员监修及第一段工程竣工等的呈、指令、公函》，档案号：J017-001-01136。

者亦有一小段，约长二十公尺，尚未挖至三合土沟底。沟帮亦尚未挑修完好。"在工务局批饬下，张启奎才继续将之前未合之处修补完整，全段工程在 1941 年得以竣工。[1]

1941 年 9 月，伪北京特别市公署工务局呈请市公署拨专款，以便实施"三十年度北京市行政计划"第五工务事项内龙须沟疏浚工程。在工务局递交给市公署的呈中，可以看出龙须沟"现已淤高，宣泄不畅，亟应加以疏浚，以利宣泄"。此次拟实施的龙须沟疏浚工程，计划通过招商办理进行，对精忠庙街南口以东龙须沟明沟全段进行挑挖，预计花费 35433.4 元。递交的呈中还附有平面图 2 张、水平图 6 张、估单 1 份、土方表 1 份。然而，由于工程浩大，当局无力负担巨额的工程款项。1941 年10 月，伪北京特别市公署在对该呈的批复中，明确表示龙须沟疏浚工程予以缓办。[2]

约一年后，1942 年 8 月，伪北京特别市公署区务监理处向工务局去函，指出外五区界内东部：

> 原有秽水明沟干支两条。干即龙须沟，起于精忠庙街南口，经金鱼池至红桥外三区交界处止，计长约市尺四百四十余丈；支沟系由后沟沿西口起往东南迤逦至粉厂止，长约一百九十丈，两沟面积宽度均在六七尺不等，沟身经过第十四、十五、十六、十七、十九、二十等六坊辖境。前于民国二十四年间，因淤塞不通，曾经工务局派工掏挖一次。今经日久，污泥壅积，几与岸高，且恶气播扬，实与卫生有碍，

---

1 《北京特别市工务局、张启奎关于挑挖崇文门外红桥至左安门西水关龙须沟工程的批、函、呈》，档案号：J017-001-01817。

2 《北京特别市公署、区务监理处、工务局关于疏浚龙须沟请拨款等的指令、呈（附平面图、估单、土方表等）》，档案号：J017-001-02488。

虽屡经派员督饬各里坊长等在可能范围，由从事局部疏通，终感于力量薄弱，实难济于事，奉令前因，遵复召集各关系坊里长等到区筹议修整办法。检以此项明沟在本区境者干支已达六百余丈，况下流在外三区界直达左安门外，沟身尚为长远，倘不及时将全部沟泥一律挖净彻底疏浚，使之畅泄，恐再过几时，势必至沟平渠夷，盖将无法整治，惟工程浩大，实非地方上民力所能举办，应请由工务局派员勘查，通盘计划掏修，以期一劳永逸。[1]

事实上，工务局对于龙须沟现有情况十分了解，也认为对龙须沟明沟进行全盘挑挖疏浚十分必要。但正如前文所言，因疏浚工程经费巨大，政府难以承担，只得作罢。为暂时缓解龙须沟的淤塞，工务局派遣工人对上游由精忠庙街南口至红桥一段予以挑挖疏浚，下游则由市民李英林负责承办挑挖。[2]

李英林所承办挑挖的龙须沟下游，即由左安门西水关起至法华寺街止一段，长约 1920 米，计划挖出沟泥以每车定价 3 角售与农民肥田。1942 年 9 月，伪北京特别市公署工务局批准了李英林的请求，并要求其遵照相应规范进行挑挖。1942 年 11 月 13 日，挑挖工程正式开工，且工务局转饬警察局对挑挖工程进行维护。然而，该民在售卖沟泥过程中，"一再玩忽功令，浮收泥价，非特有违规范，且直接妨碍挖运沟泥效率"。1943 年 1 月 15 日，该民向工务局呈报竣工。经工务局派员查验，发现其实际挑挖工程多与原计划不符："电车公司车厂门前之一段长约五十公

---

1 《北京特别市公署、区务监理处、工务局关于疏浚龙须沟请拨款等的指令、呈（附平面图、估单、土方表等）》，档案号：J017-001-02488。

2 《北京特别市公署、区务监理处、工务局关于疏浚龙须沟请拨款等的指令、呈（附平面图、估单、土方表等）》，档案号：J017-001-02488。

尺并未挑挖，又查该民挖泥时在沟内筑有土坝五道，现在仅各拆一豁口未予拆尽。"[1] 在工务局的再三督促之下，李英林才将沟内土坝拆除，但电车公司车厂门前的一段明沟仍仅略予疏浚，并未彻底挑挖，好在于水流尚无妨碍，工务局也就没再继续追究。[2]

当局渐渐发现，本为公私两便的沟泥挑挖工作，"近年来呈请挑挖沟泥者，历年有之，其目的不外借以营利，至对于挑挖沟泥整理沟帮，则非该等所欲为，故该等呈准挑挖之后，多不遵照规范办理，甚且浮收泥价，于公于私均无大益，徒增烦扰"。[3] 因此，当局对于此类请求多予以驳回。1945 年 7 月，因龙须沟被市民倾倒垃圾等物以致水流不畅且易发生疫病，市警察局发布训令，特饬外三、五分区严加取缔以维河道。[4]

（四）1945—1949 年：战后国民政府统治时期

1945 年 10 月 10 日，国民党北平市政府接收日伪工务局及工务总督，重新组建北平市工务局。新组建的北平市工务局仍旧负责管理全市工务事务，当然也就包括龙须沟的治理。

在战后国民政府统治时期，商人、市民和农民各为其利，请求自工挑挖龙须沟淤泥的事件仍屡见不鲜。工务局起初出于保护龙须沟沟帮、维护农民利益、禁止沟泥售卖收费等现象出现

---

1 《李英林请准予挑挖龙须沟泥土和请发还保证金的呈及北京特别市工务局的批以及给警察局的函》，档案号：J017-001-02544。

2 《李英林关于挑挖龙须沟完竣请验收的呈及北京特别市工务局的批》，档案号：J017-001-02727。

3 《北京民市吉山请准挑挖崇外龙须沟泥出售的呈及工务局的批》，档案号：J017-001-02824。

4 《北平市警察局关于龙须沟被市民倾倒垃圾等物以致水流不畅且易发生疫病特饬外三、五分区严加取缔以维河道的训令》，档案号：J181-016-00182。

的考虑，对商人的呈请均予以回绝。1945 年 11 月，附近农民于永详向工务局递交呈请，请求自工挑挖外三区四块玉龙须沟之淤泥，挖出之泥充作肥料自用。工务局派员对此进行核实，并察觉到龙须沟周边农民对于沟泥有着切身需求，且农户数量不在少数。当局意识到，如果在挖出淤泥时不挖坏沟帮，对于龙须沟泄水排污是有益无害的。于是在同年 12 月出具布告，昭示附近农民按照指定规范，在工务局派工的监督指导下，自由取用沟泥，充作肥料。[1] 然而，农民这种规模分散且非政府主导的挑挖，终究只能对龙须沟进行局部疏通，于全沟整体疏浚而言效果并不明显。

1946 年 1 月，为遵照北平市政府利用日本侨俘从事市区清洁工作的指令，工务局特成立北平市临时清洁工作委员会，由第十一战区司令长官部、市政府、工务局、卫生局、警察局等机关为委员。同年 2 月，工务局向市政府递交呈文，拟利用日俘日侨挑挖疏浚龙须沟，各项费用总计需国币 636 万元，并附相应实施方案 1 份，请求市政府拨发专款以资进行。同月，市政府在给工务局的批复中，指示工务局先行拨发国币 400 万元，等工程完竣核实后再行报销。然而，此次挑挖工程最后却不了了之。[2]

其实，北平市政建设恢复不久，市工务局在《三十五年度北平市政府工务局工作计划（事业部分）》中便将改善沟渠定为第二项中心工作，计划采用以工代赈的办法挑挖本市重要明沟、改建部分暗沟，北平市政府与中国善后救济总署冀热平津分署就此签订相关合同。1947 年，工务局再次将改善沟渠定为两项中心

---

1 《宋润华、于永详请自工掏挖龙须沟淤泥作肥料的呈及北平工务局的批等》，档案号：J017-001-02901。

2 《北平市工务局报送利用日俘日侨掏挖龙须沟实施方案并请拨工具、工资费的呈及市政府的指令等》，档案号：J017-001-03046。

工作之一，计划分五年进行，最终使北平市明、暗沟渠得以彻底改善。[1]自1947年5月起，工务局对北平市内6处重要的沟渠以登报公告和招商比价两种方式进行招标，采用以工代赈的方式修整。[2]其中便包括龙须沟明沟挑挖工程。

1947年6月，林记营造厂通过招商比价，从北平市工务局处揽得龙须沟明沟挑挖工程。该项工程要求，挑挖范围自外五区精忠庙南口起，至左安门西水关止，全长3760米，应挖土方为13192立方米。工程进行时，自龙须沟下游向上游按顺序挑挖，挑挖前先在上游筑坝挡水以利工作，如有需要均引水使流入洼地，挑挖时每隔30米钉一标橛，标明深厚及宽度，以便施工。工程于同年6月20日正式开工，历时两月，于8月20日顺利完工。此工程为北平市政府与中国善后救济总署冀热平津分署的合作项目，采用以工代赈方式进行，共计花费1.7亿元，其中现金4625万元，面粉49500磅。[3]

龙须沟挑挖工程大部完成时，附近居民"时有向新挖的沟内倾倒秽水秽物，或堆积岸上，或冲入沟内，以致损毁沟岸，阻碍水流，匪特于工程进行有碍，即于市容及公共卫生"。鉴于此种情形，北平市政府警察局、民政局、工务局三局联合发布公告："布告沿沟附近居民，切实遵守，不得再有倾倒秽水秽物情事，以利工程，而维公益。倘仍故过，定行惩办不贷。"同时，工务局通过招商承做，在御河、龙须沟、大石桥明沟等重要地点添置安装"禁倒秽土"木牌二十座，其中龙须沟明沟两岸共五

---

1 《北平市工务局关于用工赈办法将明沟改修暗沟事宜与善后救济总署冀热平津分署北平办事处的来往函等》，档案号：J017-001-02897。

2 《北平市工务局报送兴修本市重要沟渠工程招商合同、登报公告稿等的呈及市政府的指令等》，档案号：J017-001-03327。

3 《北平市工务局关于报送挑挖龙须沟工程做法说明书、工料预算单和图纸及工款列支办法的呈以及市政府的指令等》，档案号：J017-001-03322。

座。[1] 此次采用以工代赈方式进行的挑挖工程，是继 1935 年后又一次由政府全权主导的龙须沟明沟全段系统性挑挖疏浚工程。如同 1935 年挑挖工程一般，此次挑挖工程只能称得上是暂缓之计，最终也未能彻底解决龙须沟水环境持续恶化的问题。

结　语

明永乐年间，龙须沟作为一条人工排水渠出现在北京南郊。清乾隆时期，龙须沟泄水系统在外城初步建立起来。光绪时，作为北京外城东南一带各暗沟总汇的龙须沟，水环境开始趋于恶化。进入民国，龙须沟水环境恶化情况愈加严重。短短数十年，龙须沟水环境便发生了翻天覆地的变化。除水污染严重外，沟道堵塞、水患加剧等问题也层出不穷。近代龙须沟水环境的恶化归咎于自然因素和人为因素的双重作用，而人为因素毫无疑问是主因。清末以来，外城人口不断增多，工商业持续发展。相较以往，浩繁的人口和昌盛的经济极大地增加了外城的人为活动量。频繁的人为活动，加之社会各界淡薄的公益环保意识，就直接造成了如向河中随意倾倒生活垃圾粪便、临岸胡乱搭建房屋菜棚、故意排放各项工业垃圾废水等现象的发生，最终超越了龙须沟区域环境承载力的极限，造成了其生态环境的破坏。龙须沟水环境的恶化也随之带来一系列的恶果，直接影响到附近居民的生活质量，威胁其生命安全。

民国以前，龙须沟水环境的治理多依靠附近居民自行挑挖疏浚，收效甚微。北洋政府时期，北京城内沟渠的治理工作由京都

---

1 《北平市工务局关于龙须沟附近居民禁向新挖明沟倾倒秽水秽物给市政府的呈和布告等》，档案号：J017-001-03240。

市政公所与京师警察厅共同负责。在当局的筹划治理下，截至1928 年，龙须沟上游即虎坊桥至天桥一段均被改砌为暗沟，而下游仍旧处于露天明沟的状态。国民政府统治时期，龙须沟的治理工作由北平市工务局负责。工务局先是于 1930 年，将精忠庙街南口以西龙须沟明沟改为暗沟，使其与旧大沟相连；而后在吴振华等人只为挑挖沟肥泥来贩卖获利，且并不浚深沟底的情况下，利用毒犯对精忠庙街南口以东龙须沟明沟全段进行挑挖疏浚，使龙须沟明沟的水环境得到暂时改善。与此同时，北平市外五区公安自治合组修沟委员会成立，旨在协助工务局整理外五区界内龙须沟及各明暗沟渠。该会成立不久，便就龙须沟的治理提出了明确计划，将全沟划为五大段，其工程即按段次第实施。然而令人遗憾的是，就在 1935 年 8 月，第一段工程完竣后不久，该会就因故停办了。于是，该会前期所制订的龙须沟治理计划也就此搁置。日伪统治时期，龙须沟治理工作仅仅局限于对局部沟渠的挑挖疏浚。虽然当局也充分意识到对龙须沟明沟进行全盘挑挖疏浚的必要性，且草拟过相关提案，但终因工程经费巨大，政府难以承担，只得作罢。在此期间，龙须沟治理工作没有取得突出成就，明沟水环境恶化情形较往日更甚。战后，国民党当局在允许附近农民挑挖沟泥，对龙须沟明沟局部沟段进行疏通的基础上，采用以工代赈方式对龙须沟明沟全段开展了系统性的挑挖疏浚工作。但以上治理也只能称得上是权宜之计，龙须沟水环境恶化的情况依然严重。总之，龙须沟水环境恶化的情况在解放前终究未能得到根治。

　　近代龙须沟水环境的治理未能取得成功，主要归咎于以下几点。其一，政府当局腐败无能，长期深陷财政危机。晚清政府腐朽不堪，面临严重的财政危机，政权摇摇欲坠，无心也无暇顾及龙须沟的治理。进入民国，政府财政困境未见好转。对于民国时期北京政府财政上的困难情况，沈从文曾讽刺地论述道："在这么一个统治机构下，穷是普遍的事实。因之解决它即各自着手。管理市政的卖城砖，管理庙坛的卖柏树，管理宫殿的且因偷盗事物过多难于报销，为省事计，即索性放一把火将那座大殿烧掉，无可对证。一直到管理教育的一部之长，也未能免俗，把京师图书馆的善本书，提出来抵押给银行，用为发给部员的月薪。"[1]这也就不难理解为何后来诸多龙须沟治理工程因经费不足而搁浅。其二，各级官员敷衍塞责，玩忽职守。对于清代的"掏沟工程"，流传着这么一段颇具嘲讽意味的描述："一沟夫自一方沟口下降至沟内，应从另一方之沟口钻出，对检查官吏表示沟中无泥，但实际上则仅将沟口附近浚渫，绝无钻过沟中之理，降入沟中与钻出者并非一人，但官吏亦不敢问，盖官吏已由承揽工程者得到充分之报酬也矣。"主事官员之腐败渎职，由此可见一斑。到了民国，官员借修沟事宜欺吞公款、鱼肉百姓的事情更是常有发生。其三，社会各界淡薄的公益环保意识。古老的北京城曾拥有世界上最完备的城市排污系统，到了清末，这个系统已然接近瘫痪。然而，民众非但不对其尽心维护，仍向其内肆意排放粪便垃圾。甚至连治理后的龙须沟也不例外。除向治理后的龙须沟内随意倾倒污水、秽土之外，民众挑挖淤泥损坏沟帮、在修筑好的沟段上搭房建棚等情形也是屡见不鲜。可见，在近代，公益环保意识尚未觉醒，公益环保举措更是无从谈起。此外，仍需注意的是，近代北京龙须沟水环境治理的过程中还夹杂着政府官员、商人、市民以及农民等不同群体的利益，不同利益群体的冲突与合作也深刻地影响着治理的最终结果。近代北京龙须沟水环境变迁及其治理不仅是众多近代中国城市内河水环境变迁及其治理的一个缩影，反映着当时的政治、经济、社会特征，更可以为现今及未来城市内河水环境的治理与保护提供些许历史参考。

---

1 沈从文：《从现实学习》，《沈从文全集》第 13 卷，北岳文艺出版社，2002，第 377 页。

近代北京消防事业与城市管理述论（1902—1937）[*]

辛　静^{**}

摘　要：清廷在内忧外患的背景下成立巡警部，自此北京城市火灾消防事务逐渐成为警察机构职能。近代以降，中央和北京市政管理机构陆续颁布有关消防组织及火灾防控的法律法规，消防组织逐渐定型，火灾救援程序越发规范，城市防火管理趋向日常化、法制化。消防法规调节火灾预防和扑救过程中的消防组织和民众的行为。城市消防管理兼顾公共空间和民众私人生活空间，倡导火灾防范意识和良好消防习惯的养成。在近代人口增长和城市功能扩张的背景下，消防事业的发展提升了城市火灾救护效率和城市管理水平。

关键词：北京　消防法规　城市管理　近代

　　火灾应对能力对于一个城市的发展具有至关重要的意义。近代北京消防事业，肇始于清末新政时期，定型于北洋政府时期，并在南京国民政府迁都后艰难前行。通过北京城市管理部门构建起的消防管理体制和制定出台的系列消防法规，消防管理朝着法

*　本文系 2018 年度教育部哲学社会科学研究重大课题攻关项目"近代救灾法律文献整理与研究"（项目编号：18JZD024）阶段性成果之一。

**　辛静，中国政法大学人文学院博士研究生。

制化、规范化的方向发展，为防范火灾发生和维护城市安定发挥了重要作用。近代北京警察和市政管理研究已有丰硕成果，[1] 但对北京城市消防管理尚缺乏专门性研究，本文将勾勒出北京传统火政转向近代消防制度演变的过程，爬梳中央政府与京师警察厅、北平市公安局及北京其他市政管理部门制定的相关消防规章制度和涉火行为法规，并论述消防事业在北京城市管理中所起的作用。

一 从传统"火政"转向近代消防

"消防"一词虽在近代才由日本传入中国，但消防事务在中国却早已有之，名曰"火政"，举凡与火灾预防、管理、消弭有关的事务概以此称之，又称"火禁"。传统社会火灾救援实践并无太大变化，直到近代在天津、北京等城市西式专职消防组织的出现和近代消防设备的投入使用，才使传统火政向近代消防转型。

（一）肇始：清政府警政改革时期的消防实践（1902—1912）

有清一代，火灾一般由驻军和衙署员役负责扑救。紫禁城内

---

1 相关研究著作有韩延龙、苏亦工《中国近代警察史》，社会科学文献出版社，2000；陈鸿彝《中国治安史》，中国人民公安大学出版社，2002；丁芮《管理北京：北洋政府时期京师警察厅研究》，山西人民出版社，2013；〔美〕史明正《走向近代化的北京城——城市建设与社会变革》，王业龙、周卫红译，北京大学出版社，1995；等等。主要论文有李自典《北京政府时期京师治安防控管理述论》，《北京史学》2021 年春季刊，社会科学文献出版社；李自典《警察与近代北京城市治安管理——以 1901—1937 年为中心的考察》，《北京社会科学》2010 年第 4 期；杜丽红《近代北京公共卫生制度变迁过程探析（1905—1937）》，《社会学研究》2014 年第 6 期；徐鹤涛《清末民初的北京警察与国家治理》，硕士学位论文，中国政法大学，2013；等等。

的火灾扑救自康熙年间起由专门的火班负责。道光年间，北京的民间救火组织——水会出现。光绪十四年（1888）贞度门起火，光绪就此次火灾下令整顿火班，要求其仿照水会规模购激桶、长杆号灯、提杆小灯、水筐、木梯、挠钩、铁锯等消防器具，新设激桶兵，并每日酌给银钱，此即专门保卫皇宫重地的专业消防队。概而言之，北京的"火政"由军队、五城兵马指挥司、皇家火班及民间水会等多方负责。

庚子事变之后，清廷效仿西方国家创立巡警制度，巡警的职责之一即负责城市消防事务。1902年，袁世凯创立警务学堂，其中设立消防警察专业，日本人川岛浪速为教习，消防警察专业化道路肇始于此。1905年设置的京师内外城巡警总厅，隶属于巡警部，职能主要有管理城市人口户籍、风俗治理、涉外事项、建筑交通、卫生防疫、火灾消防等。巡警总厅实行区划管理的模式，火灾消防管理亦然。时巡警部、民政部尚书徐世昌，民政部总理大臣溥侗对晚清京师消防队的扩充、编练与发展起了重要作用，两人曾多次校阅消防队各兵操练，并扩充消防队队额。[1] 消防队创立伊始，人员多不稳定，且专业化水平不高，许多消防警由裁汰之绿营兵充任。1907年夏秋之间，溥侗曾拟将京中裁汰之绿营兵归并消防队内。[2]1908年3月，京师火警频发，民政部以消防队兵不敷差遣为由，由各区巡警内挑兵150名改充消防队兵。[3] 时步军营亦效仿巡警队培养消防兵，如，1907年，为确保仓场安全，清廷在仓场添设消防兵，并派教练教导使用激桶、水

1　《校阅警操》，《大公报》（天津版）1907年3月12日，第2版；《扩充兵额》，《大公报》（天津）1907年3月25日，第2版；《改派统带》，《大公报》（天津版）1907年6月2日，第2版；《消防新兵开操》，《大公报》（天津版）1909年1月5日，第5版。

2　《消防队拟订官章》，《大公报》（天津版）1909年5月23日，第5版。

3　《拟添消防兵额》，《大公报》（天津版）1908年3月29日，第5版。

龙头及器械体操等课程。[1]1909 年 7 月，步军统领毓朗于五营兵丁内挑取体质合格粗通文义者，编练消防队，分别教练。由此可见，晚清京城的消防人员，分为隶属巡警厅和隶属京城戍卫部队两种，消防兵警的主要保卫目标则是清廷。

（二）定型：民国初年消防制度的转型完善（1913—1927）

在组建不到十年的时间里，晚清消防警察奠定了近代消防的组织和法制基础。民国时期北京的消防事业基本承袭晚清时期的警政和法规遗产，在此基础上，京师警察厅制定颁布了包括《改订协助消防火场救护规则》《消防官长巡视规程》《京师警察厅警钟台长警服务章程》《火警发现关于电灯电话事项》《消防队兵检查规则》《消防兵舍规则》《火警时使用水井及自来水事项》等章程或规则，规范了消防警察职能和火灾救援的相关流程。

1913 年 2 月，王治馨任京师警察厅总监时期编设消防六分队，[2] 设置于内外城的二十个区，内城四处，外城两处。其分设消防区域"内城第一区域灯市口；第二区域广济寺；第三区域宝泉局；第四区域养蜂夹道。外城第一区域甘井胡同；第二区域梁家园"，[3] 时额定长兵 698 人。1914 年 8 月，京师警察厅增设消防处，职掌消防员配置及进退赏罚、区域及机关之设置废止、器械之管理事项。[4] 消防处置第一、第二两科，第一科掌握消防员配置及服务事项、消防队编练派遣事项、消防员进退赏罚事项、消防费及水费调查事

---

1 《教练仓兵之认真》，《大公报》（天津版）1908 年 1 月 22 日，第 2 版；《仓场招练消防队》，《大公报》（天津版）1908 年 6 月 14 日，第 5 版。

2 蔡恂：《北京警察沿革纪要》，北京民社，1944，第 30 页。

3 丁芮：《管理北京：北洋政府时期京师警察厅研究》，第 173 页。

4 《京师警察厅官制》，《政府公报》第 832 期，1914 年 8 月 29 日。

项；第二科掌器械之管理及保存、地利水利之调查、望火梯设置转移、消防员弁志愿者之试验事项。[1] 消防处设处长一人，以都尉充之，承总监之命管理事务；消防处各科设科长一人，以警正或技正充之，科员一至三人，以警佐或技士充之，承长官之命助理事务。

由于晚清时步军营中的消防兵和巡警厅中的消防警在京城共存，巡警中的消防警又多由裁汰之绿营兵充任，消防警和消防兵的身份和职能多有混淆。经过警察机关在民国初年的进一步发展，加之 1924 年冯玉祥率部进驻北京，步军统领衙门退出历史舞台，京师警察厅接管其全部地区，警察机构至此成为北京的城市消防专职机构。在南京国民政府迁都前，北京由于其特殊政治地位，城市市政建设与治安事业备受当局关注，其消防组织由内政部直接管理，消防警察在组织职能和法制建设、市政建设保障方面优于同时期的其他城市，京师警察厅消防处是当时机构最健全，装备也最先进的一个消防机构。[2] 这一时期，北京的城市消防组织从军队剥离，组织职能日臻专业规范，并且完成了从保卫"清廷"到保卫北京城市安全的转变，城市消防制度基本定型。

（三）发展：南京国民政府时期消防事业曲折前进（1928—1937）

1929 年 3 月，南京国民政府颁行《扩充消防组织大纲》，"消防制度关系民生厉害至为重大，我国各都市消防之组织与设备多未十分完善""扩充消防应为当务之急"，[3] 在各县设置消防组，

---

1 《京师警察厅分科职掌规则》，京师警察厅编《京师警察法令汇纂》，撷华书局，1915，"总务类"，第 12 页。

2 万川：《中国警政史》，中华书局，2006，第 390—391 页。

3 《内政公报》第 2 卷第 5 期，1929 年 6 月，本部公布法规，第 9—10 页。

"原有消防警察之各市县均仍其旧，但名称须一律改为消防组，直隶于该管市县公安局"。原隶属于京师警察厅的消防处改称消防队，隶属于北平市公安局。这一时期，消防队科层制的设置更为规范，原有消防法规进一步落实完善并适应形势将消防管理及消防演习常态化、精细化。

北平市公安局消防队实行逐级负责制。消防队队长由公安局局长遴员呈请市长派充，队副、分队长、办事员、教员、医士由公安局委任，呈报市政府备案。消防队队长对公安局局长负责，依法拥有指挥职员及巡官长警执行职务，考查其勤惰的权力，并依消防教育方法训练巡官长警。队副承队长官之命佐理本队事务。分队长承队长、队副之命，管理本分队内务及巡官长警执行职务、考查勤惰并任本分队训练各事务。办事员承队长、队副之命分任文书、会计、庶务等事务，并逐日轮往稽查各分队暨分遣队派出所勤务。消防队置医士、教练员、办事员等，承长官之命各司其职。[1]

自1927年至1938年，北京的消防队人员编制人数发生较大变化（如表1所示）。1927年1月，警察厅整理编制，改定消防长兵名额为502人，[2]该年9月，再次裁减名额，12月改定编制461人，虽无裁汰消防警察原因的详细资料，但可推知经费欠缺是1927年后消防队额定警员人数减少的一个重要原因。[3]1929年1月，北平市公安局曾计划分两个阶段将消防队六分队缩减至三分队，但第一阶段缩减至四分队后，因管辖地面广大，仅设三分队不敷分布，故停止缩减，成为额定四分队的建制。[4]自1913

---

1 《北平市公安局消防队组织章程》，《北平市市政法规汇编》，北平市社会局救济院，1934，"公安类"，第15—16页。

2 消防兵实质为消防警察，民国时期多有混称。

3 根据《北京警察沿革纪要》记载，1927年因经费"积欠甚巨"，裁去保安五、六两队并核减各区队警额。

4 蔡恂：《北京警察沿革纪要》，第31页。

年到 1938 年，消防警（兵）由 600 人减少至 256 人。

表 1　民国时期北京消防队人员编制情况

单位：人

编制	1913 年 2 月	1927 年 1 月	1927 年 12 月	1928 年 8 月	1929 年 1 月	1930 年 2 月	1938 年 11 月
队长	1	1	1	1	1	1	1
队副						1	1
分队长	6	6	6	6	4	4	4
教员	1	1	1	1	1	1	1
办事员				2	2	3	3
医士	1	1	1	1	1	1	3（书记）
机关士	14	16	12	12	10		
消防目	6	7	60	60	36		
消防副目	60	66					
消防巡官						14	16
消防班长						36	32
消防警						288	256
正机关士						2	4
副机关士						4	4
司务士			6	6	4		2（勤务）
消防兵	600	396	360	360	288		
正机关手	3	2	2	2	3		
副机关手	3	2	4	4	3		
机匠			2	2			
铣工目			2	2			
铣工	3	4	4	4			
总计	698	502	461	463	353	355	327

资料来源：蔡恂《北京警察沿革纪要》，第 31—33 页。

随着社会经济状况日趋复杂，传统水会已无力承担城市火灾
救护工作。民初报刊中，常见民间水会协同消防警察救火的报

道，到南京国民政府时期，已罕见民间水会身影。据记载，在 20
世纪 30 年代，北京民间消防组织有 19 处，均系当地人民自由组
织，组织既不统一，人员亦无定额，大多系临时征集。[1]根据相关
章程规定，消防队比水会享有优先使用消防水龙头之权，水会灭
火时首先要征得消防队的同意，在获得批准之后，还需具备必需
的手续才能得到价格优惠的救火用水。[2]民间水会在消防警察发展
的过程中逐渐退出京城的历史舞台。

南京国民政府时期，公安局的经费困窘掣肘北京消防事业的
发展。城市消防事业的发展需要依托专业的消防警察和先进的消
防器具，而专业消防警察的雇用培养和消防器具的维护更迭均
需充足的经费支持。在改组巡警总厅时，警政经费完全由国库支
发，且北京作为都城，经费较为充足。但"民国十年以后，国库
支绌，陆续欠拨约达四百余万元""至十七年改制以后，仅恃区
区警捐，不得不因陋就简，力事缩减耳"。[3]1934 年，北平市公
安局消防队需添设两具消防器具，需资金 7200 元，因资金不敷
支配，"自以先由该局现存赃物变价拨用"。[4]同年为充实消防，
本拟续购帮浦车一辆，但财力艰窘，经费无从筹措。[5]消防经费
缺乏是当时制约各大城市消防事业发展的共同因素。以 1935 年
的消防设备为例，北平市公安局消防队拥有救火汽车 6 辆，蒸汽
唧筒 4 具，腕力唧筒 13 具，轻便瓦斯救火机 2 具；首都警察厅
（南京）消防警察队配有救火汽车 3 辆，瓦斯唧筒 7 具；天津公
安局消防队配有救火汽车 3 辆，轻便瓦斯救火机 1 具，人力泵 3

---

1 谷兆芬：《中国消防制度之检讨》，《警察月刊》第 3 卷第 12 期，1935 年 12 月 31 日。

2 〔美〕史明正：《走向近代化的北京城——城市建设与社会变革》，第 206 页。

3 蔡恂：《北京警察沿革纪要》，1944，第 109 页。

4 《北平市公安局二科从赃物变价款中购消防机的公函》，北京市档案馆藏，档案号：J181-
020-18176。

5 《警政：北平市半年来办理公安之概况》，《内政消息》1934 年第 5 期，第 341—342 页。

具；济南配有消防汽车 4 辆；青岛配有救火汽车 4 辆，人力唧筒
2 具。[1] 由此可见，北京消防队的器材配置仍在当时位居前列，但
从消防警人员数量和经费分拨方面可以看出，北京的消防事业在
南京国民政府时期艰难发展。

二　近代北京城市消防法制建设

北京城市消防法规，包括消防组织类法规和火灾防控管理类
法规两种。据不完全统计，北洋政府时期，关于消防组织、人员
管理、火灾扑救程序、消防用水及设备管理的法规有 8 部，南
京国民政府时期，这些法规被细化完善，并新制公安局消防服
务章程、消防教练所规则、消防队警检查规则等近 20 部相关法
规。系列消防组织法律法规的制定，将消防警察的招募、待遇、
考绩、奖惩乃至服制、教育、勤务等逐渐纳入法律化、制度化轨
道。兹将主要内容梳理如表 2 所示。

表 2　民国时期北京消防警察相关法规一览（1912—1937）

名称	制定主体	制定时间
《消防官长巡视规程》	京师警察厅	不详，载《京师警察法令汇纂》（京师警察厅印行，1915）
《京师警察厅警钟台长警服务章程》		
《火警发现关于电灯电话事项》		
《消防队兵检查规则》		
《消防兵舍规则》		
《改订协助消防火场救护规则》		
《保存消防器具章程》		
《火警时使用水井及自来水事项》		

1　孟正夫：《中国消防简史》，群众出版社，1984，第 226 页。

续表

名称	制定主体	制定时间
《北平市公安局消防队警钟击钟规则》	北平市公安局制定，经北平市政府核准	1930 年 3 月
《北平市公安局消防队警钟台长警服务规则》		
《北平市公安局消防队使用水井及自来水规则》		
《北平市公安局消防队消防教练所规则》		1930 年 4 月
《北平市公安局招募消防警暂行规则》		1930 年 5 月
《北平市公安局消防队消防器具保管规则》		
《北平市公安局消防局采用消防警士规则》		不详，载包明芳《中国消防警察》（商务印书馆，1936）
《北平市公安局消防警舍规则》		
《北平市公安局消防队警检查规则》		
《北平市公安局消防队发现关于电灯电话事项》		
《北平市公安局消防服务章程》		

（一）消防组织及人员管理

为高效完成工作任务，近代以来的政府机构往往通过制定组织章程的方式，将组织结构、人员配备、授权及协作分工情况纳入法制化轨道。按照北京市公安局的组织章程，北平市公安局消防队，职掌消防工作及训练、水火灾难报告、水火灾难时警卫之配置、临时水火灾难救济、地理水利调查、消防人员进退赏罚、物品器械保管、设置警钟台守望、关于协助区队弹压勤务事项等共九项职责。[1] 此处需要说明的是，民国时期，多地消防章程规定消防队不仅负责火患扑灭，还负责救济和防范水灾，但实际运行中一般只负责火灾扑救。前文已提及人员分工及职级负责等内

---

1 《北平市市政法规汇编》，"公安类"，第 15 页。

容，此处不再赘述。

专业消防警察的招募应有契合实际的条件。1908 年，民政部消防队招募消防兵的资格为"（一）十八岁以上二十五岁以下者；（二）身长须在营造尺四尺八寸以上，五尺六寸以下者；（三）须身体强壮素无疾病者；（四）未曾充当巡警及兵勇者；（五）须耳目灵敏者；（六）粗通文理能写汉字者"。[1] 这一关于消防队员年龄、身体素质、文化水平的招募要求基本延续至民国时期，且基本符合消防警察职业需求。1928 年的《北平市公安局采用消防警士规则》对消防员的年龄限制为"在 18 岁以上 25 岁以下者"，身高要求 5 尺以上，须"体力及视力均健全"，并且要具有一定的技术和文化水平，"娴习技术或粗通文义"，同时规定素无正业和无固定住所、有残疾和患有精神病者以及犯罪、徒刑或通缉在案者不得应募，报名消防警察者，需通过身体检验、文字测试等考试，合格者才能应募成功。进入消防队后，要接受严格的训练和考试，根据《北平市公安局消防队消防教练所规则》规定，消防长警当在消防教练所学习党务、消防汇编、步兵操典、体操教范、警察勤务须知、违警罚法、步兵射击教范摘要、术科等科目，每日学习 8 小时，训练期限 3 个月，月终考试一次，考试合格可获得修业证书，一次不及格需留所再次训练，两次不合格者将被开除。[2]

消防警察的奖惩、晋升等按照北平市公安局相关规则条例执行。火灾案件处理情况作为巡官长警奖励的依据。北洋政府时期，《巡官长警赏罚章程》规定如查获放火案正犯者，经法庭定案罪名在无期徒刑以上者，予以拔升，放火犯罪名在三等有期徒刑以上者，酌情形予以试署或记升或加饷，在四等有期徒

---

1 《招募消防兵额》，《大公报》（天津版）1908 年 4 月 17 日，第 5 版。
2 《北平市市政法规汇编》，"公安类"，第 40—41 页。

刑以下者，予以奖银。查获乘水火灾而窃取财物者，核实案情大小及出力难易，分别给予加饷、给银、记功等奖；火势初起，亲身奋力扑救不致延烧者，视情形分别奖银或记功。[1]《北平市公安局巡官长警奖惩规程》规定，查获放火案正犯，给予加饷或奖金；查获趁火窃取财物者，酌予奖金；火势初起，亲身奋力扑救不致延烧者，记大功或记功；依据查获放火、趁火打劫等情事酌予奖励。[2]

时人言，警察"关于威信至大，故不问在职之内外，皆不得有污官吏品格之行为"。[3]消防警察亦代表京师警察形象，肩负城市火灾救护及防火检查等工作职责，其行为受到严格约束。《京师警察厅警钟台长警服务章程》规定，警钟台目兵应服装整齐，不得着便服进入警钟台，在瞭望台上不得稍有懈怠、任意倚靠歇坐或睡卧，"精神尤须发扬"；在警钟台内不准饮酒歌唱、嬉笑喧哗，不得发生口角争端及其他不当之行为；不准擅约亲友入台闲坐，并不得在台门外闲站及与人交谈、购买食物等。[4]消防警察无特殊情况需常川在岗，《北平市公安局消防队办事细则》规定"本队职员如因病因事须离队时，应先期请假，其请假程序依照市政府请假规则办理"。[5]警钟台瞭望警在警钟台值日时，无故不得离岗。警钟台设有报告火警电话，消防长警"非因公不得使用"。[6]消防警察日常居住于消防警舍，尤需注意警舍卫生及勤务

1 京师警察厅编《京师警察法令汇纂》，"总务类"，第137页。
2 《北平市市政法规汇编》，"公安类"，第51—54页。
3 朱甫纯：《警察官吏之义务和责任》，《北平特别市公安局政治训练部旬刊》第15期，1929年3月10日。
4 《京师警察厅警钟台长警服务章程》，《政府公报》第219期，1916年8月14日，第24—25页。
5 《北平市市政法规汇编》，"公安类"，第16—18页。
6 《北平市市政法规汇编》，"公安类"，第87页。

整理，各舍设有痰盂，不得任意咳唾及抛弃烟灰等物，服饰、鞋帽、被褥等件均应随时洗刷、晒晾，"身体手足须勤加沐浴以重卫生"。[1]

消防警察的工作效率关系民众的生命财产安全，也影响政府良好形象的建构。为确保火灾救护的效率，调动消防巡官及警士积极性，1931 年 4 月，北平市公安局规定，"嗣后本市界内遇有火警发生，各该巡官长警首先报告致未酿成巨灾者，准由消防队记其职名，转知该管区队呈请酌给奖励，其有报告迟缓因而贻误事机者，应由该管区队长查明具报以凭办理"。[2]1932—1936 年，共奖励首先报告火警 58 人次，每人每次奖励 3 角洋元。[3]此外，救护火警尤为出力者，也受到相应物质奖励。1934 年 2 月 1 日，巡官李毅民，班长康傅、盛印、崇厚、吴福全率消防警 10 人在狂风紧迫、火势猛烈之际，"冒险直前，竭力扑救，未致延烧，均属特别出力"，"各给予一次奖金六角以昭激励"。[4] 1932—1934 年，奖励在 37 起成灾火警之中尤为出力人员 1097 人次。[5]对消防警

1　包明芳：《中国消防警察》，商务印书馆，1936，第 105 页。

2　《北平市市政公报》第 91 期，1931 年 4 月 13 日，"公安"，第 12 页。

3　数据由《北平市市政公报》第 144 期、第 147 期、第 163 期、第 166 期、第 174 期、第 175 期、第 197 期，第 199 期、第 202 期 "公安" 和《北平市市政公报》第 240 期、第 242 期；1935 年第 327 期、第 328 期；1936 年第 340 期、第 342 期、第 336 期公安局的统计、命令相关内容统计得出。

4　《北平市市政公报》第 241 期，1934 年 3 月 24 日至 27 日，"公安局"，第 36 页。

5　《北平市市政公报》第 149 期，1932 年 5 月 30 日，"公安"，第 11 页；《北平市市政公报》第 154 期，1932 年 7 月 4 日，"公安"，第 12 页；《北平市市政公报》第 157 期，1932 年 7 月 25 日，"公安"，第 1—2 页；《北平市市政公报》第 197 期，1933 年 5 月 1 日，"公安"，第 2 页；《北平市市政公报》第 200 期，1933 年 5 月 22 日，"公安"，第 2 页；《北平市市政公报》第 226 期，1933 年 12 月 11 日，第 33 页；《北平市市政公报》第 240 期，1934 年 4 月 2 日，第 31 页；《北平市市政公报》第 241 期，1934 年 3 月 17 日至 24 日，第 36 页；《北平市市政公报》第 242 期，1934 年 4 月 2 日，第 38 页；《北平市市政公报》第 247 期，1934 年 5 月 7 日，第 19 页。

察的嘉奖是警察机构的行政行为，对内可鼓励消防警察工作积极性，对外可树立警察形象表率，提升城市警察机构的权威。

（二）火灾救援程序

火灾救援程序的规范化，是城市消防事业近代化的应有之义。民初制定的《改订协助消防火场救护规则》是北京近代最早的火灾救护程序法规，分救卫、报告、召集、配置、奖则、罚则六章，奠定了近代北京城市救援程序法规的基础。近代各大城市有关火灾救护程序的规定大致与此相同，主要包括火灾报警、火灾施救、灾后调查统计、消防器材管理等程序。

近代以来，许多城市为便于报告火警，均在城中设火警瞭望台。1911 年，民政部为预防火患起见，饬消防队于内外城设立望火台（又称瞭望台）十余处，[1] 这批瞭望台沿用至民国时期。《警钟台击钟章程》《北平市公安局消防队警钟击钟规则》规定了火灾报警的相关程序。"发见火灾时，应先击警钟二十五响为紧急之报知，旋照各该管分队划分地点，再行分别击钟，其属于第一路者击钟一响，第二路者击钟二响，第三路者击钟三响，第四路者击钟四响，第五路者击钟五响。前项按路击钟时间须于每半分钟击钟一次，以击十次为度。"[2] 在保留警钟台的同时，现代通信方式也运用到火灾信息传递当中。火初起时，火灾发生处守望长警应先鸣笛示警并用附近地方电话报告消防队并报告本管区官署，各管区署闻知火警时，立即电话报告本局并通知电灯公司、电话局及自来水公司派匠临场防护。[3]

---

1 《民政部之防患》，《大公报》（天津版）1911 年 11 月 28 日，第 5 版。
2 《北平市公安局消防队警钟击钟规则》，《北平市市政法规汇编》，"公安类"，第 86 页。
3 《北平市公安局各区队协助救火规则》，《北平市市政法规汇编》，"公安类"，第 83 页。

火灾救护需要统筹调度多方力量参与其中。《北平市公安局各区队协助救火规则》要求，所有各区队协助做好防卫（禁止车马闲人侵入防火线及遮断交通并疏通道路等）、扑救（扑救火灾及断火路等）、保护（救护被灾人民搬运财物等）三项工作，且要在火场附近之胡同、街口及防火线路各配置巡警断绝交通并拦阻闲人，制止车马侵入，在火场应专意救护被难人之生命财产，并保护消防水会人员运用机械，还要扑救或依命令拆断被火附近房屋。遇有火警，"消防队队长及员警驰往施救，固其专责"，发生火灾地之署长等"负有保卫地方之责，本管及邻区界内遇有火警发生，亦不容漠置"，应立即到场指挥镇摄，以减轻灾患损失。[1]1937 年 1 月，西单商场火灾发生之后，公安局局长陈继清会同督察长钱宗超、内二区署署长朱约之、保安三队队长韩秀亭等布岗，西单牌楼起至甘石桥断绝交通。[2]

火灾扑救离不开水源和消防器具，根据《北平市公安局消防队使用水井及自来水规则》规定，在救护火灾时，"对于附近地方水井及自来水龙头均得使用，以资便利"。[3]1930 年起，全城 400 多个消防水龙头开始享受无偿使用自来水的待遇。[4]此外，消防队需于每年夏冬两季调查地理水利，并于调查事竣详制图表，呈公安局备查。警察机关对不同材质的消防器具的保全方法、收藏方法、清洁方法都有科学的管理规定，"铁制之器具应以布或磨粉擦之，铁以外之金属器具不得使用砂布，宜以磨粉或煤油擦之，并拭以干布"。且消防器具保管严格落实责任，"应由队长或

---

1 《北平市市政公报》第 326 期，1935 年 10 月 4 日，第 8 页。

2 《数十年仅见　平市西单商场大火》，《申报》1937 年 1 月 11 日，第 4 版。

3 《北平市公安局消防队使用水井及自来水规则》，《北平市市政法规汇编》，"公安类"，第 86 页。

4 〔美〕史明正：《走向近代化的北京城——城市建设与社会变革》，第 219 页。

分队长督同小队长分负责任，遇有使用时应由使用者负其责任"，如有违背规定怠于保管致使器具损坏，应依照毁损公物例处罚。[1]

消防警察在救护火灾后，需将火灾当事人带回所在区署警局询问，如无故意放火情况，则根据违警罚法对其"训诫""告诫"后，由铺保保释。火案后，消防警察需填写火灾调查表，详细记载火灾地址、施救过程，并调查分析火灾原因，登记火灾造成损失、伤亡人数及处理方式，"每届月初应将上月火灾事项填列统计表呈局备查"。[2]

（三）城市消防管理法规

1908 年，清政府效仿他国尤其是日本立法经验，颁布《大清违警律》，其中包含有关火灾的治安处罚的相关规定。清末新政制定的《大清现行刑律》保留"失火""放火烧人房屋"条。《大清违警律》关于"危害公共之违警罚则"中，即将违反规则搬运火药、储藏火药、未经许可制造售卖烟火、于人家稠密之处点放烟火及火器等涉火行为列于前四条之规定。如有违犯，将被处以三十日以下二十日以上之拘留，或十五元以下十元以上之罚金。

20 世纪 30 年代，时人在诠释违警罚法时，认为因"火之最微小者，正以为危害之最大"，故与火灾预防相关之事项列于《违警罚法》"危害安宁之首款"。[3]1928 年的《违警罚法》规定，"未经公署准许制造或贩卖烟花者；于人烟稠密之处燃放烟火及一切火器者；发见火药及一切能炸裂之物不告知公安局者""于人家近旁或山林田野滥行焚火者，当水火及一切灾变之际经公署

1　包明芳：《中国消防警察》，第 210 页。

2　《北平市公安局消防队办事细则》，《北平市市政法规汇编》，"公安类"，第 16—18 页。

3　靳巩：《违警罚法通诠》，大东书局，1938，第 40 页。

令其防护救助抗不遵行者"，处十五日以下之拘留或十五元以下之罚金，此种处罚轻于《大清违警律》。故意放火或失火烧毁住宅或建筑、公共交通工具等，在刑法中属于"公共危险罪"，根据放火、失火行为出于故意或无意，所烧住宅、建筑物、交通工具中有无人员，量刑最轻为处罚金、拘役，最重达无期徒刑。[1]与清末新刑律中"关于防火决水及水利罪"中的定罪和量刑方式相比，更具现代特色，不再区别宫庙、仓库、民宅，统称为"建筑物"，且将火车、电车等现代交通工具纳入犯罪客体，量刑也不像清末时过于严苛。

京师内外巡警总厅时期制定了《管理危险物营业规则》（宣统二年二月），包含《管理煤油营业规则》《管理干草营业规则》《管理花炮营业规则》《管理火柴营业规则》四种，另有《限制焚化冥器及各项纸扎规则》，京师警察厅沿用《管理煤油营业规则》《管理火柴营业规则》《管理花炮营业规则》，并修订《管理堆积干草规则》（1913年3月）和《焚化冥器及各项纸扎规则》（1913年4月）。此类危险品管理规则，要求易引发火灾、威胁百姓生命安全的行业在向警察厅备案登记后方可在远离人烟之空旷地点营业，统一规定产品存放数量、工人防火注意事项，并要求设置水龙头等消防器具。警察有权对危险品经营场所进行检查，如有违反上述规定和违警罚法者，警察有权责成其停业并进行处罚，[2]并禁止市民在人烟稠密之处燃放炮竹、售卖烟花、燃放烟火及冥器等，避免火灾、爆炸等危害公共安全事件的发生。

此外，在林业、建筑业及其他公共场所，也制定有相关的防火规定。《北平市林木保护规则》规定进入林内及其附近地区不得携带放置火种及易燃烧之物，森林附近地有烧荒之必要时，应

---

1 《中华民国刑法》，中华印书局，1928，第45—46页。
2 京师警察厅编《京师警察法令汇纂》，"行政类"，1915年。

呈报公安局核准，并须有防止延烧之设备，否则将处以一元以上十元以下之罚金。[1]《京师警察厅禀报建筑规则》《厅区管理建筑执行细则》《北平市建筑限制暨设计准则规程》等对房屋设计中的防火规定、消防设备、建筑材料等均有严格要求。[2]《北平市公安局取缔电影院规则》规定电影院内设置之客座应留纵横路线足供出入，并应遵章设太平门。[3]《北平市警察局管理公共娱乐场所规则》第五条规定了公共娱乐场所之出入门、太平门、太平梯的尺寸大小、数量。[4]由于公共场所具有人员集中、火源不易控制、疏散困难等特点，诸如此类规定，明确了建筑施工主体、公共场所经营者的防火责任，同时也可有效预防公共场所发生火灾事故。

近代以来由警察机构制定颁布，并由警察强制实施的包含火灾预防和消防管理相关内容的系列行政法规，亦为政府机关实施火灾消防管理和社会控制提供法律依据，消防行政管理从而"有法可依"。

三 防患于未"燃"的城市消防管理制度运作

晚清以来，北京人口密度增大，商业娱乐场所繁荣。据 1908 年民政部统计，京师内外城人口总数为 76.1106 万人，[5]1919 年内外城人口达到 82.6531 万人，[6]1928 年内外城人口为 89.9676

---

1 《北平市林木保护规则》，《北平市市政法规汇编》，"公安类"，第 125 页。
2 《北平市建筑限制暨设计准则规程》，《北平市市政法规汇编》，"工务类"，第 19—36 页。
3 《北平市公安局取缔电影院规则》，《北平市市政法规汇编》，"公安类"，第 110 页。
4 《北平市警察局管理公共娱乐场所规则》，北京市档案馆藏，档案号：J001-001-00526。
5 曹子西主编《北京通史》第 8 卷，北京燕山出版社，2012，第 418 页。
6 北京市地方志编纂委员会编《北京志·人口志》，北京出版社，2004，第 23 页。

万人，到 1937 年增加到 106.7152 万人。[1]1936 年"外一区的
人口密度达到 41518 人 / 平方千米，内四区人口密度达到 22322
人 / 平方千米"。[2]前门大栅栏、王府井大街、西单、天桥等处
的店铺鳞次栉比，餐厅、茶馆、电影院等休闲娱乐场所的发展使
城市空间更加开放。前门大栅栏一带戏院密集，珠市口、虎坊桥
一带也陆续建造了第一舞台、开明戏院等演出场所，天桥一带新
舞台、吉祥舞台等陆续兴盛。人口的扩张和城市功能的变化使北
京城市管理必须应对两方面的消防问题：一是公共场所火灾预防
的问题；二是民众生产及生活习惯（取暖、祭祀、生火、照明
等）等易引发火灾的社会管理难题。以中央颁行违警罚法和刑法
中的涉火案有关规定、北京当地出台的危险品行业营业办法和林
业建筑业及其他公共场所相关的防火规定为基础，结合日常消防
检查、消防教育和消防演习，近代北京形成了"消""防"结合，
以防为主的城市消防管理制度。

（一）消防宣传教育

火灾预防不仅需要在立法方面约束民众行为，还需提高民众
对火灾的认识、普及防火救火方法。京师警察厅和北平市公安局
常通过发布训令、在报刊媒体和影院宣传、公开讲话和开展消防
宣传活动的方式，引导民众保护消防水井、掌握火灾报警电话，
提升市民消防意识，指导市民掌握科学防范救护火灾方法，从而
达到自觉预防火灾、火灾自我救护的目的。1929 年春季，北平
市公安局消防队派遣消防技士分赴街巷检查自来水及泉井，并

1　周进：《北京人口与城市变迁（1853—1953）》，博士学位论文，中国社会科学院研究生
　　院，2011。
2　北京市地方志编纂委员会编《北京志·人口志》，第 99—100 页。

令各区派警逐户传告市民注意防范火警，以免危险。[1] 为便于宣传消防报警电话，北平市公安局在电影院放映影片时，将报告火警电话公告周知，并告知民众报警方法，"市民发见火警立即报告 100 号电话报告消防队，如是项号码临时发生障碍即改呼东局 2197 号电话报告，并将失火地点说明以便该队闻警立即驰救而免延误"。[2]

根据《北平市市政公报》所载成灾统计表来看，多数火灾是由炉火、电线滋火、倾覆煤油等引发，[3] 因此，警察在注重宣传教育的同时，将城市管理渗透到民众私人生活空间，倡导民众日常用电、用油、用火行为中注意防范火灾，并制定相应管理办法要求民众遵守。1937 年，北平市公安局制定《预防火灾办法》《制售干草煤油汽油火柴花炮各铺预防火灾办法》，"本办法为预防火灾起见，住铺各户须一律遵守"。办法详细说明电线、煤油、火柴、火炉等使用注意事项："安设电灯之户对于电灯皮线须随时注意检查，如有电线破旧，应即改换新线，不得任意购用旧料""凡有小儿之家，须时常告诫禁止玩弄火种事，罪及家长"，如儿童独自在家引发火灾，则"罪及家长"，禁止燃放双响炮竹及起花等类，吸烟者不可随便乱掷烟头。防火办法"镌印布告一千张，分粘市内，俾便市民咸知警惕"。[4]

1　《本局消息：传告市民预防火警》，《北平特别市公安局政治训练部旬刊》第 16 期，1929年，第 30—31 页。

2　《训令：令内一、二、三、五外一、二、五各区署：为火警报告专号利用电影宣传向各影院接洽义务免费办法仰具报备查由》，《北平市市政公报》第 91 期，1931 年，"公安类"，第 11 页。

3　《北平市警察局外五区关于张景琛等不戒防火案的案表》，北京市档案馆藏，档案号：J184-002-14545。

4　《北平市公安局关于预防火灾、修正外交海军发政府会议抄发收会法、国民会议各项规则等训令》，北京市档案馆藏，档案号：J183-002-31788。

（二）消防检查与消防演习

作为城市消防管理的专门职能机构，公安机关依据相应法规行使治安处罚权，监督管理公共场所、特殊行业、普通民众的经营、生产、生活活动，意图将火灾隐患消灭于萌芽状态，并在此过程中将政府的管理下沉至社会生活。

检查整改违禁事项是公安机关进行消防管理的常见方式。1934 年 1 月，北平市公安局发布命令，督饬各管界内民众应特别注意保护消防水龙头，如"查见有无知人民在龙头旁任意泼水或倾倒秽土及向地闸筒内抛掷砖石瓦砾，以及不法之徒窃取机关零件致碍使用等项情事，即带署法办"。[1]1936 年，义和、万茂等冰窖和逢源牛奶场因堆积稻草不善纷纷失慎起火，公安局随即对各区署内各住户、商铺堆积柴草和易于引火物品严加检查，除由公安局派员抽查外，令该区署检查界内"如有堆积柴草及易于引火物品，应就存置地方情形严加限制，并饬设备防火器具，以资预防"。[2]1937 年 1 月，西单商场火灾发生之后，东城之东安商场全体商户立即对全场的电线进行检查，西城各电力公司也派员对所属的电灯、电车等线路进行检查，以免重蹈覆辙。[3]

为提升应对突发火灾的能力，消防队常举行消防演习。1930 年 10 月 14 日，北平市公安局消防队在东华门举行消防演习，展示持水龙登云梯、平地向高处房屋射水、避烟面具使用方法

---

1 《命令：训令各区署各该管界内街市自来水咙头仰饬属注意保护以利消防通令遵照由》，《北平市市政公报》第 235 期，1934 年 2 月 20 日，第 15 页。

2 《命令：训令各区署预防火警至关重要对于各住铺户堆积柴草及易于引火物品仰饬段严加检查取缔并将办理情形具报由》，《北平市市政公报》第 377 期，1936 年 11 月 9 日，第 17 页。

3 《平市火灾救济办法》，《申报》1937 年 1 月 13 日，第 4 版。

等。[1]1934 年，消防队再次在东华门进行消防大演习，展示新式抽水机、瓦斯救火机的使用方法。[2]1935 年，消防队 200 余人在太和殿举行大演习。此外，高校也常邀请消防队入校指导，1918年，消防代表受邀参加北京高等师范学校消防队成立大会并发表讲演，该校在会后发布《北京高等师范学校试办学生消防队简章》。[3]1933 年，清华大学秘书长沈覆要求改进学校消防设备，并加紧消防练习，"特聘北平公安局消防队上士赵世培君，担任校消防队指导员之职"。[4]消防演习有利于提升消防警和普通市民对消防器具的掌握及火灾应对能力。

（三）涉火案件处罚

时人言，"违警罚之目的，已非复寻求报应，而含有积极指导及规正人民生活之用意，申诫适可收劝导之效"，[5]警察依据法律所赋予的权利及职责，对违警行为进行处罚，是城市治安管理的重要一环，也可起积极引导和矫正民众行为习惯的作用。对涉火案件的处理处罚，侧面培养了民众的消防意识和防火习惯。根据《北平市市政公报》记载，1935 年，多名市民因燃放火器、炮竹等被罚款 1—2 元不等，[6]1936 年成警火灾共计 47 次，其中对火

---

1 《北平消防队演习（六幅照片）》，《文华》第 15 期，1930 年，第 13 页。

2 李尧生摄影《北平消防队，消防队演习新式抽水机》，《三民画刊》第 8 期，1934 年；李尧生摄影《北平消防队大演习》，《图画晨报》第 111 期，1934 年。

3 《斋务课》，《北京高等师范学校周报》第 52 期，1918 年，第 8 页。

4 《清华的消防演习》，《清华副刊》第 40 卷第 4 期，1933 年，第 25—26 页。

5 钱定宇：《中国违警罚法总论》，正中书局，1947，第 77 页。

6 《北平市市政公报》第 336 期，1936 年 1 月 27 日，第 69 页；《北平市市政公报》第 338 期，1936 年 2 月 10 日，第 83 页；《北平市市政公报》第 394 期，1937 年 3 月 1 日，第 76 页；《北平市市政公报》第 401 期，1937 年 4 月 19 日，第 72 页。

灾涉案人员采取告诫 35 次，函送法院 12 次。[1]

在涉火案件中，失火导致他人死亡的情况处理较为灵活，并不完全按照违警罚法和刑法有关规定判罚。如 1936 年 2 月 26 日中午 11 时 25 分，东四南大街 149 号因炉火引着汽油起火，损失共计 11135 元，烧死男子 1 人，烧伤 1 人。公安局将户主马德山带署询问，"据供，称对于死伤各人家属愿负担赡养费，均已自行办理，并无纠葛"，保释结案。[2]

近代火灾保险传入中国后，社会上出现纵火骗保行为。"水火保险原以防意外之灾为，有备无患之计，非可借此以牟利者也。自近世人心不古，纵火图赔之事乃时有所闻，此不独有害保险行之营业，且往往殃及邻居惨遭不测。此种恶徒，国家宜特设严法，举发有据即加重惩治，所以除社会之蟊贼，即所以保闾里之安宁也。"[3] 1920 年 11 月，煤市街万华香茶叶店火警，延烧邻家，保险行咨询警区该店有无放火嫌疑，管区调查之后，果然发现掌柜将"已燃之烟卷放于火柴盒上"，导致火灾骤起，骗得火

---

1 《北平市公安局二十五年一月份成灾火警统计表》，《北平市市政公报》第 341 期，1936 年 3 月 2 日，第 23—26 页；《北平市公安局二十五年二月份成灾火警统计表》，《北平市市政公报》第 346 期，1936 年 4 月 6 日，第 33—35 页；《北平市公安局二十五年三月份成灾火警统计表》，《北平市市政公报》第 350 期，1936 年 5 月 4 日，第 31—34 页；《北平市公安局二十五年四月份成灾火警统计表》，《北平市市政公报》第 353 期，1936 年 5 月 25 日，第 39—41 页；《北平市公安局二十五年五月份成灾火警统计表》，《北平市市政公报》第 358 期，1936 年 6 月 29 日，第 32—34 页；《北平市公安局二十五年八月份成灾火警统计表》，《北平市市政公报》第 373 期，1936 年 10 月 12 日，第 29 页；《北平市公安局二十五年九月份成灾火警统计表》，《北平市市政公报》第 381 期，1936 年 12 月 7 日，第 25—26 页；《北平市公安局二十五年十月份成灾火警统计表》，《北平市市政公报》第 384 期，1936 年 12 月 20 日，第 21—25 页；《北平市公安局二十五年十二月份成灾火警统计表》，《北平市市政公报》第 339 期，1936 年 2 月 19 日，第 18—20 页。

2 《北平市市政公报》第 398 期，1937 年 3 月 29 日，第 24 页。

3 《宜严惩纵火罪》，《大公报》（天津版）1919 年 6 月 3 日，第 10 版。

险七千元。[1]最终，策划这次骗保案的掌柜汪秀峰、铺伙王瀚卿被罚游街，并被押送法庭治罪。

四 近代北京消防事业的成效与限度

自晚清以来，北京的消防事业经历了从传统的"火政"向现代消防警政的转变。市政部门不仅重视消防组织的建构，也注重市民消防意识的提升。消防法规部分继承并改进了传统火政中救灾方法和涉火案的规定，进入依法预防管理和规范扑救相结合的城市消防新阶段。近代北京城市消防事业的发展，功不可泯灭，但受民国时局影响，成效大打折扣。

第一，消防组织渐趋专业化和规范化，提升了城市火灾救护效率。有清一代，北京的火灾扑救事务由军队、五城兵马指挥司、皇家火班及民间水会等多方负责。民国时期，消防管理逐渐统一由警察机关负责，与传统社会相比，消防警察的组织职能和救火程序更加专业化、规范化。在履行消防职能时，消防警察"负有救护生命财产之责，故消防警察当抱一种公德心，当其临场救护，更须不顾身之利害，而专计公共之利害"。[2]在火灾救援过程中，消防警察一般能够履行职责，甚至不顾自身安危。如《时报》报道，1935年崇文门内大街发生火灾，消防队队长徐荫达自楼上跌入地窖，腰部震伤，消防班长德凤腰部跌伤甚重，消防警士李庆祥手部烧伤，胡照渭、岳桂峰等亦受轻伤。[3]1935年1月14日，前门外门框胡同文记帽铺发生大火，消防第四分队

---

1 《煤市街火头游街》，《大公报》（天津版）1920年11月29日，第7版。

2 包明芳：《中国消防警察》，第4页。

3 《北平近年来稀有之大火》，《时报》（上海）1935年1月7日，第5版。

一等巡官关文厚在华丰厚楼顶向下射水之际，"不料该房屋塌陷，关巡官致由上面摔下，将头腰等部摔伤甚重，四分队兵鄂玉祥亦由房上摔下，左腿受伤"。[1]1936 年，北平市建立警察公墓，将历年因公殉职之警察设位纪念，其中有两名消防警士。根据数据统计，1861—1880 年北京发生大火 8 次，每 2.5 年发生一次，1881—1900 年发生大火 6 次，每 3.3 年发生一次，1901—1920 年和 1921—1940 年均发生大火 4 次，每 5 年发生一次。[2]总体而言，专业的消防警察和规范的火灾救护程序，降低了北京的火灾隐患和火灾造成的损失。

第二，系列消防法规的制定落实，提高了城市管理的法制化水平。相比传统火政中的火灾救援主体，消防警察的组织分工、火灾扑救程序均由法律法规规定，组织分工合理，人员各司其职。警察机关（巡警厅、警察厅、公安局）作为城市消防管理的专门职能机构，依据相应法规行使治安处罚权，监督管理公共场所、特殊行业以及普通民众的经营、生产、生活活动。此外，在相关消防法规的约束和警察机关的督促下，北京的旅馆、戏院、电影院、学校、公园等公共场所大多已安装太平门、安全梯，配有消防水枪、唧筒、消防水带等器具；学校、工厂等人员密集场所常邀请消防警察到场进行消防演练，指导相关人员掌握火灾救护技能。故宫、天坛、颐和园等开放为公园后，北平市警察局消防队与管理坛庙事务所将各个坛庙的消防火灾隐患及消防设施逐一查勘，并筹划消防设备办法[3]，有效保护了珍贵的园林建筑以及其中珍藏的文物。

---

1 《北平门框胡同延烧商号十一家》，《时报》（上海）1935 年 1 月 14 日，第 3 版。

2 〔美〕史明正：《走向近代化的北京城——城市建设与社会变革》，第 29 页。

3 《北平市各坛庙消防设备办法清册（附消除［防］设备图表）》，北京市档案馆藏，档案号：J057-001-01037。

第三，城市管理涵盖公共空间和民众私人空间，在推动公共场所完善消防设备和提高防火能力的同时，也教育和倡导民众养成良好的消防意识。消防法规的宣传普及和火灾隐患整治，提升了民众的主动参与火灾预防及城市管理的意识。1927年，市民龚耀文呈报京师警察厅及市政公所"京师地方近年火灾频仍，其原因由于电灯线之漏电者居多数。亟应设法补救，防患未然"。[1]1930年，市民向北平市公安局和社会局反映位于东安市场的吉祥戏院太平门较少，难防火患，[2]警察机构接到市民反映信息后均临场检查并做出回复。消防事务需要社会各方力量的共同参与，警察机构与民众个体、社会组织联合，通过消防演习、防火检查、消防安全教育等官民共同参与的活动使市民了解消防知识、掌握消防技能。

然而，自辛亥革命后，经历北洋军阀动乱后的短暂稳定，又有日本帝国主义入侵，北平地方局势长期紧张，长期萧条的政治经济局势难以为消防事业的发展提供良好的土壤。民国时期，北京长时期处于权力斗争的中心，警察机关及其运作无法摆脱近代政治的某些弊端，如1913年消防队编设时期的警察厅总监王治馨在1914年被袁世凯处决；1929年11月，邓佐虞被任命为北平市公安局消防队队长，1930年2月又改任曹博如为北平市公安局消防队队长，派系斗争严重，人员更替频繁。此外，消防警察薪资水平并不算高，且消防巡官与普通警士之收入差距较大。1918年7月至1936年3月间，一、二、

---

1 《函市政公所、京师警察厅：据龚耀文呈请设局检验电表并抽收检验费未便照准即由地方官主管官署督饬电灯公司认真检验预防火灾抄呈函祈查照办理文（十一月七日）》，《财政月刊》第14卷第168期，1927年，第34—35页。

2 《训令：令公安局、工务局：据市民金垒报告东安市场吉祥戏园建造不适有害公共卫生及难防火险各节经查实仰即会同查核切实办理具报由》，《北平市市政公报》第72期，1930年12月26日，市府命令，第11—12页。

三等消防巡官月饷分别为 30 元、25 元、20 元，而普通消防警士月饷仅 8—12 元，到 1938 年 7 月，消防警士月饷增至 10—13 元，仍不及同时巡官收入的一半。[1]1934 年，"北京平均每一位警员年支给养费约为 233 元，而上海每一警员为 280 元"。[2]"巡长只十一二元……还要维持自己的生活，还要养家，真不知要怎样支配才够。"[3]"从经济收入看，普通警察一直处在社会下层。"[4]在工作环境危险、假日少、工作纪律严格的背景下，低水平的收入影响了消防警察工作积极性及生活水平的提高。

警察机关将经费与人员更多地消耗于维护城市稳定上，用于消防的经费远不能满足实际需要。受经费和时局限制，城市消防事业成效大打折扣。1932 年 7 月，北平财政整理委员会核定减政案，公安局内各区减去巡官、巡长各 15 名，另外还减去全体巡警的十分之一，计 800 名。[5]之后，北平警察的人数又波动回升，但与侦缉队、保安队相比，消防队人员并未增长回削减前的人数，自 1913 年到 1938 年，消防警（兵）由 600 人减少至 256 人。这在一定程度上说明警察机关将工作重点放在侦缉、维稳、镇压等其他事务上，而非具有公共服务性质的火灾救护类事务上。

1　蔡恂：《北京警察沿革纪要》，第 120 页。

2　李自典：《近代北京警察与上海警察之比较（1901—1937）》，《北京档案史料》2013 年第 1 辑，新华出版社，2013。

3　老圃：《北平的警察》，《十日谈》第 37 期，1934 年。

4　丁芮：《管理北京：北洋政府时期京师警察厅研究》，第 473 页。

5　蔡恂：《北京警察沿革纪要》，第 98 页。

余　论

　　近代北京城市消防事业的发展，伴随着中国警政事业的起步，步军统领衙门的裁汰和北京民间水会的退出，从巡警厅到京师警察厅、北平市公安局，警察机构不断完善，城市消防管理机构日臻成熟。从大清违警律、违警罚法到系列危险品管理法规的制定落实，城市消防管理趋向法制化。相较于长达几千年的传统火政，近代北京的消防制度仅历时几十年，但其应对城市火灾的能力大大增强。尽管近代北京消防事业面临着诸多制约因素，但历经清末至民国时期的发展，形成了以防为主，"消""防"结合的城市管理模式，其影响延伸至新中国成立以后。

新中国成立初期北京市蔬菜产销制度的
建立与调整（1949—1956）[*]

李玉蓉^{**}

摘　要：新中国成立初期，北京市蔬菜产销制度的建立与调整，服务于
城市发展与首都建设的需要。北京市在对蔬菜批发市场进行接
管和初步调整后，通过引导郊区蔬菜生产合作化、改造私营蔬
菜批发商与零售商、建立新的蔬菜管理部门与经营机构，逐步
将蔬菜产销纳入统一管理与计划经济体制之中，构建起一套具
有计划性的蔬菜"统购包销"制度。在整顿蔬菜市场与重构蔬
菜产销制度过程中，菜农、生产合作社、供销社菜站、私商、
用菜单位与市民等不同主体，在不同阶段存在不同的利益诉求
与思想行动，形成丰富的历史图景。整体而言，新中国成立初
期北京市蔬菜的产、供、销各环节的改造与统合，为城市建设
与首都发展提供了基础保障服务与蔬菜供应经验。

关键词：蔬菜供应　供销合作社　私商改造　统购包销

　　"菜篮子"的稳定与否，关乎国计民生。新中国成立初期，首
都北京作为政治文化中心和重要的工业城市，在加强城市管理与

＊　本文系清华大学自主科研计划文科专项项目"中国共产党对统一市场的理论探索与历史
实践"（项目编号：2023THZWJC32）阶段性成果。

＊＊　李玉蓉，清华大学马克思主义学院助理教授。

发展计划经济的过程中，高度重视城市蔬菜供应及市民生活问题。学界对新中国成立初期北京市蔬菜问题的研究，主要从三个角度展开：一是从北京农业恢复与发展的角度，勾勒北京郊区积极发展蔬菜农业生产、改进蔬菜生产技术、推进蔬菜生产合作化及其成绩；[1]二是突出北京市党政领导高度重视首都"菜篮子"问题，加强对蔬菜生产与销售制度的规划与建设；[2]三是对于北京市蔬菜体制与制度的研究，如廖沛从北京市蔬菜产销体制改革的角度，讨论了1957年后统购包销制度在实践过程中的发展情况，[3]孟文科从农民生产行为的视角，分析了计划经济时期北京市蔬菜统购包销制度之下农民所具有的"隐蔽"反抗生产行为。[4]这些研究有利于理解新中国成立初期北京市蔬菜业发展及其产销制度的大体脉络，但从北京解放到1956年蔬菜统购包销制度建立起来期间，北京市究竟是如何整顿并重构首都蔬菜产销制度的，这一问题还值得继续追问与探究。

实际上，新中国成立初期首都蔬菜的产销问题，不只是一个物资供应问题，还涉及整体的首都城市建设与国家计划经济的宏观目标，并与国家加强社会主义改造及推动政治运动有着密切的联系。城市蔬菜供应关联"民众—生活"和"社会—管理"两条波动线，"政治路线"与政治运动对蔬菜供销的变迁起着重要作用，蔬菜产销制度的调整过程还蕴含着"权力"的传播链，体现

1　王维贤：《1949年—1966年北京农业的发展》，《北京党史》2006年第5期。

2　余力：《刘仁同志重视北京蔬菜生产和销售问题》，《北京党史》1995年第3期；黄小谨：《彭真与北京菜篮子建设》，《北京党史》2012年第6期。

3　廖沛："统购包销"制的历史回顾——北京市蔬菜产销体制改革初探》，《农业经济丛刊》1986年第3期。

4　孟文科：《蔬菜统购包销与农民生产行为的调整——以北京市为中心的考察》，《农业考古》2015年第4期。

着政治力量和意识形态不断介入蔬菜产销运作模式之中，[1] 并体现了菜农、市民、商贩、供销社菜站等多个市场主体的日常行为及其在蔬菜供销领域中的博弈。本文将蔬菜产销制度的调整及重构过程置于整体的首都城市建设与计划经济展开背景之下，重新梳理中国共产党在接管北京之后所采取的一系列政治经济措施对蔬菜产销制度及实践的影响，勾勒出北京市从整顿蔬菜批发市场、引导郊区蔬菜合作化生产、改造蔬菜供销模式到重构北京蔬菜产销制度的过程，进而思考北京市蔬菜产销制度整顿与重构背后国家整体经济发展需求及实践逻辑。

一 北京解放后蔬菜产销制度的初步建立
（1949—1952）

在新中国成立以前，北京[2]市内所需蔬菜一部分由京外调运入京，一部分则由郊区生产自给，形有一套自成体系的蔬菜产销模式。郊区菜田围绕北京城郭向四周散布，由内而外、由近及远、由少到多、由分散到集中。根据供应对象和经营对象的不同，有官菜园和民菜园之分。[3]除官菜园对官家实行特供与直接供应、部分民众生产蔬菜自给自足和零散售卖之外，一般菜农所种商品蔬菜主要通过菜市进行交易。具体步骤为，菜农将蔬菜运送到各大菜市，经由专门的菜行经纪人——"秤头"或"菜头"——转手

1　金大陆：《上海"文革"时期的蔬菜供应》，《安徽史学》2009 年第 2 期；何美丽：《蔬菜供应链中的话语权问题研究——以北京为例》，博士学位论文，中国农业大学，2014。

2　1949 年 9 月，北平更名为北京，本文统称北京。

3　北京市地方志编纂委员会编《北京志·农业卷·种植业志》，北京出版社，2001，第 171 页。

卖给菜贩，再由菜贩实行坐卖零售或走街串巷，将蔬菜供应给市民。[1] 解放前夕，北京尚有天桥、阜成门、朝阳门、广安门、安定门、左安门、西直门七大菜市场，共 30 余家菜行。[2] 这些菜行控制着北京市主要的蔬菜市场，尤其是掌握着蔬菜进城价格及批发业务，且利润十分可观。[3] 在北京解放与接管进程中，北京及其周边城市物价逐渐高涨，[4] 粮食蔬菜等物资供应数量及价格为群众所关心。因此解决城市居民生活所需粮食蔬菜问题，成为中国共产党接管北京后稳定社会秩序的重要内容。

由于北京的解放和接管是一条和平道路的尝试，具有极强的象征意义与试金石作用，[5] 中国共产党对于北京解放及接管后的经济稳定给予高度重视。接管部门首先保证粮食、蔬菜、肉类等物资供应，在准备接管北京之前，即强调动员一切公私力量沟通与建立城乡经济的正常关系。[6] 一方面，北平市军事管制委员会下设分管经济接管与恢复的专门机构——物资接管委员会，按系统对北平市内的各类经济机构进行和平接管，其中一项工作就是接管旧菜行、管理蔬菜市场。另一方面，大力组织四郊农民运输粮食与蔬菜，[7]

---

1 北京市地方志编纂委员会编《北京志·农业卷·农村经济综合志》，北京出版社，2008，第 188 页。

2 中共北京市委党史研究室编《新旧交替之际的北京：北京解放前夕社会概览》，中央文献出版社，1998，第 74 页。

3 北京市地方志编纂委员会编《北京志·农业卷·农村经济综合志》，第 190 页；池泽汇等编《北平市工商业概况》，北平市社会局，1932，第 301 页。

4 《北平市军事管制委员会物资接管委员会工作报告（第二号）》（1949 年 2 月 3 日至 15 日），北京市档案馆编《北京档案史料》2004 年第 3 辑，新华出版社，2004，第 78 页。

5 《杨尚昆日记》上册，中央文献出版社，2001，第 25 页。

6 《北平市军事管制委员会成立布告》（1949 年 1 月 1 日），《北京市重要文献选编（1948.12—1949）》，中国档案出版社，2001，第 56—57 页。

7 木深：《在北平城外》，《人民日报》1949 年 3 月 16 日。

并做好城乡物资供应与物价稳定工作。[1]

在接管之后，北京市迅速建立相应商业机构来领导与管理市内物资供应工作。1949 年 2 月，北平市工商局成立；同月，成立北平市供销总社与城市基层消费合作社。北平市供销总社一方面从农村采购农副产品，运输到城市向市民、城镇手工业者、工业部门销售，另一方面采购城镇的工业、手工业产品，销售到农村，为农民提供生产工具与生活资料，以期在城乡之间建立起新的物资交换与流通的渠道。在蔬菜经营方面，主要利用供销总社与基层城市消费合作社来为工厂、机关、学校供应豆腐、小菜等物资。具体经营方式为，由各区街消费合作社各自批发和预订豆腐、青菜等，集体购买后再卖给社员。合作社经营蔬菜等物资的供销，有利于避免中间商人的剥削，尤其是防止具有资本主义性质的蔬菜批发商及菜行在其间操纵蔬菜价格，使群众享受便宜的物价，保证市区蔬菜供应及其价格的稳定。

在北京解放初期，北京市供销合作总社与基层城市消费合作社虽然经营蔬菜购销业务，但并没有直接替代私营蔬菜商。其原因之一在于这一时期各级经济部门主要抓粮、棉、煤等核心物资，蔬菜价格对于全市物价及社会稳定的影响力度相比较而言弱一点。另外，在解放之初，中国共产党也强调实行新民主主义经济政策，对有利于国计民生的经济成分予以保护，而蔬菜行业一般没有官僚资本的操纵，主要是普通私人资本和个体经营者，按照新民主主义经济理论与政策，他们仍有较大的自由经营空间。而保持蔬菜商贩的经营，也有利于维持就业和维护社会稳定。直到国家开始从整体上调整公私关系，尤其是强调国营商业与供销合作社商业在市场中要加强对批发行业的领导权后，北京市才进

1　彭真：《关于进城后的工作与纪律问题的讲话要点》（1949 年 2 月 1 日），《北京市重要文献选编（1948.12—1949）》，第 123 页。

一步从整体上加强对蔬菜市场尤其是蔬菜批发市场的管理。

批发商业是商品流通的中间环节，它一端联系着生产部门，便于控制货源；另一端联系着广大零售商，容易操纵市场。[1]1950年6月，中财委正式决定对公私关系进行第一次调整，要求国、合商业加强掌握重要物资的批发业务，以使批零差价、地区差价、季节差价、原料成本差价等控制在合理范围之内，同时给予私商一定的经营利润空间。[2]1950年6月，北京市开始对公私关系进行调整。在政府和经济部门的直接指导下，北京市蔬菜批发业由供销合作社领导并直接经营。1951年北京市供销合作总社率先成立天桥菜站，至1952年，共成立了天桥、广安门、阜成门等大型菜站，直接经营蔬菜的批发业务。[3]

在公私关系调整背景之下，供销合作社领导的菜站是具有公营性质的批发商业机构，开始与原来的私营菜行展开竞争。但北京市仍在经营范围、市场管理、价格等方面给予私营菜商一定的照顾，并安排他们经销与代销。因而第一次公私关系调整后，私商在北京市蔬菜行业中仍然占据重要地位。首先是私营菜商数量仍然较多，北京市供销合作社菜站在批发、零售方面所占比例仍然很小，据工商局1952年的调查统计，在批发领域，合作社菜站在全市蔬菜交易总量中仅占17%左右，其余仍被33个私人菜行和22户外庄（专门从事内运、外销的批发商）所掌握。在零售方面，仍有油盐店1816户、菜摊4141户经营蔬菜，供销社的零售菜站仅有20多处。其次是在价格与盈利方面，私营菜商

---

1 《中国农业全书·北京卷》编辑委员会编《中国农业全书·北京卷》，中国农业出版社，1999，第229页。

2 《如何调整公私工商业关系》，《人民日报》1950年6月8日。

3 《北京市菜蔬公司关于改进蔬菜供应工作的意见（草稿）》（1956年10月16日），北京市档案馆编《北京档案史料》2014年第1辑，新华出版社，2014，第175页。

在蔬菜进销差率上与国营商店、合作社相差甚大。合作社经营蔬菜的利润大致为 11%—20%，而私营油盐店进销蔬菜价格差率为 20%—27%，摊贩为 27%—33%，走街串户的菜贩可达 33%—100%。[1]蔬菜价格差距大导致价格不稳定，消费者对蔬菜价格存有不满，推动北京市继续加强对蔬菜市场的管理；而要加强对蔬菜批发与零售的管理，也需要进一步加强对生产源头的控制，因此北京市也着手从生产环节调整蔬菜产销关系。

京郊蔬菜生产具有一定的特殊性，京郊有大量土地为城市供给菜蔬园艺产品，蔬菜园艺土地的经营直接影响城市各阶层人民的生活，同时京郊菜农成分复杂，有自耕的贫农、中农、富农和佃农及佃中农，也有佃富农、经营地主和农业资本家等。因此，北京在进行郊区土改的过程中，为了增产增收和保证首都供应平稳，注重保护区分郊区菜地与普通土地，除对地主资本家的菜地进行处理外，没有对普通菜农的土地进行平分，而是维持其原有的土地格局及其生产，并在农业设备、水利建设、资金贷款、生产技术、度荒救灾等方面提供大量的支持，以保证城市蔬菜供给。[2]

在北京国民经济恢复的三年内，政府对于京郊蔬菜生产的指导与介入也趋向深化与细化，生产计划性逐步加强。[3]同时农业商品化逐年增强，蔬菜和经济作物的种植比重有所上升。[4] 20 世纪 50 年代初期，北京郊区即开始形成三种蔬菜生产模式，除散户菜

---

1 北京市地方志编纂委员会编《北京志·农业卷·种植业志》，第 225 页。

2 《北平市军管会关于北平市辖区农业土地问题的决定》（1949 年 5 月 31 日），《北京市重要文献选编（1948.12—1949）》，第 551—552 页。

3 柴泽民：《关于土地改革、农业生产、生产救灾工作的报告》（1950 年 8 月 8 日），《北京市重要文献选编（1950 年）》，中国档案出版社，2001，第 361 页。

4 《北京市人民政府郊区工作委员会关于 1951 年京郊春季生产总结报告》（1951 年 7 月），《北京市重要文献选编（1951 年）》，中国档案出版社，2001，第 434 页。

农外，还有逐步组织起来并扩大的蔬菜生产合作社，以及京郊大型农场，如南郊、双桥、西郊、东郊、香山农场等。由于城市建设吸引了大批劳动力，郊区劳动力有所流失，价格也有所上涨，局部性劳动互助与合作趋势加强。1951年底，中共中央重视加强农业生产互助合作，[1]1952年4月29日，北京市委郊区工作委员会发出《关于1952年开展互助合作运动的指示》，大力动员发展郊区的劳动互助和生产合作，[2]推动京郊蔬菜种植业的合作化进程。

为了推动郊区蔬菜生产的合作化发展，在"组织起来"的浪潮中，北京市委农村工作部及各郊区部门不断发掘典型与树立榜样。如丰台区黄土岗村殷维臣农业生产合作社，源于1950年自发组织的临时互助组，1951年发展为常年互助组，1952年成立生产合作社，大量生产蔬菜并取得了良好的效果，即被作为典型之一进行宣传。殷维臣农业生产合作社在经营方式上的特点之一，即注意结合供销社菜站进行蔬菜销售。供销社菜站直接与蔬菜生产合作社建立联系并掌握蔬菜货源，有利于保证满足市内蔬菜需求与维持蔬菜价格稳定，也有利于保障蔬菜生产合作社的销售渠道与收入稳定。

不过，由于郊区蔬菜生产合作社是零散建立的，供销社菜站尚未掌握整个北京市的蔬菜供销市场，而且蔬菜生产合作社与菜站之间尚未建立起固定的产销关系，蔬菜供销链条并不完整，使蔬菜运销环节出现一些问题，如一些菜农与蔬菜生产合作社存在

---

1 《中共中央关于农业生产互助合作的决议》（1951年12月），黄道霞主编《建国以来农业合作化史料汇编》，中共党史出版社，1992，第50页。

2 《中共北京市委郊区工作委员会关于1952年开展互助合作运动的指示》（1952年4月29日），中共北京市委党史研究室、中共北京市委农村工作委员会、北京市档案馆编《北京农业社会主义改造资料》（上），中国社会出版社，1991，第47页。

滞销、跌价与受损等问题；供销社菜站亦发生积压和保管不善的问题。殷维臣生产合作社与北京市供销社菜站虽在 1952 年签订了合同，但由于供销社执行失利，致使合作社的大量土豆、茄子等蔬菜烂掉，损失总值 1000 万元。[1] 这反映出北京市在初步调整蔬菜产销关系过程中，虽开始直接经营蔬菜批发业务和引导农民实行蔬菜合作互助生产，但蔬菜生产与供销之间是脱节的，并未建立起一整套联动的蔬菜产销制度与经营网络。

可以看到，北京在解放初期与经济恢复过程中高度重视蔬菜产销与供应问题，但新的蔬菜产销制度尚未建立起来，在很大程度上，蔬菜批发与销售仍由私商掌握，但私商经营蔬菜存在巨大的中间差价，不利于蔬菜市场稳定。因此，北京市开始通过供销合作社来直接经营蔬菜批发业务、引导郊区蔬菜生产，但整体而言，零散的蔬菜生产合作社与供销社菜站还没有构建起新的蔬菜产销制度，蔬菜产销的计划管理还存在不足，尚不能满足社会所需与生产者所需。随着国家计划经济的展开与统购统销、"三大改造"等工作的展开，北京市蔬菜行业的计划管理与产销关系得到进一步改进。

二　加强蔬菜计划管理与构建新的产销关系
（1953—1954）

为了应对粮食供应紧张局面、保证国家工业化的顺利进行，1953 年 10 月，国家开始在全国推行统购统销政策，并进一步进行农业、手工业、资本主义工商业的社会主义改造。1953 年 11 月开

---

1 《中共北京市委郊区工作委员会办公室关于殷维臣农业生产合作社总结》（1952 年 12 月 30 日），《北京市重要文献选编（1952 年）》，中国档案出版社，2001，第 761—770 页。

始，北京市相继对面粉、大米、粗粮等重要物资进行计划收购与计划供应，随后将蔬菜、生猪、白糖等消费食品也逐步纳入统一的计划经营。1953 年 10 月，北京市供销合作总社成立菜蔬经理部，一方面加快接办私商经营的菜行，统一管理蔬菜批发市场；一方面开始与蔬菜生产合作社建立紧密联系，与农业社、合作组签订代销合同，对京郊生产合作社的蔬菜实行代销。[1]北京市供销社同时展开蔬菜生产与计划收购与蔬菜私商改造两方面的工作。

在蔬菜生产与计划收购方面，1953 年北京市明确提出京郊农业生产合作社必须在为首都工业服务的方针下，按照各社的具体条件，发展粮食、蔬菜、水果、乳肉、工业原料等生产。[2]北京市委农村工作委员会认为"京郊互助合作发展的重点必须是菜区"。[3]农业生产互助合作运动的进一步发展成为北京市蔬菜业结构性变化的显著特征，为了更好地掌握郊区蔬菜产品，供销合作社普遍与蔬菜农业生产合作社订立供销合同，供销合作社负责供应肥料、籽种、农药、农具和一部分日用品，生产合作社所产出的蔬菜则由供销合作社推销或代销，以此将蔬菜的生产与购销纳入计划管理的范围。[4]而蔬菜生产环节的组织化与规模化，进一步给整个蔬菜行业和居民蔬菜消费带来深刻的影响。

在蔬菜私商改造方面，北京市对批发商与零售商采取了不同的改造策略。对于私营批发商的改造，北京市采取了"留、转、

---

1 廖沛:《"统购包销"制的历史回顾——北京市蔬菜产销体制改革初探》,《农业经济丛刊》
  1986 年第 3 期。

2 《中共北京市委农村工作委员会关于京郊农业生产合作社若干问题解决办法的初步意见》
  （1954 年 4 月）,《北京市重要文献选编（1954 年）》,中国档案出版社,2002,第 243 页。

3 《中共北京市委农村工作委员会关于经过总路线宣传农村互助合作运动的开展情况》
  （1954 年 1 月 3 日）,《北京市重要文献选编（1954 年）》,第 7 页。

4 《石景山区农业生产合作社普遍与供销社订立供销合同的经验——农业生产合作社喜欢供
  销合同》（1954 年 3 月 11 日）,石景山区档案馆藏,档案号:59-6-84-5。

包"的政策，供销社在对菜商和菜市场进行调查后，对蔬菜批发商亦采取了"留、转、包"的政策，三分之一的批发商转入其他行业，或是申请歇业；保留下来的三分之二多是小批发商，为国营企业或供销社进行代批和兼营业务。对于零售商，由于市内蔬菜零售商多是小本买卖和单干户，有的蔬菜商自己骑车收购和送货，有的推车或挑担走街串巷，是其维持家庭收入与生活的主要来源，亦对满足市内居民需求具有重要的作用。北京市对各行业的私营零售商基本上都采取了"维持经营、逐步改造"的政策，对于蔬菜业零售商，则根据其具体类型，让他们从事经销、代销和批购零销业务。

在对郊区蔬菜实行计划收购和对市区蔬菜商贩进行改造的过程中，北京市蔬菜市场上也出现一些紧张关系。在需求层面，从 1953 年底至 1954 年春季，北京市出现了居民及机关、团体、部队、学校、工地等购买蔬菜困难，蔬菜供不应求的局面。从供应层面看，菜农和部分生产社的蔬菜又出现滞销问题。蔬菜滞销除了由于农民等价惜售、产销合同不合理以及蔬菜质量不佳外，[1] 还由于城乡之间的蔬菜中间流通环节存在一定的问题。在改造私商的过程中，原来由私营批发商和菜商建立起来的蔬菜批发零售网络被打破，但供销社计划收购与计划供应的蔬菜供销网络还没有很好地建立起来，难以满足社会需求。以海淀区为例，据统计，1954 年春海淀区兼营蔬菜的供销社仅有 2 处，无法满足市民与用菜单位的需求。[2]

因此，北京市也进一步加强基层蔬菜供应机构的建设，除了

1　中共北京市海淀区委办公室：《海淀区委关于解决白菜滞销问题的报告》（1954 年 3 月 26 日），海淀区档案馆藏，档案号：1-107-68-7。

2　《区委会关于海淀区供销合作社试办青龙桥菜站总结》，海淀区档案馆藏，档案号：1-107-68-32。

加强具有批发性质的大型菜站的建设外，还开始投入大量精力来建立基层菜站。北京市内各处基层菜站的建立和发展，都具有一定的计划性。首先，菜站的建立是在党政力量的直接领导下建立起来的，由区供销社直接予以领导，镇政府、税务局等单位组成市场管理委员会进行管理与监督；[1]区供销社主任与区委、工商科科长联系，通过政府来控制蔬菜价格，以菜站为主建立价格委员会统一决定菜价。[2]其次，区供销社为菜站提供资金、干部、人员等支持。此外，菜站还借助供销社的力量，与农业生产合作社订立包销合同，解决蔬菜菜源的问题；与机关、学校、工地、部队签订预订合同，解决蔬菜的销售渠道问题。[3]

但供销社菜站在经营与发展之初，也面临着与菜农、市民、私商等各方面的摩擦及博弈。首先即面临着私商的抵制与竞争。如1954年4月10日，北京市海淀区青龙桥菜站正式成立，当地菜商曾开会商讨对策并公开说"要斗一斗"菜站，[4]通过抢货源、高价收、低价卖的办法拉拢农民与供销社菜站竞争。例如，佟记菜商在菠菜紧俏时分三路到路口抢购农民的蔬菜或直接下地收购农民的蔬菜；当菜站运进大量蔬菜时，私商即扬言要降低价格，还公开说"打乱他们（菜站）的计划"；[5]菜站供应不足时，菜商就临时坐地起价，抬高价格。私商与菜站的价格竞争给菜站经营

1 《海淀区供销合作社关于青龙桥菜站初步整顿情况的报告》（1954年6月），海淀区档案馆藏，档案号：1-107-68-29。

2 《关于改进青龙桥菜站经营管理的几项办法》（1954年6月22日），海淀区档案馆藏，档案号：1-107-68-31。

3 《关于供销合作社青龙桥菜站存在的问题和解决意见》（1954年6月16日），海淀区档案馆藏，档案号：1-107-68-20。

4 《区委会关于海淀区供销合作社试办青龙桥菜站总结》，海淀区档案馆藏，档案号：1-107-68-32。

5 《海淀区供销合作社青龙桥菜站建立后的情况》，海淀区档案馆藏，档案号：1-107-68-50。

造成一定干扰。[1]

为了与私商竞争，青龙桥菜站在政府与国营商业的支持下，亦实行了卖价低于收购价的策略，[2]使很多私商自动退出市场，基本上控制了大部分蔬菜市场价格。私商难以随意操纵价格，而不得不把售价维持在与菜站大体上相同的水平，也有一部分坐商、菜贩主动地要求参加菜站工作，以维持生计。青龙桥菜站在开始时只经营4种蔬菜，两月后增至40余种；每日销货额亦由开始的200多万，到三周后达2000多万，占到青龙桥蔬菜市场的一半以上，[3]填补了私商退去之后蔬菜销售网络的不足之处。但是占领市场之后，供销社还面临着与菜农、蔬菜生产合作社、市民之间的关系调适。

供销社菜站与菜农、蔬菜生产合作社之间，在购销数量、购销时间、购销价格等方面存在一定分歧。蔬菜供销本具有其特殊之处，第一，蔬菜的季节性、时效性很强，腐烂、伤耗率高，尤其在保存条件不佳的情况下，收割、运输、批发、销售等环节都存在严格的时间限制，蔬菜价格存在"早晚时价不同"的情况。第二，蔬菜是生活必需品，替代性较低，蔬菜总体的购买量和消费量在正常情况下不会出现太大的波动，在需求量比较固定的情况下，供应量与供应效率会引起蔬菜价格的急速变化，而蔬菜价格的涨落又影响到菜农的生产，进而影响下一季蔬菜上市量和价格涨落。但供销社菜站在建立之初，并未全面掌握好蔬菜生产、收获、运输等方面的信息，使郊区菜农和蔬菜生产合作社产生不满。

---

1 《关于海淀区供销合作社青龙桥菜站存在的问题》，海淀区档案馆藏，档案号：1-107-68-43。

2 《关于供销合作社青龙桥菜站存在的问题和解决意见》（1954年6月16日），海淀区档案馆藏，档案号：1-107-68-22。

3 《海淀区供销合作社青龙桥菜站建立后的情况》，海淀区档案馆藏，档案号：1-107-68-50。

　　供销社菜站掌握主要市场后，又开始出现"低买高卖"现象。如在收购时，菜站存在要价还价和低买压价等现象，菜农反映菜站"像菜贩子一样，不像合作社作风"。[1] 而在销售时，菜站有时候亦赚取巨大的中间差价，如肖家河刘振清生产合作社反映，头一天菜站收购菠菜价格为每斤 150 元，第二天早晨就卖 250 元，一夜之间即有 100 元的差价。[2] "低买高卖"与中间差价过大，引起菜农和生产合作社的不满。加之部分菜站工作人员存在技术水平低、态度生硬等问题，[3] 使一部分菜农和生产合作社不愿把蔬菜供应给菜站，与菜站脱离，自谋销路。如蓝靛厂第二社送水萝卜，菜站收价仅 210 元，生产社则直接送至买菜单位卖价 250 元；[4] 海淀区大钟寺生产合作社认为菜站给的价低，就拉到西直门自己卖；有的甚至不遵守产销合同，将蔬菜仍然销往其他市场或卖给私商。

　　另外，菜站与消费者之间也存在分歧。主要体现在供销社菜站工作效率低，常出现供应不足的情况，购菜群众要排队等候很久，不能够满足消费者的需求，有的市民仍然需要到较远的阜成门、广安门等市场购买。[5] 其次，有的菜站采取小商人的做法，不销售大众所需的普通菜，而只经营少数人买的精细菜（如杨梅、杏、豆腐干、海蜇皮、粉皮等）。在价格方面，形成菜农、菜站

1 《供销合作社与农业生产合作社在执行蔬菜结合合同中存在的问题》，海淀区档案馆藏，档案号：1-107-68-46。

2 《关于海淀区供销合作社青龙桥菜站存在的问题》，海淀区档案馆藏，档案号：1-107-68-43。

3 《中共北京市委关于召开各区第一届人民代表大会第一次会议向中央的报告》（1954 年 9 月 8 日），《北京市重要文献选编（1954 年）》，第 568—569 页。

4 《关于供销合作社青龙桥菜站存在的问题和解决意见》（1954 年 6 月 16 日），海淀区档案馆藏，档案号：1-107-68-26。

5 《北京市人民政府财经委员会关于蔬菜供应情况及改善供应办法向市政府的报告》（1954 年 10 月 30 日），《北京市重要文献选编（1954 年）》，第 738—739 页。

与消费者三方互相埋怨的情况：生产社说菜站的价低，菜站说生产社送的菜不好，消费者反映菜站的菜不好且价贵，互相之间扯皮。[1] 此外，菜站自身的组织管理存在诸多混乱之处：第一，业务经营存在盲目性，有时候菜站无差别收购，甚至收购菜贩子的菜，秩序混乱，掌握不好销货计划，结果导致积压或脱销；第二，缺乏蔬菜管理技术，蔬菜保管不善，经常发生腐烂、变质情况，损耗问题严重；[2] 第三，会计工作不规范，账目混乱，多收少算等问题时常出现，菜站的账目难以厘清；[3] 第四，菜站工作制度不合理，工作无定时，工作时间很长，休息时间太短，无形中增加了职工的劳动强度，导致菜站病号不断，工作人员亦埋怨颇多；[4] 第五，组织分工不恰当，交易现场忙乱，菜农和市民大多习惯在早上交易，菜站需要同时收货卖货，而工作人员没有明确职责，临时乱抓，工作秩序混乱。

为改善经营和管理，海淀区供销社加强对菜站的调整和整顿，主要从以下几个方面来着手改进。首先，巩固与蔬菜生产者的联系，加强对货源的掌握，继续与蔬菜农业生产合作社、互助组及单干户建立联系，形成比较长期的、固定的业务关系。同时加强对菜站蔬菜价格的领导，要求由专人负责登记订菜计划和掌握价格，以收购价格为准来制定售价，并以三大菜市和菜蔬经理部的统一价格为基础，每晚和菜蔬经理部联系决定次日价格，以免价格忽高忽低和追逐高利润。其次，改善与消费者的关系，加强蔬

---

1 《海淀区供销合作社关于青龙桥菜站初步整顿情况的报告》（1954 年 6 月），海淀区档案馆藏，档案号：1-107-68-29。

2 《关于供销合作社青龙桥菜站存在的问题和解决意见》（1954 年 6 月 16 日），海淀区档案馆藏，档案号：1-107-68-23。

3 《供销合作社与农业生产合作社在执行蔬菜结合合同中存在的问题》，海淀区档案馆藏，档案号：1-107-68-46。

4 《关于海淀区供销合作社青龙桥菜站存在的问题》，海淀区档案馆藏，档案号：1-107-68-44。

菜销售计划的制订和执行，采取预先订货的方式，掌握主要用菜单位的蔬菜需求数量。再次，提高菜站在经营方面的业务水平，如加强会计工作，确定专人过秤提菜、专人开票、计算损耗，并确定经营范围，加强对运输环节的掌握，减少损耗与避免紊乱；加强对蔬菜摊点的卫生、陈列、保管、运输等管理工作。此外，也加强对供销社菜站人员的管理，要求其增强服务意识，并执行作息时间，建立轮休和值班制度。[1]

可以看到，供销社菜站的建立与经营亦并非一帆风顺，蔬菜的产销经营既需要处理好与私商的关系，还要处理好与菜农、生产合作社与市民之间的关系，更为关键的是要加强自身供销能力为消费者服务，还要克服管理经营中追逐利润、管理不善等问题。海淀区供销社在青龙桥等地菜站的建立与经营，作为基层菜站建设案例，为理解北京市蔬菜购销模式的转换提供了良好的观察视角。基层供销社在统购统销与"三大改造"进程中，逐步加强对蔬菜流通、销售的控制，在一定程度上减除了私商的"中间剥削"，为市民提供了相对稳定而便宜的蔬菜。

整体而言，这一时期供销社蔬菜站虽有所发展，但尚未从根本上转变北京市的蔬菜产销经营结构。市供销社的经营比重很小，蔬菜批发数量的80%仍掌握在私商手中。[2] 从北京市蔬菜批发与零售的物价指数统计表来看，以1950年为100，1953年北京市蔬菜批发物价指数为137.02，零售物价指数为143.01；1954年两项指数仍高达129.09和129.09。[3] 蔬菜价格总体涨幅较大，这

---

1 《关于改进青龙桥菜站经营管理的几项办法》（1954年6月22日），海淀区档案馆藏，档案号：1-107-68-31。

2 《北京市菜蔬公司关于改进蔬菜供应工作的意见（草稿）》（1956年10月16日），《北京档案史料》2014年第1辑，第176页。

3 《关于物价工作上几个问题的报告》（1956年9月30日），《北京档案史料》2014年第1辑，第162页。

表明供销社菜站对整体蔬菜价格的影响力仍然比较小。至 1954
年秋季，北京市蔬菜供求关系再次紧张，推动北京市政府再次从
整体上加强对蔬菜市场的统一管理，并进一步构建新的蔬菜产销
制度，以满足市民的社会需求以及首都城市建设发展的需求。

三 蔬菜市场统一管理与统购包销制度的形成（1954—1956）

1954 年秋季，北京市蔬菜供应再次紧张。从客观因素来看，
一方面是受雨季影响，蔬菜减产，供应量下降；另一方面北京
在 9、10 两月面临着接踵而来的全国人民代表大会、中秋节和
国庆节等节庆活动，社会需求与国家需求层面都要求增加蔬菜
供应，客观上存在供不应求的问题。从主观因素来看，私商与
农民在供求关系紧张时追求高价，有的农业合作社也不执行与
供销社签订的产销合同，而高价卖与私商，使蔬菜价格高涨，
企业、机关等集体伙食单位与商贩争先抢购。为了稳定菜价，
北京市商业部门与供销社一方面在内蒙古、河北等地加紧采购，
解决货源不足的问题，另一方面加强对市内蔬菜产供销的管理
与组织。北京市委农村工作委员会要求各区区委、各乡支部和
政府驻社工作组立即组织干部力量，在菜区动员一切力量，想
尽一切办法，挖掘生产潜力，增产短期蔬菜，保证首都 300 万
人民的正常供应和节日需要。[1]

与此同时，从 1954 年 8 月开始，北京市开始对全市蔬菜市
场实行统一管理，即由北京市供销社菜蔬公司经理部接管全市 30

---

1 《关于增加蔬菜生产供应首都紧急需要的通知》（1954 年 9 月 1 日），海淀区档案馆藏，
  档案号：1-107-68-36。

多户居间的私营批发菜行，对城郊 18 个蔬菜批发市场实行统一管理。对不必要的临时菜市如南苑区的吕营、十八里店和东郊的广渠门加以取缔和调整，以遏止自由市场的继续发展和蔬菜乱流等现象。统一管理全市蔬菜批发业务后，不论农业生产合作社或个体农民上市的蔬菜，不分批发与零售，一律由合作社菜站收购或代为介绍成交；对企业、机关等集体伙食单位则实行凭证定点供应，统一规定市场批发价格，禁止场外交易。[1] 在进行有计划的定点分配供应工作外，也给予私商代销一定的比例，按机关团体 60% 和私人商贩 40% 的比例分配份额，规定私商由供销社统一供应菜源，对蔬菜经营实行统一调剂供应。在统一管理交易市场的同时，供销社还加强对蔬菜价格的掌握，在地区差价方面，规定按运费加损耗计算，一般不应超过 10%，以刺激农民生产和吸引其到大市场出售；在批零差价率方面，规定合作社零售店与私商为 15%—20%，摊贩为 15%—25%，以给予贩运者一定利润。[2]

在对蔬菜购销市场进行统一管理的同时，北京市供销社也加强与京郊菜农及生产合作社在产销业务上的联系，签订蔬菜两种"产销结合合同"，一种是"随市价包销"，即根据当日市场价格，由供销社收购包销；另一种是"定价包销"，即无论市场价格高低，均按双方议定的价格，由供销社收购包销。产销结合方式在保证郊区蔬菜生产合作社与菜农利益的基础上，有利于供销社进一步掌握蔬菜货源。产销结合合同使京郊蔬菜生产与购销模式开始发生结构性的变化，在生产方式上，蔬菜生产合作化进程加快，政府与供销社进一步根据城市发展所需指导郊区蔬菜生产与

1　《北京市菜蔬公司关于改进蔬菜供应工作的意见（草稿）》（1956 年 10 月 16 日），《北京档案史料》2014 年第 1 辑，第 176 页。

2　《市社拟定的对本市蔬菜供应的几项措施意见》（1954 年 9 月），海淀区档案馆藏，档案号：1-107-68-40。

发展。在购销方式上，供销社联结蔬菜生产者与消费者，减少中间流通环节，有利于克服市场的盲目性和波动性，进一步实现蔬菜产销的社会分工。[1]

但北京市在 1954 年 8—9 月对蔬菜市场实行统一管理的过程中，也出现了一些新的问题。一方面是来自蔬菜商贩的反对与质疑，由于供销社限定菜商的公营比例，并对商贩采取分菜办法，首先分给小菜贩，较大菜贩次之，坐商后给，这导致一些私商对分菜"斤斤计较"甚至"大吵大闹"。[2]但更多的问题来自供销社自身制度与经营管理方面，在对蔬菜市场实行统一管理与统一经营后，供销社需统一管理的蔬菜量大为增长，同时也直接面临大量用菜单位和市民的需求。但在蔬菜上市量不足、供销社工作效率低的情况下，供销社难以满足巨大的市场需求，出现市民排队等着买菜、拥挤不堪等问题；很多机关、部队反映发生互相争夺抢购或无限制购买等问题，使蔬菜供求关系仍然十分紧张。

而蔬菜的产销又具有极强的季节性，供求关系也变化迅速。1954 年 10 月大白菜、洋白菜等大量上市后，蔬菜供应开始进入旺季，农民急于出售，按照统一管理规定，合作社菜站不得不大量收购，导致供过于求，烂在菜站的蔬菜变多。为了改善此种情况，在统一管理蔬菜市场和禁止场外批发交易的基础上，供销社适当调整了菜站统一收购与分配的方式，允许个体农民在统一市场成交外实行自销与零售。但到 1955 年 3 月蔬菜供应淡季时，又出现供不应求与抢购现象，许多流动菜贩不能维持，而个体农民的蔬菜高价外流，有些农业社不愿执行蔬菜产销结合合同。对此，供销社将流动菜贩逐步组织起来成为联购分销组，以保障蔬

---

1 《中共北京市委农村工作委员会关于推行蔬菜产销结合合同情况的报告》（1954 年 8 月），
　《北京市重要文献选编（1954 年）》，第 538—541 页。

2 《海淀区蔬菜市场情况及存在问题》，海淀区档案馆藏，档案号：1-107-68-19。

菜市场的稳定。[1]

1955 年 5 月，北京市供销合作总社菜蔬经理部改组成为专门的国营菜蔬公司，进一步加强国营力量对蔬菜产供销链条的管理。国营菜蔬公司成立后，一方面加强对蔬菜价格的调控与议价，在贯彻稳定蔬菜价格精神的基础上，根据农业生产成本、历史同期价格及市场供求情况，采取多次、小幅调节价格的方法。[2]另一方面加强对蔬菜产销环节的管理。首先是加强蔬菜生产与批发环节的联系。1955 年，中央要求"菜区的农业合作化运动发展的速度应该较一般地区快些"，[3]北京市郊区农业生产合作化进程不断加快，据北京市委向中央的报告，1955 年郊区菜农入社户数已达 62%。针对大量组织起来的蔬菜生产合作社，1955 年北京市菜蔬公司在批发环节中采取了"自营"和"代销"两种形式，即对郊区已经组织起来的 62% 的菜农所生产的蔬菜由公司签订合同收购，由公司全部"包销"与"自营"；其余 38% 的个体菜农所生产的蔬菜则由其自行到市场上出售，公司代为居间介绍，由菜蔬公司进行"代销"。[4]

在蔬菜零售方面，1955 年北京市亦加快了对私商改造的速度。1955 年北京市尚存的私商菜贩几乎都是小本经营，他们的资金"多者三四十元，少者只有三五元"，由于资金少，缺乏周转能力，都是当天进货当天卖出，经营地区也很分散，一部分菜贩用自行

---

1 《北京市菜蔬公司关于改进蔬菜供应工作的意见（草稿）》（1956 年 10 月 16 日），《北京档案史料》2014 年第 1 辑，第 176 页。

2 《关于物价工作上几个问题的报告》（1956 年 9 月 30 日），《北京档案史料》2014 年第 1 辑，第 162 页。

3 《中共北京市委关于郊区农业合作化运动向中央的报告》（1955 年 9 月 30 日），《北京市重要文献选编（1955 年）》，中国档案出版社，2003，第 680 页。

4 《关于北京市菜蔬供应工作的检查报告》（1956 年 9 月 26 日），《北京档案史料》2014 年第 1 辑，第 169 页。

车驮运到城内西单、西四沿街叫卖，另一部分菜贩以挑担或用手推车在本区串街出售。很多商贩家庭人口多、生活负担大，蔬菜售卖为维持家庭生计的主要谋生手段之一。他们已无力对蔬菜行业有大的干扰，但分布十分分散，且依然习惯根据市场供求变化来灵活调整价格，这对于市场统一管理是不利的。根据国营菜蔬公司与供销合作社的分工，供销合作社致力于改造零售私商与进一步扩大蔬菜零售网。[1]供销社对蔬菜业私商进行改造的重要方式为组织小商小贩加入合作小组，进而组织公私合营。[2]

供销社改造菜贩主要分为三步：第一，与菜站及摊贩取得联系，深入各户了解情况，从点到面，争取他们的支持与协助，摸清底细，为开展组织工作奠定基础；第二，通过乡政府召集菜贩开会，讲明组织起来的好处，启发小商小贩的阶级觉悟，提高他们组织起来的信心；第三，在商贩中推选组长，并帮助他们订立小组公约和制度，要求私商服从市场管理，不欺骗消费者，听从组长领导，互相帮助。[3]通过思想教育和政策教育，对积极分子进行适当教育和培养，不断提高小商贩的觉悟，巩固集体经营信心和改进业务。1955 年下半年，北京市蔬菜零售领域的私商改造发展较快，蔬菜零售业务的合作化与计划性也得以快速提升。

1955 年下半年，在全国合作化高潮到来之际，彭真在北京市第一届人民代表大会第三次会议上，提到"要稳定菜价，保证菜价不但不涨，而且要适当降低"，并要求进一步管理蔬菜市场

---

1 《海淀区供销合作社 1954 年发展零售网工作总结》（1954 年 12 月 4 日），海淀区档案馆藏，档案号：48-101-62-19。

2 《北京市海淀区供销合作社 1955 年下半年私商改造计划》（1955 年 6 月 2 日），海淀区档案馆藏，档案号：48-101-82-35。

3 《海淀区供销合作社组织菜贩经营小组的几点体验》（1955 年 9 月 26 日），海淀区档案馆藏，档案号：1-107-136-57。

和加强蔬菜供销的计划性。[1]1955 年底，为了进一步保障供应与
稳定菜价，北京市进一步调整蔬菜产销制度及运营模式，决定从
1956 年 1 月开始对全市蔬菜实行"统购包销"的政策。统购包
销的主要内容即由国营菜蔬公司按生产计划与国营农场、生产合
作社乃至个体菜农签订收购合同，菜蔬公司对蔬菜实行统一收购
与调拨，蔬菜价格由公司统一制定，经过其所设菜站（主要是广
安门等 4 个大菜站，14 个小菜站和 2 个供应站）统一批销给部队、
机关、学校和公私零售单位。[2]

　　1956 年 1 月，北京市宣布实现郊区农业合作化，蔬菜生产的
合作化与计划性进一步加强。北京市农林水利局下达全市蔬菜生
产的全年计划指标，分为春播、夏播、秋播三大类别，并严格规
定了上市品种、上市时间和上市量。1956 年 1 月，北京市调整
商业部门，北京市菜蔬公司作为北京市第三商业局下属部门，进
一步加强执行蔬菜的统购统销业务。[3]随着资本主义工商业的社会
主义改造宣布完成，经营蔬菜的小商小贩也从联购联销向公私合
营发展。整体而言，京郊的全部蔬菜都应由国营菜蔬公司包购包
销，将蔬菜统一收购后再统一分配到零售环节，并在零售环节加
强公私合营。

　　"三大改造"完成后，北京市蔬菜产销的计划性也得到进一步
强化，蔬菜的总产量与商品菜上市量逐年增加。[4]据统计，1955
年京郊蔬菜复种面积已达 19 万多亩，较 1949 年增加两倍；蔬

1　彭真：《在北京市第一届人民代表大会第三次会议上的发言》（1955 年 9 月 21 日），《北京
　　市重要文献选编（1955 年）》，第 669 页。

2　《关于北京市 1956 年蔬菜产、销工作中几个问题的报告》（1956 年 9 月 29 日），《北京档
　　案史料》2014 年第 1 辑，第 152 页。

3　孟文科：《蔬菜统购包销与农民生产行为的调整——以北京市为中心的考察》，《农业考古》
　　2015 年第 4 期。

4　《北京郊区蔬菜生产发展情况》，《中国农业全书·北京卷》，第 131 页。

新中国成立初期北京市蔬菜产销制度的建立与调整（1949—1956）

菜总产量达 8.5 亿斤，比 1949 年增加七倍多。[1]1955 年实际供应蔬菜量达到 5.6 亿斤，1956 年预计供应 6.8 亿斤。[2] 在价格控制上，根据菜蔬公司统计，1955 年有 17 种蔬菜价格较 1954 年下降了 13.45%；1956 年 1—8 月，蔬菜价格较 1955 年同期下降了 4.58%。[3] 蔬菜统购包销制度对于打击私商投机、稳定菜价、保障供应、扶持农业生产、促进农业合作化的发展起了很大的作用，为首都的建设与发展提供了保障。但同时，蔬菜市场的统一经营与计划管理中，仍然面临着如何克服市场供需紧张、购销环节过多、蔬菜质量下降等问题。[4] 在 1956 年，北京市监察部、北京市商业局等多部门仍然在不断反思蔬菜产供销各环节存在的问题，以促进首都蔬菜供应与消费的合理发展。

结　语

蔬菜供应关乎城市居民生活与社会稳定。新中国成立初期，服务市民、保障首都始终是北京市蔬菜产销制度的调整与建设的基本目标。北京市蔬菜产销关系的调整，首先从改造私营菜行与批发业展开，随即通过推动郊区蔬菜生产的合作化和产销合同的计划化，增强蔬菜供应的计划性；在"三大改造"中，国营菜蔬

---

1 《北京市菜蔬公司关于改进蔬菜供应工作的意见（草稿）》（1956 年 10 月 16 日），《北京档案史料》2014 年第 1 辑，第 175 页。

2 《关于北京市蔬菜供应工作的检查报告》（1956 年 9 月 26 日），《北京档案史料》2014 年第 1 辑，第 169 页。

3 《关于物价工作上几个问题的报告》（1956 年 9 月 30 日），《北京档案史料》2014 年第 1 辑，第 162 页。

4 《北京市第三商业局关于改进本市蔬菜供应工作的意见》（1956 年 8 月 29 日），《北京档案史料》2014 年第 1 辑，第 148 页。

公司与供销社加强对市区蔬菜零售商与小商小贩的改造，并建立起基层蔬菜菜站，取代原来私商经营的销售网络。随着国家计划经济制度与工业化建设的加强，北京市进一步调整蔬菜产销模式，并构建起统购包销的蔬菜产销制度。可以看到，北京市蔬菜产销制度的调整与统合过程不是一蹴而就和单线条的，而是随着国家经济策略、政治运动发展而变迁的。在蔬菜市场调整和统合的过程中，蔬菜生产、流通、销售与消费各环节互相关联，供销社菜站、私商、生产社、菜农、市民等不同主体之间亦存在一定的竞争与博弈关系。

在北京蔬菜业的调整过程中，既能看到国家与政府的宏观目标，也能观察到菜农、市民的日常生活，亦能看到中间经营蔬菜业务的国营商业、供销社、商贩的摩擦及斗争。这也促使国合蔬菜经营与管理部门必须协调好蔬菜生产、供应、消费各个链条和网络中的供求平衡，并不断从实际出发、从市场供需关系出发，有步骤有计划地调整公私关系与产销关系。因此，对于零售领域蔬菜商贩的改造与管理，北京市采取了适度让步与合作的方式，从保留一部分蔬菜零售商和散户对市场的供应、照顾菜商的利益及其日常生活的维持，再到逐渐加强计划管理与改造。在国合部门加强对蔬菜市场的统一管理过程中，还不断面临着如何按照市场规律与供求关系来适当调整购销政策与价格政策的问题，以保障蔬菜供销稳定与价格平稳，而这成为北京市在整个计划经济阶段需要不断解决的问题。

政治文化

新中国成立初期天安门广场与北京礼仪空间的重塑

唐仕春 *

摘　要：1949 年中华人民共和国成立之时的开国大典，以及其后的国庆、"五一"节等典礼活动重塑了天安门广场礼仪空间格局。空间的区隔与融合交织，使党政领导与民众形成新的礼仪关系，达成对新中国的认同。有物有人、有形有声的空间元素丰富了天安门广场礼仪空间内涵。天安门广场礼仪空间所塑造的礼仪文化具有多重属性。它强化了对中华人民共和国的认同，强化了对中国革命和革命领袖的认同，强化了对社会主义制度与社会主义阵营的认同；将国际与国内的形势，中国的政策方针融入典礼，通过现场展示与感受，通过报纸、广播等传媒，典礼为解决诸多现实问题提供了空间。

关键词：新中国成立初期　天安门广场　礼仪空间　北京城

　　礼制在中国的国家与社会生活中占据着核心地位。中国自周代便开始建立相对完备的礼仪制度。依据礼制举行的礼仪活动往往离不开礼器、礼仪建筑等"器物"。礼仪活动又是由具有各种身份与扮演各种角色的人来实施，"器物"与人的活动共同构成礼仪活动的空间。当人们聚集在特定礼仪空间举行各种仪式的时

---

*　唐仕春，中国社会科学院大学、中国社会科学院近代史研究所社会史研究中心研究员。

候，会产生某种不同于个人独处的特殊效应。以礼仪建筑为中心的礼仪空间不仅推动礼仪活动的进行，而且影响礼仪活动的效果，形成独特的空间政治。明清时期，北京是国家礼仪空间的中心。中华人民共和国成立后，北京的礼仪空间在新的政治理念下得到重塑。

侯仁之、吴良镛在 20 世纪 70 年代末对中华人民共和国成立后北京城市空间进行研究即指出，天安门广场经历了从宫廷广场到人民广场的演变。[1] 之后 20 年相关研究比较沉寂。进入 21 世纪之后，一些学者将北京城市空间研究推到新的高度。侯仁之等对当代北京城市空间研究为本文的研究提供了参考与线索。对民国时期北京礼仪空间的研究则可以观察到明清到当代的过渡。赖德霖的《民国礼制建筑与中山纪念》指出，进入民国后，一些传统礼制建筑被继续使用以服务于现实的政治和文化的需要，但其大部分都失去了原有功能，许多被改造甚至被摧毁，取而代之的是服务于新的社会的新礼制建筑和纪念物。[2] 王谦立足于文化研究的视野，以帝都、国都、故都的身份变化为节点，梳理了保守的政治制度、传统的文化观念与现代化两股力量在近代北京的碰撞过程及其对城市空间结构的影响。[3]

侯仁之等注意到了当代北京城市空间的政治属性，但尚未将北京城作为礼仪空间进行专门论述，他们观察的时段重点在1958 年人民英雄纪念碑的建成和 1959 年为庆祝国庆十周年落成的十大建筑，对建国初期北京礼仪空间的研究不足。当代北京

1　侯仁之、吴良镛：《天安门广场礼赞——从宫廷广场到人民广场的演变和改造》，《文物》1977 年第 9 期。

2　赖德霖：《民国礼制建筑与中山纪念》，中国建筑工业出版社，2012。

3　王谦：《帝都，国都，故都：近代北京的空间变迁与文化表征（1898－1937）》，中国社会科学出版社，2022。

城的国家礼仪空间涉及天安门广场、劳动人民文化宫、中山公园、北京火车站与机场、北京市革命公墓等。本文以开国大典、国庆、"五一"节等典礼活动为切入点，讨论 1949 年中华人民共和国成立之后，天安门广场礼仪空间格局及其内部元素发生了怎样的变迁，以及新的国家政权如何借助礼仪空间进行礼制体系的重塑。

一　礼仪空间格局的改造

明、清时期，天安门是皇城的正门。在国家礼仪体系中，太和殿、中和殿、保和殿最为核心；天安门与大清门、长安左门、长安右门构成的礼仪空间（有人称为"T"或"丁"字形广场）并非核心，但也占一席之地。朝廷的诸多仪式或在天安门进行，或途经天安门。皇帝登极、亲政等诏书在天安门楼高台宣读，由金凤口中衔下，称为"金凤颁诏"。举行命将、出征、献俘、受俘等仪式时天安门是整个礼仪空间的一个部分。康熙三十五年，皇帝亲征噶尔丹，出军之日，遣官于天安门外祭告路神。谢恩等仪式中，有时部分官员在天安门外桥南行礼。每年举行郊祀，耕耤等仪式时，不陪祀文武各官在天安门外迎送皇帝。

明清时期，北京作为都城修建了大量专门的礼仪建筑。清朝吉、嘉、军、宾、凶五礼中，与礼仪建筑关系较密切的是吉、凶之礼。吉礼主要是对天神、地祇、人鬼的祭祀典礼，对应的建筑有崇奉天地神祇的坛庙、祭拜先人和英贤的庙与祠堂。凶礼以丧葬为主，对应的建筑有埋葬帝王与公卿的陵墓等。清初定制，祭有大、中、群祀三等：圜丘、方泽、祈谷为大祀；天神、地祇、太岁、朝日、夕月、历代帝王、先师、先农为中祀；先医等庙，贤良、昭忠等祀为群祀。乾隆时，改常雩为大祀，先蚕为中祀。咸丰时，改关圣、文昌为中祀。光绪末，改先师孔子为大祀。北京的礼制建筑主要有太庙、社稷坛、历代帝王庙、天坛、地坛、日坛、月坛、先蚕坛、先农坛、孔庙等。相对于这些专门的礼制建筑，天安门广场在礼制体系中的地位并不十分突出。

清朝灭亡，民国建立，中国的礼仪制度发生了根本性改变，北京礼仪建筑的命运亦随之而变。绝大多数礼仪建筑失去旧有功能，或作他用，或废弃。仅有少数礼仪建筑延续部分礼仪功能。民国建立后，天安门地区打破封闭状况，广大民众能够前往天安门参加诸多活动。少量礼仪活动在天安门前举行。如1925年3月19日，孙中山灵柩由协和医院移至中央公园，北京各界群众在天安门前恭送。

一些游行示威抗议活动在天安门举行，天安门成了抗议的中心之一，使礼仪空间的性质弱化。如1919年5月4日，北京学生数千人在天安门前集会讲演，会后举行示威游行。1919年12月，北京各界十万余人先后在天安门前举行大会，声讨日本帝国主义残害福州人民的暴行。1922年10月10日，北京七十多团体一万余人在天安门前举行国民裁兵大会。1925年6月3日，北京百余校学生及社会各界在天安门集会，声讨英、日帝国主义在上海制造五卅惨案，杀害中国工人的罪行。1947年5月20日，北平大中学生在天安门举行"反内战反饥饿"游行示威活动。

1949年初，北平和平解放。此后，中共即在北平举行了一系列纪念、庆祝活动。天安门广场的礼仪活动增加。1949年2月7日，在天安门前举行纪念二七大罢工活动。1949年2月12日，在天安门广场举行庆祝北平和平解放大会。1949年7月7日，北平各界在天安门前集会，纪念七七事变12周年，并庆祝新政治协商会议筹备委员会成立。毛泽东、周恩来、朱德等参加了集会，彭真在会上讲话。这是毛泽东第一次登上天安门城楼。1949年9月30日，人民英雄纪念碑奠基典礼在天安门广场举行。

1949 年 10 月 1 日，中华人民共和国成立，北京礼仪空间
又一次大变，或依托旧有礼仪建筑，或新建礼仪建筑，北京的礼
仪空间格局得以重塑。劳动人民文化宫、中山公园、北京火车站
与机场、北京市革命公墓等承担了部分礼仪空间的职能。庆祝中
华人民共和国中央人民政府成立典礼（开国大典）在天安门广场
隆重举行。举行开国大典之后，天安门广场上经常举行重大的典
礼，包括新中国成立初期每年都在此举行的"五一"劳动节和国
庆的庆典。开国大典、"五一"劳动节和国庆等典礼是中华人民
共和国最重要的典礼。天安门广场成为举办重大典礼的空间，在
北京礼仪空间格局中占据中心位置。

天安门广场庆典的物理空间经常发生变化。1950 年国庆节
前夕，将天安门城楼前的华表和石狮子向北移动，并在天安门前
的筒子河两岸建筑了四个观礼台。[1]1952 年拆除东西长安门，天
安门广场进一步从比较封闭的状况发展为开放的空间。1958 年
人民英雄纪念碑建成。1959 年人民大会堂、中国革命博物馆和
中国历史博物馆建成，天安门广场的空间格局大体定型。侯仁之
称，扩建后的天安门广场在整个首都的城市规划中，已经成为平
面布局的中心，占据了全城中最重要的地位。对比之下，紫禁城
这个在旧日突出于全城中轴线上的古建筑群，则已经退居到类似
广场"后院"的次要地位。[2]侯先生是从城市规划的角度观察北京
的格局，着眼点在 1958 年、1959 年天安门广场的扩建。就礼仪
空间而言，1959 年天安门广场扩建完成之前，新中国的开国大
典等典礼便已经重塑了北京礼仪空间，天安门广场逐渐成为北京
和全中国礼仪空间的中心。

---

1 萧路:《迎接国庆节天安门修建工程全部完工》,《光明日报》1951 年 9 月 27 日, 第 2 版。
2 侯仁之、吴良镛:《天安门广场礼赞——从宫廷广场到人民广场的演变和改造》,《文物》
  1977 年第 9 期。

天安门广场不仅作为一个整体改变了北京乃至全国礼仪空间格局，而且其内部格局也出现了新变化。天安门广场内部格局大体可以分为四个区域：天安门城楼、观礼台、长安街与南部广场。分布在四个区域的群体与活动共同构建了新的礼仪空间。

清代很少在天安门城楼上举行礼仪活动。中华人民共和国成立之后，天安门城楼通常作为国庆等典礼的主席台、检阅台。典礼时，登上天安门城楼的有中央人民政府、军队、人民政协、各民主党派和各人民团体的主要领导。如 1952 年国庆典礼，天安门城楼上有中央人民政府主席毛泽东，副主席朱德、宋庆龄、李济深、张澜，秘书长林伯渠，政务院总理周恩来、副总理董必武、陈云、郭沫若、黄炎培、邓小平，人民革命军事委员会代总参谋长聂荣臻，最高人民法院院长沈钧儒，中国人民政治协商会议全国委员会副主席陈叔通，北京市人民政府市长彭真。在检阅台上的还有中央人民政府委员、政务委员，各委、部、会、院、署、行首长，中国人民解放军陆空海军首长，人民政协全国委员会在京常务委员，各民主党派和各人民团体的负责人。[1] 其他各次国庆等典礼，登上天安门城楼的人员身份大体与此相似。

有时国外重要贵宾也被邀请在天安门城楼上观礼。1954 年国庆典礼，在检阅台上的外宾较多，有苏维埃社会主义共和国联盟政府代表团团长尼·赫鲁晓夫，团员尼·布尔加宁、阿·米高扬、尼·什维尔尼克，波兰人民共和国政府代表团团长波·贝鲁特，朝鲜民主主义人民共和国政府代表团团长金日成元帅，罗马尼亚人民共和国政府代表团团长格·阿波斯托尔，团员彼·格罗查博士，蒙古人民共和国政府代表团团长扎·桑布，捷克斯洛伐克共和国政府代表团团长瓦·柯别茨基，匈牙利人民共和国政

府代表团团长安·赫格居斯，德意志民主共和国政府代表团团
长洛·博尔茨博士，保加利亚人民共和国政府代表团团长拉·达
米扬诺夫，越南民主共和国政府代表团团长黄明鉴，阿尔巴尼亚
人民共和国政府代表团团长贝·什图拉。[1] 上述外宾为该国重要领
导人或高级官员。这是国庆五周年典礼，所以在天安门城楼上观
礼的外宾较多，普通年份的庆典在此观礼的外宾并不多。外宾基
本上是社会主义阵营各国以及与中国友好国家的领导人。

开国大典时在天安门城楼下搭建了临时观礼台。观礼台分贵
宾台和普通观礼台。1950 年，在天安门前新添了观礼台。天安
门前玉带河北岸的两座贵宾看台由砖墙、木梁、地板造成。墙内
粉饰为乳黄色，墙外涂成垩白。地板分级造成，并油饰为棕色。
每座可容五百人。玉带河南岸的两座普通看台比贵宾台略低一公
尺，四周围以砖墙，内外粉饰成和贵宾台一样的色彩，每座可容
二千五百人。贵宾台的四周装饰红绿锦绸，普通台装饰红色锦
绸。[2] 1951 年在天安门楼前，筒子河北岸两个红色的贵宾观礼台
向东西延伸；筒子河南岸淡蓝色的普通观礼台，由原来的两个增
加到六个。改修筑后的观礼台可以容纳近万人。[3] 1954 年用钢筋
水泥改建了观礼台。

天安门城楼上是出席典礼的党和国家领导人。观礼台的中方
贵宾有各个机关和团体的领导干部，其级别在天安门城楼上的领
导人之下，范围更为宽泛。大量为社会做出贡献、获得各种荣誉
的人员被邀请登上观礼台。另外还有各方面观礼代表团。如 1952
年国庆典礼时，在观礼台上有来自全国各地的工业、农业、水利
工程和铁道工程中的劳动模范、优秀的工程技术人员和模范工作

1 《首都举行盛大阅兵式和群众游行》，《光明日报》1954 年 10 月 3 日，第 1 版。

2 丁汇川：《伟大壮丽的天安门广场》，《光明日报》1950 年 9 月 29 日，第 4 版。

3 萧路：《迎接国庆节天安门修建工程全部完工》，《光明日报》1951 年 9 月 27 日，第 2 版。

者；中央和北京市各机关团体的领导干部，大学校长、教授和优秀的文艺工作者；西藏致敬团和昌都、内蒙古、西南、西北、中南、东北、华东、华北各民族国庆节观礼代表团；朝鲜、印度、印尼和缅甸华侨回国观光团以及马来亚归国难侨的代表。中国人民志愿军国庆节观礼代表团是新增加的贵宾。其他各次典礼在观礼台上的人员身份大体与此类似。

观礼台上的外宾有各国驻华使节、各国使馆外交人员、谈判代表以及各个国家与组织的代表团。每逢"五一"劳动节和国庆节，中国经常邀请外国观礼代表团到天安门观礼台参加庆典。1952年国庆典礼时，观礼的外宾有蒙古人民共和国政府代表团、捷克斯洛伐克"维特·尼耶德利军队文艺工作团"、罗马尼亚人民共和国部队歌舞团、缅甸土地改革参观团、锡兰贸易代表团；出席亚洲及太平洋区域和平会议的各国代表团的代表；列席亚洲及太平洋区域和平会议的特邀人士和各国际组织的代表；在北京的英中友好协会访问团、冰岛访华代表团、法国青年代表团的全体成员。观礼的外宾还有应邀前来帮助中国进行建设的苏联专家、北京苏联红十字医院院长和医师们。[1]1955年国庆典礼，观礼台上有应邀前来中国观礼的和正在北京访问的五十多个国家的两千多位外宾。参加观礼的共有一万二千多人，观礼台上的外宾占比约六分之一。

在庆典时，天安门南部广场上通常由少年儿童队员、首都各机关工作人员组成方阵。如1952年"五一"节庆典，面对着天安门城楼和观礼台的南部广场，整齐地排列着一万五千名少年儿童队员，在他们后面是首都各机关工作人员的庞大队伍。少年儿童队员们一律穿着白色的上衣，系着红领巾，手里拿着各色的花朵。机关的女工作人员穿上了鲜艳的节日的盛装。在无数的红旗

---

1 《首都昨隆重举行庆祝国庆典礼》，《光明日报》1952年10月2日，第1版。

下面，他们不停地欢呼、歌唱、鼓掌。[1]

天安门城楼与南部广场之间的东西向区域（长安街的一部分），在典礼时供阅兵队伍与游行队伍集结经过。军人，仪仗队，少年先锋队，各行各业的工人，农民，机关干部，城区市民，工商界代表，学生，文艺大队，体育大队等在这片空间活动。每次庆典参加游行的群众都有数十万人。

明清时期，天安门广场举行礼仪活动，参加者是官员。中华人民共和国成立初期，广大人民群众成为典礼的参与者。《共同纲领》规定了中华人民共和国是以工人阶级为领导的，以工农联盟为基础的，团结各民主阶级和国内各民族的人民民主专政的国家。工人、农民等参加天安门广场的庆典游行，表明人民成为新社会新国家的主人。

虽然不同身份的群体分布在四大区域，不过典礼进行过程中，各个区域之间时有互动。游行群众走过观礼台、检阅台时，不断向贵宾们招手致意，欢呼口号，贵宾们也向游行群众招手致意。互动的高潮发生在游行队伍全部通过主席台时，群众涌向天安门城楼，城楼上的领导人对广场上的群众和观礼台上的嘉宾致意。如1953年"五一"劳动节庆典，广场南边和两翼的二万八千名少年儿童队员和广场上的机关工作人员涌向天安门，向毛主席欢呼。毛主席走到天安门城楼前沿的东部和西部，向观礼台上的外宾、战斗英雄、劳动模范们和其他方面的观礼代表以及广场上的机关工作人员们招手致意。人们向空中抛掷花朵。礼花齐放，在高空交织成一幅瑰丽的图画。"毛主席万岁"的欢呼声经久不息。[2] 这样的情景成为"五一"劳动节和国庆庆典的传统。

---

1 《毛主席检阅五十万雄壮的人民队伍》，《光明日报》1952年5月3日，第1版。
2 《首都举行五一节庆祝游行大会》，《人民日报》1953年5月3日，第1版。

典礼中各个区域的互动使天安门广场不同区域的人们之间消除了界限，领袖与群众融合在一起。媒体注意到，"学生们和毛主席距离得这样近，以致呼声相应和，他们的心更和毛主席的心连在一起！"[1]"沸腾的群众沉浸在和敬爱的领袖在一起的光荣幸福的感觉之中，久久不愿离开广场。"[2]典礼中迸发的情感进一步升华为共同的信念："同党和领袖在一起的光荣幸福的感觉，使人民坚信，我们的目的一定能够达到。人们保证以创造性的劳动，将我国建设成为一个伟大的社会主义共和国。"[3]

二　礼仪空间元素的重组

中华人民共和国成立初期，天安门广场上举行典礼时，国旗、国徽、画像、标语、图标、模型、口号与歌曲等元素组合在一起，完全改变了明清时期天安门礼仪空间元素，而且使天安门广场由平时状态转为典礼空间。

1949 年 9 月下旬，中国人民政治协商会议第一届全体会议通过决议，中华人民共和国的国旗为五星红旗，象征中国革命人民大团结。1949 年开国典礼前夕，将天安门广场南部的树木和花池除去，在广场北部中间新建了新中国国旗台，竖起了第一根高 22 米的电动国旗杆。开国大典时，中华人民共和国主席、人民领袖毛泽东亲手升起了象征着人民真正做了国家主人的新的国旗，向世界"宣告中华人民共和国中央人民政府的成立"。[4]天安

1　金凤：《毛主席检阅学生的队伍》，《人民日报》1949 年 10 月 2 日，第 4 版。

2　《首都举行庆祝"五一"节游行大会》，《人民日报》1954 年 5 月 3 日，第 1 版。

3　《首都举行盛大的阅兵式和群众游行》，《人民日报》1955 年 10 月 2 日，第 1 版。

4　《胜利的国旗升起来了！》，《光明日报》1949 年 10 月 2 日，第 4 版。

门广场上升国旗成为典礼空间的视觉焦点，也经常出现在《人民日报》等媒体关于"五一"劳动节与国庆庆典的报道中。

中国人民政治协商会议第一届全体会议期间，国徽未征得理想方案，开国大典时天安门城楼上无国徽。1950 年 9 月 20 日，毛泽东主席公布中华人民共和国国徽。这是第一个出现了国徽的国庆节庆典，"高高装置在天安门楼顶上的国徽，庄严美丽，发出鲜艳的红色和灿烂的金光"。[1] 由于时间紧，这是一枚木质国徽。1951 年 5 月 1 日，金属国徽正式悬挂在天安门城楼上。国徽的内容为五星、天安门、齿轮和谷穗，象征中国人民自"五四"运动以来的新民主主义革命斗争的胜利和工人阶级领导的以工农联盟为基础的人民民主专政的新中国的诞生。国徽成为天安门广场上国庆等庆典礼仪空间的一个组成部分。

庆典时，天安门城楼前高悬毛主席巨幅画像，画像两旁镶嵌着标语。每年国庆天安门城楼前的毛主席画像都要更换一次，其版本几经变化。新中国成立初期，每逢"五一""十一"节日时，城楼正中悬挂毛主席画像。1950 年"五一"庆典起，天安门广场开始悬挂马克思、恩格斯、列宁、斯大林的画像；1956 年国庆节庆典起，天安门广场正南开始挂孙中山的画像。

1950 年 5 月 1 日，首都北京以二十余万人的盛大游行庆祝中华人民共和国成立后的第一个国际劳动节。在天安门上，毛主席的巨像悬在正中，东西长安门的门楼上高悬着马克思、恩格斯、列宁、斯大林的画像。[2] 由于 1952 年东西长安门被拆除，1953 年"五一"节庆典，之前挂在东西长安门的马克思、恩格斯、列宁、斯大林巨幅画像改挂在天安门广场南边的红墙上。[3]1956 年

---

1 丁汇川：《伟大壮丽的天安门广场》，《光明日报》1950 年 9 月 29 日，第 4 版。

2 《首都举行廿万人大游行》，《光明日报》1950 年 5 月 3 日，第 1 版。门楼应为东西长安门。

3 《五十万游行群众向毛主席欢呼》，《光明日报》1953 年 5 月 3 日，第 1 版。

国庆节庆典，天安门广场正南挂着孙中山的画像。南面两侧是马克思、恩格斯、列宁、斯大林的画像。[1]天安门广场上这样的领袖画像悬挂方式逐渐成为礼仪传统。

　　天安门广场除了固定的建筑物上悬挂领袖画像，流动的人群也举着、抬着领袖画像游行，成为礼仪空间中的一部分。1950年"五一"节庆典游行，千百个队伍的前方，都高举着毛主席的巨像，也高抬着马克思、恩格斯、列宁、斯大林的巨像。[2]1950年国庆节庆典时，游行队伍抬的领袖画像增加，包括孙中山、毛泽东、刘少奇、周恩来、朱德、斯大林、金日成、胡志明、贝鲁特、哥特瓦尔德、皮克、德治、拉科西、契尔文科夫、霍查、乔巴山、德田球一、多列士、托里亚蒂、福斯特、波立特、伊巴露丽等的巨幅相片。[3]此后，国庆等庆典时，游行队伍中常常出现革命导师与各国共产党领袖的画像。

　　天安门广场悬挂或者高举革命领袖的画像，是向领袖致敬，也是确立中国革命的系谱与源头，将中国与社会主义阵营紧密联系在一起。

　　典礼时，天安门广场上出现的标语有固定与流动之分。固定标语贴在天安门城楼、东西"三座门"、标语塔等处。游行队伍中有大量的流动标语。

　　开国大典时，在天安门城楼的毛主席巨像两旁分悬着"中华人民共和国万岁"与"中央人民政府万岁"的巨幅标语。1949年7月，中共中央成立了以周恩来为主任的开国大典筹备委员会，筹备委员会决定在天安门东西两侧红墙布置两条大标语。标语内容由时任新闻总署署长的胡乔木拟定，为"中华人民共和国万

1　《天安门广场举行阅兵、游行》，《光明日报》1956年10月3日，第1版。

2　《首都举行廿万人大游行》，《光明日报》1950年5月3日，第1版。

3　《首都盛会庆祝国庆》，《光明日报》1950年10月2日，第1版。

岁"与"中央人民政府万岁",并确定由时任政协筹备委员会总务处办公室主任兼会场布置科科长的钟灵来书写。

1950 年国庆节前,天安门城楼东侧的巨幅标语"中央人民政府万岁"改为"世界人民大团结万岁"。做出改动后,这两幅标语既有民族意义,又有国际意义,这两幅标语延续至今。1956 年至 1964 年的八年时间里,天安门两侧标语逐步完成了由繁体字到简体字的历史性转变。在 1956 年标语中的"萬"字首先改动为"万",1957 年"團"字改动为"团",1964 年"華""國""歲""結"改为简体字"华""国""岁""结"。[1]

新中国成立初期,东西"三座门"很快就被拆除。仅在少数几次庆典时贴过标语。1952 年"五一"节庆典时,东西"三座门"横额上里外两边,各有一幅红底金字的标语,分别写着"毛主席万岁""斯大林万岁""中国共产党万岁""马克思列宁主义万岁"。[2]

庆典时,天安门广场还出现过标语塔。天安门前两座标语塔及仪仗队所使用的标语,通常从中央发布的国庆节口号中选出,报市委并转报中央批准后才制作的。其他所有队伍所抬的标语牌内容,指挥部在布置工作时也都强调应当根据中央发布的口号制作。1952 年国庆庆典,在天安门的东西两侧,竖立了两个红色的、高达三丈余的标语塔,上面分别写着:"毛主席万岁!""中国共产党万岁!"[3]1956 年国庆庆典,红墙东西两端的标语塔上除了传统口号,出现了"庆祝社会主义的伟大胜利!"[4]1956 年三大

---

1 张玲玲、郑志远:《中华人民共和国成立后天安门城楼标语的演变》,《北京档案》2021 年第 4 期。

2 《毛主席检阅五十万雄壮的人民队伍》,《光明日报》1952 年 5 月 3 日,第 1 版。

3 林洪、江夏:《国庆前夕的首都北京》,《人民日报》1952 年 9 月 30 日,第 1 版。

4 《首都人民欢度国庆节》,《人民日报》1956 年 10 月 2 日,第 1 版。

改造基本完成，中国建立起社会主义制度。该标语与国内形势相呼应。

空间不仅是视觉的，也包含听觉内容。天安门广场礼仪空间中展示了很多的声音，包括歌曲、口号、欢呼声、掌声等。这些声音通过扩音器传遍广场，经由广播等媒介传到全国乃至全世界。《人民日报》等关于天安门广场上的庆典报道中比较关注空间中的声音，甚至在副标题中充满了各种声音："群众队伍行经检阅台下时热烈向毛主席欢呼"[1]"雄壮的抗美援朝歌声和口号声响遍大地"。[2]

新中国成立初期，中国人民政治协商会议全国委员会等经常发布庆祝"五一"国际劳动节口号和庆祝中华人民共和国成立的口号。1949年中华人民共和国中央人民政府成立庆祝大会筹备委员会，发布了庆祝中国人民政治协商会议成功举行和中华人民共和国中央人民政府成立的口号。1950年中国共产党中央委员会发布庆祝"五一"国际劳动节口号。中国人民政治协商会议全国委员会分别在1953年、1954年、1955年发布庆祝"五一"国际劳动节口号；在1951年、1952年、1953年发布庆祝中华人民共和国成立的口号。天安门广场举行"五一"国际劳动节与国庆庆典的口号多取自其中。

1953年"五一"节庆典，游行群众高呼口号，表示要努力发展工业，开展爱国劳动竞赛；要努力学习苏联的先进经验；决心为完成和超额完成一九五三年的国家经济建设而奋斗。[3]游行群众高呼"要求缔结五大国和平公约""反对帝国主义准备新战争的阴谋""为争取实现朝鲜停战、和平解决朝鲜问题而奋斗"的口

---

1 《北京四十万人举行庆祝大会》，《人民日报》1950年10月2日，第1版。

2 《首都八十余万人大示威》，《人民日报》1951年5月3日，第1版。

3 《首都举行五一节庆祝游行大会》，《人民日报》1953年5月3日，第1版。

号，表明中国人民保卫和平的信心和力量。[1]

乐是礼仪空间中的重要元素。天安门礼仪空间的听觉除了口号，一直有乐曲相伴。开国大典时，毛主席等中央领导人登上天安门城楼，军乐队奏起第一支乐曲《东方红》。阅兵式开始后，军乐队奏《军大校歌》《三大纪律八项注意》《解放军进行曲》等军队乐曲。各个方阵进行检阅时，演奏相应的歌曲。分列式、徒步方队行进时演奏《解放军进行曲》，骑兵部队行进时演奏《骑兵进行曲》，炮兵部队行进时演奏《炮兵进行曲》，坦克部队、飞行大队行进时奏《战车进行曲》和《航空员进行曲》。群众游行时演奏的曲目有《新民主主义进行曲》《没有共产党就没有新中国》《团结就是力量》《民主青年进行曲》《向胜利挺进》《灯塔》《解放区的天》等。清华大学游行队伍进入东三座门时，为了突出游行的学生，由清华的管乐队奏着《团结就是力量》走过天安门。群众欢呼着涌向金水桥时，军乐队则演奏着《团结就是力量》的乐曲以密集队形走向金水桥边，场面热烈而震撼人心。[2]

"五一"节和国庆节等庆典都安排演奏相应的乐曲。1951 年"五一"节庆典，扩音器放送的《中国人民志愿军战歌》《反对武装日本》《全世界人民团结紧》等战斗歌声响彻整个会场。[3]

开国大典时，天安门广场的游行队伍中就出现了模型。清华大学的化工系扎了一所化工厂和一座大锅炉，上面写着"发展重工业"来表示他们的志愿；航空系扎了一架大飞机，上面写着"巩固国防"；机械系做的坦克模型和真的一样，里面还坐着一个

1　《五十万游行群众向毛主席欢呼》，《光明日报》1953 年 5 月 3 日，第 1 版。

2　中国人民政治协商会议北京市委员会文史资料委员会编《庄严的庆典：国庆首都群众游行纪事》，北京出版社，1996，第 48—50 页。

3　《毛主席检阅首都人民壮大队伍》，《光明日报》1951 年 5 月 3 日，第 1 版。

学生扮成的坦克手。[1] 模型生动形象地表达了游行者的愿望。

"五一"节和国庆节等庆典，天安门广场的游行队伍中经常展示模型和图标。如 1951 年"五一"节庆典，来自首都几十个公私营厂矿的六万名产业工人抬着无数的生产图表和模型出现在天安门广场，表明北京市的工人光荣地完成了或是超额完成了规定的生产任务。北京最先出现马恒昌式生产小组的石景山钢铁厂的队伍，带来了八项创新纪录成绩的图表。[2] 模型和图表、字标是移动的礼仪空间元素。

三　时代潮流与礼仪空间的变动

游行队伍中的标语、模型、图标等常常与时代脉搏相呼应。天安门广场经常改变空间元素内容以响应党和国家的方针、政策，响应领导人的号召。

1952 年 6 月 10 日，毛泽东为中华全国体育总会的成立题词"发展体育运动，增强人民体质"，给新中国体育事业的发展指明了方向。1952 年国庆庆典，运动员的队伍进入广场时，他们便抬着一个大标语牌，上面写着毛主席的号召："发展体育运动，增强人民体质"。[3] 该标语和口号此后成为运动员队伍中的传统标语和口号。

1953 年 6 月至 7 月，中国新民主主义青年团第二次全国代表大会召开。6 月 30 日毛主席亲自接见了大会主席团，对大会作

1　金凤：《毛主席检阅学生的队伍》，《人民日报》1949 年 10 月 2 日，第 4 版。

2　《首都八十余万人大示威》，《人民日报》1951 年 5 月 3 日，第 1 版。

3　《首都昨隆重举行庆祝国庆典礼》，《光明日报》1952 年 10 月 2 日，第 1 版。

了极其重要的指示，勉励青年们要身体好、学习好、工作好。[1]9
月中国人民政治协商会议全国委员会发布了"庆祝中华人民共和
国成立四周年的口号"，第50条是"男女青年们、学生们！响
应毛主席的'身体好、学习好、工作好'的号召，锻炼身体，学
习科学知识，提高政治水平，更好地为祖国服务！"[2]1953年国庆
庆典，首都的学生热烈响应毛主席的号召，抬着"身体好、学习
好、工作好"的大幅标语牌，并长久不息地欢呼着，表示要更好
地为祖国的建设事业服务。[3]

1953年9月23日至10月6日，中国文学艺术工作者举行
第二次全国代表大会。大会号召全国文艺工作者，在党的领导
下，掌握为工农兵服务的方向，深入实际生活，提高艺术修养，
努力艺术实践，用艺术武器来参加逐步实现国家社会主义工业化
的伟大斗争。1954年"五一"节庆典，耀目的"深入实际生活，
提高艺术修养，努力艺术实践"的标语，是文艺工作者的奋斗口
号。[4]1954年国庆庆典，文艺工作者抬着共同奋斗的标语牌："提
高艺术修养，努力艺术实践"。[5]

1952年以后，毛泽东、周恩来、刘少奇多次讲过党在过渡
时期总路线。1953年6月15日，毛泽东主持召开中共中央政治
局会议，对过渡时期党的总路线做了一个比较完整的表述："从中
华人民共和国成立，到社会主义改造基本完成，这是一个过渡时
期。党在过渡时期的总路线和总任务，是要在十年到十五年或者
更多一些时间内，基本上完成国家工业化和对农业、手工业、资

---

1 廖承志：《中国新民主主义青年团第二次全国代表大会闭幕词》，《光明日报》1953年7月
  3日，第4版。

2 《庆祝中华人民共和国成立四周年的口号》，《人民日报》1953年9月25日，第1版。

3 《首都举行第四届国庆节庆典》，《光明日报》1953年10月3日，第1版。

4 《首都举行游行大会庆祝"五一"》，《光明日报》1954年5月3日，第1版。

5 《首都举行盛大阅兵式和群众游行》，《光明日报》1954年10月3日，第1版。

本主义工商业的社会主义改造。"[1]1954 年 2 月 6 日至 10 日召开的中共七届四中全会批准了总路线。1954 年"五一"节庆典，游行队伍由一千三百名铁路工人组成的仪仗队为前导进入天安门广场。旗手们抬着"为实现国家在过渡时期总任务而奋斗"的金字大标语。[2]此标语非常及时地展示了党的重要部署。

1954 年 9 月 20 日第一届全国人民代表大会第一次会议通过并公布《中华人民共和国宪法》。1954 年国庆庆典，游行队伍抬着巨大的"中华人民共和国宪法"模型，进入广场时，保卫着《宪法》的工人和农民徐徐将宪法打开，"一切权力属于人民"八个大字清晰地呈现出来。全场欢腾起来，热烈欢呼和鼓掌。[3]

第一个五年计划，早在 1951 年春开始由中央人民政府政务院财经委着手试编。1955 年 3 月 31 日，中共全国代表会议同意中央委员会提出的第一个五年计划报告。会议号召，全党同志必须在中央的领导下，团结全国各族人民群众，兢兢业业，克服困难，努力增产，厉行节约，为完成和超额完成这个计划而奋斗。[4]1955 年"五一"节庆典，仪仗队便抬着"努力增产厉行节约为完成五年计划而奋斗"的巨大金字标语出现在天安门广场。[5]

1956 年国庆庆典时，社会主义改造即将完成。第一次以公私合营企业工作人员的身份参加国庆游行的工商业者，举着"为彻

---

1 《毛泽东年谱（一九四九——一九七六）》第 2 卷，中央文献出版社，2013，第 116 页。

2 《首都举行游行大会庆祝"五一"》，《光明日报》1954 年 5 月 3 日，第 1 版。

3 《首都举行盛大阅兵式和示威游行》，《人民日报》1954 年 10 月 2 日，第 1 版。

4 《中国共产党全国代表会议关于中华人民共和国发展国民经济的第一个五年计划草案的决议（一九五五年三月三十一日通过）》，《人民日报》1955 年 4 月 5 日，第 1 版。

5 《首都举行庆祝"五一"国际劳动节大会》，《人民日报》1955 年 5 月 2 日，第 1 版。

底完成社会主义改造而奋斗"的标语牌。[1]

1956 年是中国现代科学技术发展史上的一个重要里程碑。是年 1 月，中国提出了"向科学进军"的口号。1956 年"五一"节庆典，参加庆祝游行的科学工作者的队伍中便高扬着"向科学进军"的旗帜和字标。[2]

礼仪空间中大量的标语、口号、模型等展示了社会主义建设新成就。

1954 年"五一"节庆典，首都十四万工人的游行队伍，抬着许多生产图表和模型，显示出他们为祖国社会主义工业化而奋斗所取得的巨大成就。北京人民机器厂的职工们，高抬着在该年年初以来试制成功的新产品——三十吨米塔式起重机、钢筋切断机、喷浆机、灰浆拌合机、钢筋弯曲机等建筑机械模型。游行队伍中，人们抬着钢都鞍山无缝钢管厂、大型轧钢厂、七号炼铁炉的宏伟模型，这是祖国工业化前进过程中所取得的重大成就。人们还抬着耀目的自制高压变压器、东北超高压送电线的模型和人造石油的标本。[3]

1955 年国庆，工人游行队伍里有许多引人注目的北京市工业新产品的模型。北京第一机床厂工人抬着立式铣床、平面铣床的模型。北京农业机械厂工人兴奋地带着他们当年试制成功的斯大林六号联合收割机的模型前进。参加游行的郊区农业生产合作社的社员们抬着的图表和农作物模型，表明了该年的丰收。重工业部队伍中的轧钢机、炼焦炉、炼铁炉的模型，煤炭工业部、电力工业部队伍中的最近投入生产的鹤岗新一矿和自动化的高温高压热电站的模型，第一机械工业部队伍中的巨大

---

1 《首都人民欢度国庆节》，《人民日报》1956 年 10 月 2 日，第 1 版。

2 《首都五十万人举行游行庆祝"五一"节》，《光明日报》1956 年 5 月 3 日，第 1 版。

3 《首都举行庆祝"五一"节游行大会》，《人民日报》1954 年 5 月 3 日，第 1 版。

六千千瓦汽轮机的模型，引起全场注视。手工业生产合作社社员队伍中的图表，显示了北京在逐步进行手工业的社会主义改造中又取得了新的成就。[1]

游行的群众以标语、口号、模型等表达建设祖国的决心，展望美好未来。

1952 年"五一"节庆典，游行队伍中有北京工商业者一万二千余人。他们高呼口号表示决心在工人阶级和国营经济领导下，遵循共同纲领的轨道，努力发展有利于国计民生的经济事业。[2]首都近郊农民代表高举着巨大的字标："组织起来，改进技术，为提高单位面积产量而奋斗"。[3]

1953 年"五一"节庆典，游行群众高呼口号，表示要努力发展工业，开展爱国劳动竞赛；要努力学习苏联的先进经验；决心为完成和超额完成一九五三年的国家经济建设而奋斗。[4]

1954 年"五一"节庆典，京西矿区的工人队伍举着增加产量的图表，抬着高大的井架前进，他们在天安门前高呼口号，要在一九五四年进一步提高产量，源源供给燃料。首都郊区组织三百七十四个农业生产合作社、一百二十一个蔬菜生产合作社里的许多农民和个体经营的农民一起，抬着粮食、蔬菜、各种经济作物和抽水机模型以及生产情况的图表通过天安门。他们高呼着"为发展蔬菜、水果、乳肉的生产和提高粮棉的单位面积产量而奋斗"的口号。[5]1954 年国庆，地质部的队伍抬着中国矿产分布图和探矿工作者、钻塔的模型，它表明不久之后，在祖国辽阔的

1 《首都举行盛大的阅兵式和群众游行》，《人民日报》1955 年 10 月 2 日，第 1 版。

2 《首都五十万人民举行游行大会》，《人民日报》1952 年 5 月 3 日，第 1 版。

3 《毛主席检阅五十万雄壮的人民队伍》，《光明日报》1952 年 5 月 3 日，第 1 版。

4 《毛泽东主席检阅五十万人的游行队伍》，《人民日报》1953 年 5 月 3 日，第 1 版。

5 《首都举行庆祝"五一"节游行大会》，《人民日报》1954 年 5 月 3 日，第 1 版。

大地上，将有更多新的工厂、矿山出现。[1]

游行群众以标语、口号等表达保卫和平与反对帝国主义的侵略罪行。

1951 年 9 月 18 日，中央人民政府外交部部长周恩来发表关于美国及其仆从国家签订旧金山对日和约的声明。1951 年国庆庆典，游行者高呼着"反对美帝国主义侵略台湾和朝鲜、反对美英帝国主义的非法对日和约、反对美帝国主义重新武装日本"的口号。[2]1952 年国庆，游行群众高举着各种字标，反对美帝国主义的侵略罪行，反对美帝国主义进行细菌战。[3]

1955 年 4 月 18 日至 24 日，29 个亚非国家和地区的政府代表团在印度尼西亚万隆召开亚非会议。万隆会议主要讨论了保卫和平，争取民族独立和发展民族经济等各国共同关心的问题。1955 年"五一"节庆典，八千名少年先锋队队员经过检阅台前。无数和平鸽和彩色气球从队伍中飞起。当挂着"庆祝亚非会议的成就，亚非各国的友谊万岁"长幅标语的气球冉冉升起的时候，广场上爆发了雷鸣般的掌声。[4]1956 年"五一"节庆典，北京市第二棉纺织厂五百名女工，用各色花束组成了"和平万岁"四个大字。在人群中高举的字标上和放出的气球上，写着和挂着许多标语，如"拥护和平共处五项原则！""争取国际紧张局势的进一步缓和！"[5]

新中国成立初期历次"五一"劳动节、国庆典礼时天安门广场展示的模型、图表和标语牌叠加起来，某种程度上形象地反映

1　《首都举行盛大阅兵式和示威游行》，《人民日报》1954 年 10 月 2 日，第 1 版。

2　《首都昨日隆重举行庆祝典礼》，《人民日报》1951 年 10 月 2 日，第 1 版。

3　《首都昨日隆重举行庆祝典礼》，《人民日报》1952 年 10 月 2 日，第 1 版。

4　《建设祖国保卫和平——记首都"五一"国际劳动节大游行》，《光明日报》1955 年 5 月 3 日，第 2 版。

5　《首都五十万人举行游行庆祝"五一"节》，《光明日报》1956 年 5 月 3 日，第 1 版。

出中国政治、经济和社会发展的历程，也形象地反映了中国进入
国际社会、参与国际事务的历史进程。

结　语

新中国成立初期的天安门广场礼仪空间建设是中华人民共和
国对礼制体系的新探索，在 1958 年至 1959 年天安门广场大规
模扩建之前已经基本形成了相对稳定的空间格局和空间元素类
别，为重塑北京礼仪空间做出了重要贡献。

新中国成立初期，天安门广场成为北京和全国最核心的国家
礼仪空间。天安门广场内部格局大体可以区隔为展示者与检阅者
两大部分。登上天安门城楼的检阅者多为党和国家的重要领导。
贵宾台上有一部分领导干部，也有劳动模范等群众。展示者包括
广大官兵，来自各个单位和地区的工人、农民、知识分子、运动
员、青年学生、少先队员等。从数量上看，人民群众是主体。清
代天安门礼仪空间中的参与者基本为官员，中华人民共和国成立
后，天安门礼仪空间中占了绝大多数的是广大人民，而非官员，
宫廷广场真正变成了人民的广场。礼仪空间有区隔的作用，不同
区域的展示者与检阅者并非完全隔绝，亦不固守自己的角色。展
示者与检阅者具有主动性，他们之间不仅有热烈的互动，甚至调
换角色。游行的人们既向检阅者展示建设成就和未来建设计划，
向领导人致敬，又满怀看见领导人的热望。某种程度上，检阅者
成为被观察的对象。检阅者在观察游行民众的同时，也不断问候
民众。空间的区隔与融合交织，使党政领导与民众形成新的礼仪
关系，形成对新中国的认同。

新中国成立初期，天安门广场礼仪空间中的元素在各次典礼
活动中形成不同的组合。国徽长期悬挂于天安门城楼，重要节日
升国旗，领袖画像、标语、图标、模型、口号与歌曲等元素在举

行典礼时才出现。就内涵而言，国徽、国旗、天安门城楼上毛主席画像及画像两旁的标语、马恩列斯像、孙中山像变化不大；游行队伍中的领袖画像、标语、图标、模型、口号与歌曲等元素有些内容长期保持，有些内容不断更新，紧扣时代脉搏。天安门广场礼仪空间中的元素通过内容的变与不变，实现了礼仪制度与文化的传承与创新。

天安门广场礼仪空间中的视觉和听觉两类元素彼此配合呼应，共同使礼仪空间发挥功能。礼仪空间不仅是视觉的空间，还有环绕其间的声音；不仅有礼制建筑，还有空间中的人群。有物有人、有形有声的空间元素丰富了天安门广场礼仪空间内涵，礼仪空间借助多重元素推动礼仪活动的进行。

礼仪空间不是天安门广场的唯一属性，它还是交通中心、公共娱乐中心。不仅如此，天安门广场礼仪空间所塑造的礼仪文化亦有多重属性。国徽、国旗、国歌和革命歌曲、领袖画像、领袖与群众，社会主义阵营各国领导人和观礼团出现在天安门广场的礼仪空间，强化了对中华人民共和国的认同，强化了对中国革命和革命领袖的认同，强化了对社会主义制度与社会主义阵营的认同。天安门广场礼仪空间出现反映建设成就与建设计划，以及表达保卫和平与反对侵略的标语、图标、模型、口号，将国际与国内的形势、中国的政策方针融入典礼，通过现场展示与感受，通过报纸、广播等传媒，典礼为解决诸多现实问题提供了空间。

韩寿萱对新中国成立前后中国博物馆事业的探索

杨家毅[*]

摘　要：回首中国现代博物馆事业的百年历程，北大红楼在其中发挥了
十分重要的作用。1947 年，北京大学在此设立了中国第一个博
物馆学专业，进行了一系列早期实践，在中国现代博物馆事业
发展史上具有重要意义。新中国成立前后，以韩寿萱为代表的
北大学人，积极参与中国历史博物馆和革命博物馆的建设，为
新中国博物馆事业进行了开创性探索。

关键词：北大红楼　现代博物馆　韩寿萱　中国历史博物馆

　　位于北京市东城区五四大街 29 号的北京大学红楼，建成于
1918 年 8 月。建成后为北京大学一院，即北京大学校部、文科、图
书馆所在地。时任校长蔡元培先生提倡"思想自由、兼容并包"的
办学方针，推行一系列重大改革，为各种新思想、新文化的传播提
供了有利条件。回首中国现代博物馆事业百年来的发展历程，北
大红楼在其中发挥了十分重要的作用。1922 年设立于此的北京大
学研究所国学门，为中国现代博物馆的学术研究和人才储备奠定了
基础，并推动了故宫博物院、北平历史博物馆等国家级博物馆的成
立。1947 年，北京大学在红楼设立了中国第一个博物馆学专业，在
中国现代博物馆事业发展史上具有重要意义。新中国成立前后，以

＊　杨家毅，中国共产党早期北京革命活动纪念馆馆长。

韩寿萱为代表的北大学人为新中国博物馆事业进行了开创性探索。

一　中国现代博物馆学专业在北大红楼设立及早期实践

（一）中国现代博物馆学专业的设立及探索

1947 年 2 月，北京大学发布消息，拟于当年开办职业教育课程，其中博物馆学方面，由刚从海外归来的博物馆学者韩寿萱任教。[1] 韩寿萱是北京大学培养出来的学者，在北大求学期间，曾受北京大学研究所国学门委托，到陕西榆林老家石峁遗址调查。天津《大公报》报道："北大考古学会得此消息（注：指陕北发现汉匈奴古物）后，业已转嘱神木学生韩益生旋里调查。"[2] 报道中的北大学生韩益生即韩寿萱，当时在北大求学，受北大考古学会委托，至少表明韩寿萱跟考古学会关系密切，为他以后从事博物馆专业的学业、事业开启了一条新路，也由此说明国学门对中国现代博物馆事业的重要作用。

1947 年，韩寿萱受邀回北大，于当年秋开始在北京大学历史系筹建"博物馆学专修科"。[3] 专修科设在文学院内，属文学院史

1　赵雄：《韩寿萱年谱》，《韩寿萱文存》，中国文史出版社，2019，第 136—137 页。

2　报道中的"北大考古学会"即北京大学研究所国学门所属的考古学会，对外简称北大考古学会，由马衡先生担任会长，开展了大量考古调查、发掘、研究工作，还将实物进行陈列，开展学术讲座活动，不少学生因此而关注、热爱文物博物馆事业。见《大公报》（天津版）1928 年 1 月 4 日。

3　回北京大学任教之前，韩寿萱在美国接受了系统的博物馆学教育，并有丰富的博物馆工作经验。1930 年，韩寿萱从北京大学毕业后，赴美留学，先后在华盛顿大学、哥伦比亚大学攻读博物馆学专业。1937 年到 1946 年，任纽约大都会艺术博物馆远东美术部中国美术研究员（见赵雄《韩寿萱年谱》，《韩寿萱文存》，第 137—150 页）。

学系，但因经费、人员等问题，当时实际处于试办期。1948 年 2 月，北京大学文学院正式设立博物馆专修科，韩寿萱任主任。

由于长年的战争，文物遭受到不可估量的破坏，更可怕的是，当时社会上有一些人认为这些文物跟日常生活不相干，所以"古文物在普通社会上，是很少人注意，所以摧毁文物、输出古物的事件，指不胜屈"。[1] 为了保护好文物，1948 年 2 月 6 日，韩寿萱在《大公报》发表《维护古文物的紧急动议》，不仅呼吁社会各界要重视保护文物，还提出了保护的办法，即建立现代化的博物馆。他认为保护文物，只靠法律是不够的，埃及的古物保管法是很严密的，但是埃及古物流出到欧美各国的情况比比皆是。而一件文物一旦入了博物馆，有登录簿、编目片，有安全的库房，有公开的展览，不仅安全上没问题，还可以发挥社会教育功能。但是比起博物馆建筑，更重要的是人才，他说"在增立博物馆之先，我们要多量的训练博物馆学人材，没有现代的训练，博物馆是没法现代化的"。[2] 正因为韩寿萱认识到博物馆人才对发展我国博物馆事业的重要意义，所以他不仅呼吁"希望各地规模较大的博物馆和大学里多设立博物馆学的专科，严格地训练出一般有训练能服务的青年，来担负发展博物馆和维护古文物的责任"。[3] 而且他还身体力行，紧锣密鼓地筹备博物馆学专修科。根据博物馆学者宋伯胤的回忆，当时韩寿萱设计的课程有博物馆学、博物馆技术、编目与陈列、博物馆美术设计、技术画、模型制造、形声教育学、大众教育学和博物馆实习等九门。[4]

北平和平解放后，韩寿萱积极投入新中国的博物馆事业中，

---

1 韩寿萱：《维护古文物的紧急动议》，《大公报》1948 年 2 月 6 日，第 4 版。
2 韩寿萱：《维护古文物的紧急动议》，《大公报》1948 年 2 月 6 日，第 4 版。
3 韩寿萱：《维护古文物的紧急动议》，《大公报》1948 年 2 月 6 日，第 4 版。
4 宋伯胤：《中国博物馆教育家韩寿萱》，《博物馆人丛语》，陕西人民出版社，2002，第 286 页。

继续在北大开展博物馆专修科教学工作。根据形势的需要，课程设置做了相应调整，增加了政治课程和俄文课程。专修科学生入学后，先学习共同课程，然后再根据兴趣在文化馆、历史馆、科学馆及美术馆四组中任选一组。共同课程与之前的课程基本相同，分组的课程分为必修课与选修课。以历史组为例，必修课有中国通史、中国近代史、中国社会发展史、史前考古学、近代考古发现史、档案与资料等；选修课有物质文化的发展、宗教与社会、中国古代礼俗、古器物学、中国古代美术、中国古文字学、中国史料目录学、中西交通史、索引与检字、中文书编目法、西南少数民族礼俗、现代西藏、现代蒙古等。[1]

共同课程中的博物馆学、博物馆应用技术的课程以及博物馆实习，主要由韩寿萱先生讲授和指导。他编写教材《陈列方法》，将展览陈列工作分为 9 个步骤，即明确目的、准备工作、制定陈列计划、征集资料（实物、模型、照片）、内容设计、表现设计、文字说明、上级批准、开放以后（收集意见，对观众的讲解、专题演讲、座谈会等），让初学者一目了然，易学易操作。[2]

1949 年 7 月 22 日，华北高等教育委员会批准北京大学正式成立博物馆学科，由韩寿萱任主任并正式招生，设有历史类博物馆、美术类博物馆、科学类博物馆三组不同性质的分工，招收学生近 20 名。当时的学生有王去非、张文彬、甄溯南、许维枢、纪秋晖、敖平、张苓华、岳凤霞、李雅珍、赵迅、周宜蓉等。1949 年博物馆专修科学生参加了科学知识展览会，担任了"从猿到人"的陈列及讲解工作。[3]

韩寿萱先生不仅重视博物馆学理论教学，还特别重视博物馆

1　宋伯胤：《中国博物馆教育家韩寿萱》，《博物馆人丛语》，第 287 页。

2　宋伯胤：《中国博物馆教育家韩寿萱》，《博物馆人丛语》，第 287—288 页。

3　李之檀：《沈从文先生的服饰研究历程（二）》，《艺术设计研究》2014 年第 3 期，第 7 页。

实习，他曾经说过："专修科可以不写毕业论文。他的论文就是对某一项实习的作业。"1947 年 4 月中旬，为了纪念五四运动 25 周年，史学会和北京人社联合举办"五四史料展览"。韩寿萱先生指导学生编写展览大纲，参与大纲编写的宋伯胤后来说："通过这次展览活动，在韩先生的言教身教中，我开始对展览作业有了一点模糊的认识。对什么是展览结构、层次，什么是重点，又如何去突出重点等等，也都有所领悟。"[1]1948 年 6 月，为了纪念中国博物馆协会的复会，北平历史博物馆举办过一个"欧美博物馆介绍展"。这个陈列的设计和布置，完全由北京大学博物馆学专修科的同学们担任，是作为他们的实习作业面世的。韩寿萱还特别指出："限于地方和器具，不能把他们的理想实现，这是无可奈何的。我们对他们的努力，敬致谢意。"[2]

北大博物馆专修科为新中国的博物馆事业培养了大量人才，如后来曾任国家文物局局长的张文彬、南京博物馆馆长宋伯胤等专修班学员。1952 年，随着全国高校院系调整，专修班完成了其历史使命。[3]

韩寿萱在北京大学创办"博物馆专修科"体现了他的博物馆学教育思想。韩寿萱是一个教育家和实践家，从他留下来为数不多的几篇文章中，可见其关于中国博物馆和博物馆学科的思考。[4]

---

1 宋伯胤：《中国博物馆教育家韩寿萱》，《博物馆人丛语》，第 288 页。

2 韩寿萱：《"欧美博物馆介绍展"的意义》，《大公报》（天津）1948 年 6 月 6 日，第 4 版。

3 中华人民共和国成立后，由于大规模建设迅速开展，国家急需考古方面的人才。为了培养考古人才，国家文物局一方面和中国科学院、北京大学联合举办培训班，另一方面由北京大学历史系成立考古学专业。根据院系调整的要求，1950 年入学的北大第二届博物馆专修科学生，部分调整到史学专业，部分调整到考古学专业，还有部分调整到其他专业。

4 韩寿萱先生遗留下的关于博物馆学的论文，收集在赵雄先生整理的《韩寿萱文存》一书中，如《中国博物馆的展望》《望社会认识现代的博物馆》《介绍北平历史博物馆中国文物照片特展》《维护古文物的紧急动议》《复兴特种手工业管见》《"欧美博物馆介绍展"的意义》《北平手工艺的将来》等文章，反映了韩寿萱先生对博物馆和博物馆学科建设的理论思考。

我们研究他对博物馆和博物馆学科建设的理论和实践，对今天建设中国特色文博事业，具有很重要的意义。

（二）北京大学博物馆的成立与早期实践

1947年5月，北京大学决议设立博物馆，成立由胡适、汤用彤、向达、裴文中、杨钟健、韩寿萱、段宏章、芮逸夫、唐兰、杨振声、冯兰洲等组成的博物馆筹备委员会。[1] 成立博物馆筹备委员会是校长胡适的主张，委员会汇集了建设博物馆所需各行业的顶尖学者：汤用彤是哲学史学者；向达是研究中西交通史的专家；裴文中、杨钟健都是古人类学家；韩寿萱是博物馆专修科负责人，有丰富的博物馆工作经历；段宏章、冯兰洲是生物学专家；芮逸夫是人类学家、民族学家；唐兰是商周史及青铜器专家；杨振声是教育方面的专家。

1948年2月，北京大学正式开始筹备博物馆。该博物馆建立的目的就是配合博物馆专修科教学的需要，"建立比较足资研究参考的大学博物馆，以供北大各院系教习之用，同时依西洋大学博物馆成例，完全开放，公之于世"。[2] 博物馆筹备委员会决定由博物馆学专修科主任韩寿萱具体负责筹备工作，任博物馆馆长。

最初，博物馆设在北大红楼北侧图书馆后面，有陈列室3间，陈列的是古代器物和近代手工艺品，还有关于美术、考古的书籍和图片。[3] 除了固定陈列外，北大博物馆还举办了几次特展。1948年5月，为纪念五四运动爆发29周年，在杨振声教授的大力支持

---

1 《北京大学博物馆概要》，出版地不详，1949，第1页。

2 《国立北京大学五十周年纪念 博物馆展览概略 中国漆器展览概略》，国立北京大学出版部，1948，第1页。

3 《北京大学博物馆概要》，第1页。

下，博物馆举办了"中国书画特展"。12 月，在纪念北大 50 周年校庆之际，韩寿萱主持推出了"北京大学五十周年纪念展览"。[1]

北平解放后，1949 年 4 月 14 日，北京大学博物馆由校内迁到东厂胡同 2 号新址。11 月出版了《北京大学博物馆概要》，汤用彤在序言中说，"博物馆服务的更大对象是人民大众，博物馆的一切当然要适应他们的要求，满足他们的要求，提高他们的文化水平。这才是发展博物馆的正确方向"。[2]在书中正文介绍本馆历史沿革的时候，强调除了服务教学的同时，还要"发挥博物馆一般教育意义，跟社会密切地联系起来，为人民大众服务，帮助人民大众（认字的和不认字的）吸收各种知识"。[3]在参考学习对象上，由之前学习欧美博物馆经验，转向了学习苏联经验。

北京大学博物馆迁到新址后，先后成立了瓷器室、铜器室、漆器室、织造及改良后的手工艺品展览室。为了纪念新文化运动，博物馆特意开辟北大校史资料室，"想利用实物资料来说明北京大学的'出生'和他的'成长'。他怎样由官僚领导机构，逐渐走向'民主'的大路；怎样由北大人的觉醒，更进一步奠定了光荣的革命传统，向压迫人民的统治者作英勇的斗争"。[4]

为了适应新的要求，博物馆在特殊的时间节点，举办了几次特展：为纪念劳动节，举办"手工艺特展"，分为织造和漆器等项；在中国人民抗日战争纪念日，举办"苗民刺绣图案展"，让大家认识优秀的西南少数民族手工艺的特征。同时举办"小型图案展"，将本馆所藏图录（漆器、铜器、瓷器、丝织品、建筑等）凡有图案花纹的都陈列出来，以供工业界改良生产品参考；为庆

---

1 《国立北京大学五十周年纪念　博物馆展览概略　中国漆器展览概略》，第 2—3 页。

2 汤用彤：《北大博物馆概要序》，《北京大学博物馆概要》，第 1 页。

3 《北京大学博物馆概要》，第 1 页。

4 《北京大学博物馆概要》，第 4 页。

祝中国人民政治协商会议的召开，举办"现代博物馆介绍"。[1]

对处在大变革时期的知识分子来说，既要适应社会巨变带来的挑战，又要坚守自己对博物馆事业的初心，是很不容易的事情。为了满足和保证教学育才的种种需要，以韩寿萱为代表的北大红楼学人尽量按照博物馆学科所需开展工作。他们致力于藏品的收集，通过采集、捐赠和收购三条渠道得到历史文物 3700 件，自然标本和民族文物 2000 多件。图书室不仅有可供学生阅读的中外文专业图书 1000 册，还有包括世界各国珍宝在内的美术考古照片 2500 多张，其中有不少是当时国内极为罕见的。另有照像及冲洗室，可作博物馆技术实习之用。还备有电影放映机一部，幻灯机两部，用来提供"形声教育"使用。[2]

二　为新中国博物馆事业发展夯基
——北大红楼学人韩寿萱与中国历史博物馆

中国历史博物馆是中国国家博物馆的前身，是代表国家收藏、研究、展示、阐释中华优秀文化代表性物证的最高机构。该馆肇始于 1912 年 7 月在国子监设立的国立历史博物馆筹备处。回顾中国历史博物馆百年历程，其发起、发展、壮大与北京大学有直接关系。

（一）新中国成立前的北平历史博物馆

国立历史博物馆筹备处成立于 1912 年 7 月，与时任教育总

---

1 《北京大学博物馆概要》，第 2—3 页。

2 《北京大学博物馆概要》，第 4 页。

长的蔡元培有直接关系。蔡元培先生是著名教育家，早在清末，他在德国考察教育时，就开始关注博物馆。辛亥革命后，受孙中山先生邀，出任临时政府教育总长一职后，他发起设立社会教育司，管理全国图书博物和通俗教育。蔡元培聘请鲁迅为社会教育司第一科科长，负责文物博物馆、图书馆、美术馆等事业，关注搜集历史文物。蔡元培和鲁迅后来都在北京大学工作，成为新文化运动的核心力量。不仅如此，国立历史博物馆筹备处主任胡玉缙为京师大学堂文科教授，后来任北京大学教授。蔡元培十分赏识名不见经传的胡玉缙，聘任其为筹备处主任。根据中国国家博物馆介绍，胡玉缙从 1912 年到 1928 年，任筹备处主任，时间长达 7 年，是博物馆筹备的重要时期。在这期间，胡玉缙明确了博物馆的功能与定位："历史博物一项，能令愚者智开，嚣者气静，既为文明各国所重，尤为社会教育所资。"[1]

虽然经费有限，场地局促，但是历史博物馆筹备处各项工作开展得有声有色。在文物征集方面，筹备之初的藏品主要来源于国子监的礼器、祭器、辟雍陈设、所存古籍图书等，虽十分珍贵，但数量很少。筹备处积极到各地征集文物。1913 年，筹备处购得洛阳出土的汉魏至隋唐的明器、铜器、陶器、石造像、墓志等文物。[2]1913 年 6 月 2 日，鲁迅与好友一起到历史博物馆筹备处看新进购得的"明器土偶 80 余事"。[3]鲁迅十分关心筹备处工作，也曾为历史博物馆购买文物。在展陈方面，筹备处主要利用现有文物进行布展，准备对外开放。同时，筹备处，还积极开展对外交流工作。1914 年，在德国莱比锡举办的"万国书业雕

---

1 《历史博物馆之筹备进行》，《教育周报（杭州）》第 48 期，1914 年 8 月 15 日。

2 李万万：《北京历史博物馆时期的展览研究》，《文物天地》2016 年第 3 期，第 63 页。

3 宋伯胤：《博物馆人丛语》，第 229 页。

刻及他种专艺赛会"上，历史博物馆精选 11 种文物参展。[1] 这是国立历史博物馆自筹备以来藏品首次赴境外展出。

1918 年 7 月，历史博物馆迁址到故宫的端门与午门。由于经费拮据，无法正常开展业务工作，直到 1920 年 11 月，国立历史博物馆正式成立，于 1926 年 10 月正式开馆。1928 年，蔡元培在南京创办了中央研究院，并担任院长。翌年，中央研究院历史语言研究所迁至北平，并接收了北平历史博物馆。

1931 年九一八事变后，为了确保文物安全，历史博物馆转入半开放状态，并且在中央研究院的指导下，积极准备将重要文物南迁。[2] 历史博物馆文物的南迁与北大红楼学人傅斯年有直接关系。早在国民政府下达故宫博物院和历史博物馆文物南迁命令之前，当时的馆长裘善元就曾多次与历史语言研究所负责人傅斯年商议重要文物处置方案。

北平历史博物馆对馆藏文物进行清点，到 1932 年，藏品为 21 万余件。[3]1933 年 1 月 24 日，历史博物馆将重要文物装为 25 箱，先将最为重要的 10 箱秘密保存在北平浙江兴业银行库房。[4] 同时，面对日本帝国主义步步紧逼，为了确保文物安全，博物馆经过慎重考虑，决定将重要文物分批通过不同方式南迁至南京、上海，由中央研究院或历史语言研究所负责接收。[5]1936 年 7 月，

1　《教育部筹设历史博物馆简况（1915 年 8 月）》，《中华民国史档案资料汇编》（第三辑·文化），江苏古籍出版社，1991，第 275 页。

2　李守义、辛迪：《抗战时期历史博物馆文物南迁始末》，《中国国家博物馆馆刊》2021 年第 3 期，第 8 页。

3　梁丹：《北京博物馆工作纪事（1905 年—1948 年）》，《中国博物馆》1992 年第 2 期，第 90 页。

4　《国立中央研究院历史博物馆筹备处南迁文物目录清单》，《中国国家博物馆馆刊》2021 年第 3 期，第 43—48 页。

5　李守义、辛迪：《抗战时期历史博物馆文物南迁始末》，《中国国家博物馆馆刊》2021 年第 3 期，第 10 页。

历史博物馆划归中央博物院筹备处。1937 年七七事变后，南京岌岌可危，中央博物院与故宫博物院的文物一起，又踏上了长达十年的漫漫西迁之路。中央博物院的文物西迁经汉口、宜昌、重庆、宜宾，最后运到四川乐山安谷乡。[1]

抗日战争结束后，历史博物馆仍归"中央博物院筹备处"，称为"中央博物院筹备处北平历史博物馆"，由北大教授、著名历史学家余逊任国立中央博物院筹备处北平历史博物馆主任。[2] 自 1947 年 9 月，由北京大学博物馆学专修科主任韩寿萱先生任馆长。

韩寿萱任馆长期间，克服了经费不足、时局动荡等困难，举办了"中国文物照片特展""欧美博物馆介绍展"等展览。"中国文物照片特展"是为了向国人介绍欧美各国收藏中国文物的情况，展出的照片分为三类：敦煌发现的珍本，是由古文献学家王重民和历史学家向达先生分别在巴黎、伦敦拍摄的；铜器都来自美国公私收藏精品；绘画作品中有汉、唐、宋等朝代的精品；还有来自俄、英、德及印度各博物馆的藏品照片。[3] "欧美博物馆介绍展"是受中国博物馆协会的委托，在北平图书馆和北京大学博物馆的支持下而举办的，其目的就是让国人对国际先进博物馆有更深了解，希望社会各界重视博物馆事业发展。[4]

当时的国民政府腐败透顶，民生凋敝，社会动荡，北平历

---

1 李守义：《民国时期国立历史博物馆藏品概述》，《中国国家博物馆馆刊》2012 年第 3 期，第 153 页。

2 余逊（1905—1974），历史学家、秦汉史专家，北京大学历史系教授。1926 年考入北京大学历史系，1930 年毕业后，任北大历史系助教。在北京大学任教期间，曾参与整理和考释首批居延汉简。抗日战争期间，他被陈垣邀请到辅仁大学，在历史系讲授秦汉史。抗日战争胜利后，他到北京大学任教，讲授秦汉魏晋南北朝史，并兼任国立中央博物院筹备处北平历史博物馆主任。

3 韩寿萱：《介绍北平历史博物馆中国文物照片特展》，《大公报》（天津版）1948 年 1 月 1 日，第 3 版。

4 韩寿萱：《"欧美博物馆介绍展"的意义》，《大公报》（天津版）1948 年 6 月 6 日，第 4 版。

史博物馆仅能艰难度日。北平和平解放前夕，该馆职工不满20人，平均每天观众100人左右，有时终日没有观众。[1]据韩寿萱在1957年第7期的《文物参考资料》上撰文回忆，"当时馆中只有三间办公室。全馆连一盏电灯也没有，冬季工作是采取天明上班，天黑下班的原始办法"。更让他担心的是，博物馆的安全得不到保障，"端门内东西朝房住满了国民党的军队，存储了大批的炮弹和汽油，整个馆有随时被占用和被炸毁的可能"。

　　1948年底，北平和平解放前夕，设在南京的中央博物院筹备处无力顾及北平博物馆的事务，北平历史博物馆由北京大学代管，改名为"国立北京大学历史博物馆"，北京大学接收时，曾造文物清册，文物总计203949件。[2]直到北平和平解放，北平历史博物馆成为人民的博物馆，迎来了新生。

（二）开创中国历史博物馆发展新局

1. 广泛征集文物，探索有效的文物保管制度

　　新中国成立后，在中国共产党领导下的人民政府十分重视文物保护工作，积极开展流散文物的征集，将流散文物的保护与博物馆的发展结合起来。北平历史博物馆将藏品征集作为工作的重中之重，并取得了积极的进展。早在新中国成立前，历史博物馆就先后接收多次文物捐赠。如1949年3月，贺孔才捐赠文物5371件，受到北平军管会通令嘉奖，为此北平历史博物馆举办了"贺孔才先生捐赠文物特展"；4月，张钧孙捐赠文物1860件；6月，达古斋霍明志捐赠文物万余件。其后，个人捐赠文物的有

1　梁丹：《北京博物馆工作纪事（1905年—1948年）》，《中国博物馆》1992年第2期，第94页。

2　中国国家博物馆档案：《国立北京大学接收历史博物馆移交时各项清册》。

尹达、王冶秋、范文澜、徐悲鸿、沈从文、启功等。自 1949 年 3 月至 9 月，接受捐赠文物达 16962 件，其中包括六朝青釉瓷灯、唐代舍利石函、越窑灰青雕花瓷尊等。为此博物馆举办了"新中国人民捐赠文物展览"和"新收文物展览"。[1]

历史博物馆通过征集也得到大量文物，4 月至 9 月，该馆征集到文物 14792 件，其中包括燕下都考古团的发掘品、接收德国驻华使馆文物、海关没收出口文物、购买的文物、土地改革时收集的文物等。[2]

为了逐步建立有效的藏品保管制度，博物馆进行了积极的探索。1950 年到 1951 年，博物馆开展"文物大检查"，对原馆藏文物和新入馆的藏品进行了全面清查、整理、分类，并建立了文物卡和库藏卡。在文物大检查中，关于古物的部分，馆藏文物中原有的发掘品及钱币、印章、徽章、档案等，视为文物，全部保留；其他划拨品、捐赠品和征集来的物品，经审核确定，归入馆藏品的，进行分类登记，入库保存。[3]

到 1954 年，历史博物馆初步建立了一套保管制度，制定了《保管部暂行规则草案》《搜集文物资料办法》《保管部登记编目组整理资料发行办法》《照相室拍照及洗放实行规则》《保管部保管组办事细则草案》《保管部保管组文物收库上架暂行办法》《保管部保管组提取文物暂行办法》《保管部图书室办事细则草案》《保管部图书室借书规则草案》《保管部图书室馆际借书规则草案》。

到 1956 年，总计编目文物约 4 万件，整理资料约 1 万件，图书约 10 万册。到 1959 年，全馆登记文物为 18.5 万件，图书 17 万册，拓本及文献资料 3 万种，还有摹绘敦煌、麦积山和汉晋

1　中国历史博物馆编《中国历史博物馆 80 年》，1992，第 40—41 页。

2　吕章申主编《中国国家博物馆百年简史（1912—2012）》，中华书局，2012，第 36 页。

3　吕章申主编《中国国家博物馆百年简史（1912—2012）》，第 36 页。

宋元壁画 420 件，完成拍照、翻拍文物照相资料 4.5 万张。[1]

在新中国成立初期，在党的领导下，在社会各界的支持下，历史博物馆克服了人员少、任务重的困难，使博物馆藏品体系从无到有，逐步构建和积累起来，为博物馆的建立和发展奠定了坚实的基础。

2. 以马克思主义为指导，探索构建中国特色的展览体系

为了将马克思主义指导思想贯穿落实到展览工作中，1951 年 3 月中央人民政府文化部对陈列工作提出指导方针：（1）中国历史陈列，以科学的历史观点和方法，将中国历史发展按年代、事件、人物布置陈列；（2）设立物质文化专题陈列室，如对建筑、生产工具、科学发明等历史上物质文化的发展过程，予以系统的陈列。并将考古材料作科学的陈列。[2]

根据文化部的指导方针，历史博物馆确定了展览陈列的主要工作任务：筹办"中国通史陈列"，该陈列表现范围自原始社会到五四运动；筹办"中国物质文化的专题陈列"，如历代服饰、生产工具、交通工具及科学发明等；举办临时性发掘展览，主要与中国科学院考古研究所和其他有关机构共同举办。[3]

从 1950 年开始，中共中央号召在全党开展一次马列主义理论学习运动，社会发展史学习是这次学习活动的重要组成部分。为积极配合干部学习社会发展史，北京历史博物馆开始策划举办"中国社会发展史展览"，筹备"原始社会陈列"。该展览主要参照恩格斯的《家庭、私有制和国家的起源》、裴文中的《中国史前

1　吕章申主编《中国国家博物馆百年简史（1912—2012）》，第 37 页。

2　陈鹏程：《北京历史博物馆》，《文物参考资料》1957 年第 3 期，第 49 页。

3　参见《北京历史博物馆改进草案》（1954 年），中国国家博物馆档案。转引自吕章申主编《中国国家博物馆百年简史（1912—2012）》，第 39 页。

期之研究》、尹达的《原始社会史》及其他报告、论文。展览在著
名考古学家裴文中、贾兰坡的具体指导下推进，同时聘请郭沫若、
范文澜、尹达、翦伯赞、吕振羽等历史学家，梁思永、苏东琦、
郭宝钧、黄文弼、张政烺、安志敏等考古学家和胡先骕、冯家升、
林耀华、吴泽霖、费孝通等人类学家（社会学家），还请徐悲鸿、
王朝闻、胡蛮、高庄、王逊、杨鹤汀、孙昌煌等美学家（美术家）
进行指导，以确保展览的思想性、学术性和艺术性完美结合。[1]

经过一年的紧张筹备，"原始社会陈列"于1951年1月对外展
出。该展览是我国博物馆最早运用历史唯物主义观点组织的历史陈
列的尝试。在这次实践的基础上，在党和国家领导人的关心下，在
文化部、国家文物局的指导下和全国文博考古兄弟单位的支持下，
北京历史博物馆经过反复修改，历时八年，相继推出"夏商周时代
陈列""秦汉陈列""魏晋南北朝陈列""隋唐五代陈列""宋元陈
列""明清陈列""中国近代史陈列"，形成了"中国通史陈列"。

除了举办通史展外，针对在恢复和发展国民经济建设过程中，
出土大量文物的情况，为展示这些珍贵的历史文物，由北京历史
博物馆和中科院考古所联合，于1954年5月，对社会开放举办
了"全国基本建设工程中出土文物展览"。各地赴京参加展览的
文物3755件，其中华北地区623件、东北地区735件、西北地
区597件、华东地区334件、中南地区1032件、西南地区434
件。[2]预展期间，毛泽东主席两次来馆参观，馆长韩寿萱陪同接待。

历史博物馆还与相关单位合作举办了不少临时性展览，如
"解放后人民捐献文物展览""河北景县封氏墓出土文物展览""绍
兴出土文物展览""长沙出土文物展览""中国人民革命图片展

---

1 李万万：《北京历史博物馆时期的展览研究》，《文物天地》2016年第3期，第47—48页。
2 向达：《参观了全国基本建设工程中出土文物展览以后》，《文物参考资料》1954年第9期，
第64页。

览""中国历代钱币展览""中国历代雕塑展览""敦煌文物展
览""1950 年殷墟发掘品展览""河北唐山发掘品展览""北京西
郊明墓发掘品展览""中国历代建筑展览""楚文物展览""曹子
建墓出土文物展览""炳灵寺图片展览""徐州茅村汉画像石拓片
展览""辉县发掘及望都汉墓壁画展览"等。[1]

　　历史博物馆经过不懈的探索，逐步形成了以马克思主义的观
点、方法进行科学研究和展览陈列的方法，为新中国博物馆展陈
工作探索出了一条新路，使展览陈列"正确体现出我国人民在历
史上的作用，能反映我国历史的发展规律，向广大人民群众进行
历史唯物主义和爱国主义教育。并尽最大努力为科学研究工作提
供资料。"[2]

　　3. 发挥博物馆社会教育功能，探索推进社会教育工作

　　1951 年 5 月，北京历史博物馆成立群众工作部，社会教育工
作有序开展起来。首先向观众进行"中国原始社会陈列"和"敦
煌文物展览"的宣传讲解工作。除周一外，每天都有讲解员为参
观群众服务。7 月，"殷墟发掘展览"开幕，群众工作部主动到市
文教局及各区人民政府联系，发动市内各中小学校、成人学校学
生和工厂工人来馆参观。

　　20 世纪 50 年代初，历史博物馆的解说员大多数是初中文化
程度。因此，提高讲解质量是首先需要解决的问题。经过实践，
到 1953 年，在提高讲解质量上，积累了两方面比较好的经验：
（1）采取边做边学、工作与学习相结合的方法，定出专人负责，
以师傅带徒弟的办法来培养；（2）采用分段负责办法，即把陈列

1　吕章申主编《中国国家博物馆百年简史（1912—2012）》，第 42 页。

2　《北京历史博物馆的简介》（1956 年 9 月 22 日），中国国家博物馆藏。

分为若干段，每人负责一段，段段交接。[1]

1955年，历史博物馆对社会教育工作做出了更明确的要求：有计划地组织观众来馆参观，更好地为工农兵服务；加强业务学习，并通过修改讲解草稿提高讲解质量。在培养解说员方面，除了配合陈列进行经常性的业务学习，并按时召开说明方法研究会提高解说质量技巧外，还大力组织解说员到各有关地方进行观摩学习；为检查解说质量，对解说员的讲解进行了抽查考试；有计划地通过电话、派人联系等方式，发动工厂、部队、学校等单位来馆参观。当年，共接待观众267980人。[2]

此外，在宣传工作方面也尝试了一些新方法，如为扩大宣传本馆的陈列内容，4月底至5月末，曾在首都、大华等10家电影院刊登电影广告。并印海报500张，张贴在北京市的热闹地方。截止到1956年11月22日，当年到馆参观人数为314420人次，比1955年增加了17%。其中团体参观人数86056人次，较1955年增加了30%。[3]

另外，博物馆还积极为大中小学、历史考古机构等教育、科研机构提供研究资料服务。仅1956年一年，为历史研究和历史教学工作供应的资料，其提供的经费达10万元之多。服务范围包括学校、部队、机关以及专家等各方面。[4]

除此以外，北京历史博物馆在人才引进[5]、对外交流[6]等方面也

1　吕章申主编《中国国家博物馆百年简史（1912—2012）》，第37—38页。

2　《统计工作部1955年工作总结》（1955年），中国国家博物馆档案。转引自吕章申主编《中国国家博物馆百年简史（1912—2012）》，第38页。

3　《群工部1956年工作总结》（1956年），中国国家博物馆档案。转引自吕章申主编《中国国家博物馆百年简史（1912—2012）》，第38页。

4　韩寿萱：《历史博物馆今昔实况对比》，《文物参考资料》1957年第7期。

5　根据韩寿萱介绍，仅1950年，该馆新添的就有沈从文、傅振伦、王毓铨、马非百、姚鉴、孙作云、李光璧、李家琦等人。

6　据《群工部1956年工作总结》，当年招待了27个国家的外宾316人次。

进行了卓有成效的探索，这都是在党的关心指导下进行的，也与
韩寿萱等广大博物馆工作者的辛勤劳动密切相关。他们的探索为
新中国初期的博物馆事业蓬勃发展发挥了重要作用。

三　积极推进中国特色的革命文物保护利用工作

（一）积极征集革命文物

1949 年 5 月 4 日，北平历史博物馆在《人民日报》刊登征
集革命文献实物启事，"奉文化接管委员会委托，征集自五四运
动以来中国人民革命斗争的各种文献、实物，以备将来开设革
命博物馆之用"。[1]

中央人民政府及各级领导机构对博物馆的筹建给予了高度重
视。1949 年 10 月 11 日，中共中央宣传部即向各中央局、分局
宣传部发出《关于收集革命文物的通知》，提出："革命博物馆为
即将设立之重要宣传教育机构"，"望各中央局、分局宣传部并通
知各级宣传部门及时（迟则不易收集）负责收集革命文物，专人
负责，集中保存"，"待革命博物馆成立后即派人迁京"。收集革
命文物的范围，"以五四以来，共产党领导的新民主主义革命为
中央，上溯鸦片战争、太平天国等革命运动；旁及其他革命党派
团体之革命事迹"。[2]

1950 年 6 月 16 日，中央人民政府政务院发布《关于普遍征
集革命文献实物的命令》，要求："各级人民政府普遍征集一切有

1　《北平历史博物馆征集革命文献实物启事》，《人民日报》1949 年 5 月 4 日。

2　安跃华：《中国国家博物馆近现代文物的征集与捐赠》，《中国国家博物馆馆刊》2012 年第
　　10 期，第 147 页。

关革命的文献与实物……各级人民政府遵照办理，并与中央人民政府文化部文物局革命博物馆筹备处取得联系，将办理情况随形随时通知该处。"具体征集范围为："1、革命文物之征集，以五四以来新民主主义革命为中心，远溯鸦片战争、太平天国、辛亥革命及同时期的其它革命运动史料。2、凡一切有关革命之文献与实物如：秘密和公开时期之报章、杂志、图画、档案、货币、邮票、印花、土地证、路条、粮票、摄影图片、表册、宣言、标语、文告、年画、木刻、雕像、传记、墓表；革命先进和烈士的文稿、墨迹及用品，如：兵器、旗帜、证章、符号、印信、照相、衣服、日常用具等；以及在革命战争中所缴获的反革命文献和实物等，均在征集之列。3、各级人民政府、各机关、各社会团体所组织之各种征集革命文物的机构，均应对上项文物认真征集，妥慎缴交中央革命博物馆筹备处或大行政区或省市文教主管机关集中保管，并列清单层报中央人民政府文化部决定处理办法。4、征集方式：分捐赠、寄存、收购三种。对捐赠或寄存上项革命文物之有珍贵价值者，得分别情节，由各级征集机构呈请地方政府或中央人民政府予以褒奖。"[1]这是新中国第一个关于征集文物的法令，表明了党和政府对流散文物的重视。

1951 年 3 月 22 日，中央革命博物馆筹备处又向各大行政区发出在土改中征集文物的更为详细的清单。此后，中央革命博物馆的机构、人员逐步完备，开始了有步骤的文物征集和收藏工作，并在此基础上布置革命文物展览。截至 1953 年，在各地党和政府协助下，已征集到各种革命文物 29400 余件。[2]到 1957 年底，已经入藏的革命文物达 68553 件。在征集的文物中，有不少

---

1 《中央人民政府政务院关于普遍征集革命文献实物的命令（摘要）》，《山西政报》1950 年第 9 期，第 17 页。

2 《关于革博工作问题的报告》（1953 年），中国国家博物馆档案室藏。

珍贵文物，如 1927 年杀害李大钊烈士的绞刑架，革命先驱李大钊的女儿李星华捐赠了其父被捕后的《狱中自述》和"铁肩担道义 妙手著文章"对联，杀害刘胡兰的铡刀及毛泽东"生的伟大 死的光荣"的题词原件。

这些卓有成效的征集工作，是党的正确领导的结果，是社会主义制度优越性的集中体现。韩寿萱积极配合，在其中发挥了不可替代的重要作用。例如当时根据调查和反映得知，山西文水县人民政府保存有敌人杀害刘胡兰的铡刀及毛泽东"生的伟大 死的光荣"的题词原件。韩寿萱以北平历史博物馆馆长身份和时任北京军管会文化接管委员会负责人王冶秋以军代表名义，联名致函文水县人民政府，请代为征集有关刘胡兰烈士的文献和实物。这些文物后由文水县转交中央革命博物馆筹备处收藏。这些及时有效的征集工作，为革命博物馆的建立奠定了坚实的基础。

（二）指导筹建李大钊同志纪念堂

李大钊先生是中国共产党的重要创始人，在中国首先系统研究传播马克思主义。他于 1918 年 1 月到 1922 年年底，担任北京大学图书馆主任。自 1918 年 10 月起，一直在北大红楼一层东南角图书馆主任室工作。在这里，他不仅积极推荐图书馆各项工作，使北大图书馆跻身于国内外先进图书馆的行列，成为一所成熟的大学图书馆。而且，在他的努力下，北大图书馆变成了推进新文化、传播马克思主义的重要阵地，毛泽东、邓中夏等一大批进步青年在他的指导下，确立了马克思主义信仰。在李大钊先生的指导下，北京共产党小组在他的办公室诞生，[1] 指导中国北方各

1　1921 年，中国共产党成立后，北京共产党小组改为中国共产党北京支部。

地建立中国共产党早期组织。

新中国成立后，为纪念李大钊同志对中国革命和中国共产党的伟大贡献，1950 年五四前夕，北京纪念五四筹委会委托北京大学在北大红楼原李大钊任图书馆主任的办公室内布置了"李大钊纪念堂"，主要是对李大钊先生工作的场景进行复原。当时这项工作具体由北大博物馆专修科来负责，由北京历史博物馆进行指导。作为北京大学专修科和北京历史博物馆馆负责人，曾经是北京大学地下党支部负责人的韩寿萱，十分重视李大钊先生纪念堂布展工作，不仅翻阅大量资料，走访有关当事人，还多次到现场指导。专家们在红楼地下室翻了旧档案，找出了"登薪册"等档案，还走访请教了张申府、王锡英、李续祖、周炳林、许德珩和当时健在的北大老校工等。经过几个月的筹备，李大钊先生纪念堂在 1950 年 5 月 4 日开幕。[1]

与此同时，"毛主席在校工作处"展览也布置在李大钊先生办公室外间。青年毛泽东于 1918 年秋天到 1919 年 3 月曾在北京大学图书馆担任书记员，负责第二阅览室的管理工作，同时也帮助李大钊整理过图书资料，因此将"毛主席在校工作处"安排在原李大钊办公室内。曾参与过布置纪念室的王锡英回忆，1950 年韩寿萱、唐振芳、阴法鲁、向达把他找去，让他回忆了毛主席在图书馆主任室外间工作的情况，也回忆了毛主席在日报阅览室工作的情况，但韩寿萱等人看了日报阅览室认为不好复原，因为当时日报阅览室改建成了合作社，屋里还砌了一个洋灰柜台，恢复原貌比较困难，所以，韩寿萱等人就决定把毛主席工作室布置在李大钊办公室的外间。[2]

2002 年 4 月成立的北京新文化运动纪念馆和 2022 年 6 月成

---

1 刘静：《李大钊办公室陈列复原始末》，收录于郭俊英主编《北大红楼历史沿革考论》，文物出版社，2012，第 321 页。

2 见罗歌等于 1963 年 3 月—1964 年 7 月调查访问资料，现存国家文物局。

立的中国共产党早期北京革命活动纪念馆，源头可以追溯到"李大钊纪念堂"和"毛主席在校工作处"。

作为从北大红楼走出来的中国现代博物馆事业的重要学者和北京历史博物馆的负责人，[1] 韩寿萱先生将全部精力都投入到博物馆事业。在去世之前，他翻译了约 50 万字的《中国革命人物传记》。他去世后，家属根据其遗嘱，将生前所藏图书（1076 种4268 册）全部捐赠给原工作单位中国历史博物馆。[2] 韩寿萱将他的全部都奉献给了中国博物馆事业。

结　语

北大红楼不仅是新文化运动的中心、五四运动的策源地、马克思主义在中国早期传播的主阵地、中国共产党的主要孕育地，还诞生了中国现代新的学科。回首中国现代博物馆事业的百年历程，北大红楼在其中发挥了十分重要的作用：设立于此的北大研究所国学门为中国现代博物馆的学术研究和人才储备奠定了基础，并推动了故宫博物院、北平历史博物馆（中国国家博物馆前身）等国家级博物馆的成立；北京大学在红楼设立了中国第一博物馆学专业；以韩寿萱为代表的北大学人为新中国博物馆事业进行了开创性探索。

在中国博物馆事业蓬勃发展的今天，我们从北大红楼与中国现代博物馆事业艰辛历程中，从一代又一代北大红楼学人对中国现代博物馆事业不懈奋斗中，不断汲取精神养分，对新时代中国文物博物馆事业具有重要意义。

1　新中国成立后到 1956 年，北京历史博物馆馆长人员空缺，韩寿萱先生为专任副馆长，为具体负责人。

2　《韩寿萱同志捐献图书清单》，韩寿萱先生后人藏。

他者之思：柯乐博在华期间对中国革命的
观察与分析[*]

陈佳奇[**]

摘　要：柯乐博是美国外交界处理对华事务的"中国通"。在华履职期间，
他不仅察觉到国民政府行政效率低下、官员作风腐败等问题，同
时也通过对苏区的调查研究，了解到中共的革命潜力。甚至在革
命陷入低潮之际，他依然相信中共若能坚持不懈地采用游击策略
进行武装斗争，并为自身争取到足够的休整时间，将会在中国西
部再度开辟出新的革命根据地。"华北事变"爆发后，柯乐博越
发认识到远东的大国博弈对中国产生的重大影响。面对愈演愈烈
的国共纷争，他不仅反对美国政府援助蒋介石，更主张在国民政
府濒临瓦解之际，美国须灵活应变，开拓渠道与中共接洽。身为
美国在华的中层外交官，柯乐博在美国对华政策的拟定过程中发
挥着独特的作用。虽然他并不握有外交决策权，但他所提供的信
息与建议，为美国制定对华政策提供了参考。

关键词：柯乐博　中国通　中国革命　美国对华政策　国共关系

　　1901 年 2 月 16 日，柯乐博（Oliver E. Clubb）出生在美

* 本文系国家社会科学基金中国历史研究院重大历史问题研究专项重大招标项目"新民主
主义革命史"（项目编号：LSYZD 21012）阶段性成果。

** 陈佳奇，中国社会科学院近代史研究所助理研究员。

国明尼苏达州，父母都曾是美国在华的传教士。一战期间他在美军中服役，退役后，先入美国华盛顿大学，后转至明尼苏达大学学习国际法。[1] 学生时代的教育背景，使他逐渐对外交事务及中国问题产生了浓厚的兴趣。[2]1928 年他进入美国外交界，在 1930 年至 1942 年间，曾出任美国驻汉口、上海、北京等地副领事、领事及美国驻华公使馆三等秘书、美国驻华大使馆二等秘书等职务，对中国的内政民情多有了解。[3]1943 年以后，他先后被任命为美国驻迪化、符拉迪沃斯托克（海参崴）、哈尔滨、长春等领事馆的总领事。[4]1946 年 3 月，他还在沈阳开设了二战后美国在中国东北的第一个领事馆。[5]1947 年起，他调任美国驻北平总领事，直至 1950 年 4 月领事馆关闭，成为最后一位离开北平的美国外交人员。[6] 作为一名中层外交官，柯乐博在华履职近 20 年。他不仅参与了美国对华政策的制定与实施，在长期的外交生涯中，他对中国革命问题亦有自己的理解与认知，在美国外交界是与范宣德（John C. Vincent）、石博思（Philip D.

1 O. Edmund Clubb Is Dead at 88: China Hand and McCarthy Target, *New York Times*, May 11, 1989, p.D29; Richard Pearson, O. Edmund Clubb, 88, "China Hand" Dies, *The Washington Post*, May 12, 1989, p.C8.

2 Richard D. McKinzie, *Oral History Interview with O. Edmund Clubb*, June 26, 1974, New York, Oral History Interviews, Harry S. Truman Library, p.1.

3 杨生茂、张友伦主编《美国历史百科辞典》，上海辞书出版社，2003，第 272 页；The Telegram from Edwin A. Plitt to Homer S. Fox, March 31, 1943, Records of the U.S. Department of State, 1940-1944: Records of the Department of State Relating to the Internal Affairs of China, 1940-1944. National Archives (United States), Gale Primary Sources: Archives Unbound, https://go.gale.com/ps/, Document Number: SC5112282226, p.1。

4 Richard D. McKinzie, *Oral History Interview with O. Edmund Clubb*, pp.3-4, 28-29; Consul in Waiting, *New York Times*, December 15, 1946, p.E2; 闫自兵：《美国驻迪化领事馆考述》，《新疆大学学报》（哲学·人文社会科学版）2020 年第 1 期，第 75 页。

5 Richard D. McKinzie, *Oral History Interview with O. Edmund Clubb*, p.34.

6 Richard D. *McKinzie, Oral History Interview with O. Edmund Clubb*, p.90.

Sprouse）、谢伟思（John S. Service）等人齐名的"中国通"
（China Hand）。返美后，受"麦卡锡主义"（McCarthyism）
的冲击，1952 年他被迫离开外交界，出任哥伦比亚大学东亚研
究所高级研究员。此后，他专注于研究中国历史，出版了《二十
世纪的中国》（*20th Century China*）、《中俄大博弈》（*China &
Russia: The "Great Game"*）等著作。1989 年 5 月，他因帕金
森病在纽约辞世，享年 88 岁。[1]

在 20 世纪 30—40 年代，革命与战争成为远东地区的主旋
律，而柯乐博在华的外交际遇，也成为折射中美关系变迁的一个
缩影。目前学术界关于柯乐博的研究，一方面是将他与美国外交
界来华的多个"中国通"并列，整体探究这一群体的命运起伏；[2]
另一方面则聚焦柯乐博个人的外交实践，分析他在抗战时期美国
应对中苏在新疆之纠纷、1947 年"九台事件"之善后以及美国
处理与中国共产党（以下简称"中共"）关系等具体外交事务中
的角色。[3] 同时，也有研究者关注到柯乐博在北平任职期间，与中

---

1 O. Edmund Clubb Is Dead at 88: China Hand and McCarthy Target, *New York Times*, May
   11, 1989, p.D29.

2 参见 Ely J. Kahn, *The China Hands: America's Foreign Service Officers and What Befell Them*,
   New York: The Viking Press, Inc., 1972; Paul G. Lauren eds., *The China Hands' Legacy:
   Ethics and Diplomac*, Boulder, Colorado: Westview Press, Inc., 1987; Schaller, Michael,
   "Consul General O. Edmund Clubb, John P. Davies, and the 'Inevitability' of Conflict Between
   the United States and China, 1949-50: A Comment and New Documentation", *Diplomatic
   History,* Vol.9, No.2（Spring 1985）, pp.149-160。

3 代表性研究参见郭永虎《20 世纪 40 年代美国在新疆地区的渗透活动》，《新疆社会科学》
   2009 年第 3 期；张维缜《一九四七年"九台事件"研究》，《中共党史研究》2019 年第 3
   期；闫自兵《美国驻迪化领事馆考述》，《新疆大学学报》（哲学·人文社会科学版）2020
   年第 1 期；〔美〕马丁《抉择与分歧：英美对共产党在中国胜利的反应》，姜中才、于占杰
   译，社会科学文献出版社，2016；〔美〕张少书《朋友还是敌人？：1948—1972 年的美国、
   中国和苏联》，顾宁等译，中央编译出版社，2014；陈少铭《新中国成立前后美国对中国
   共产党的政策演变》，《中共党史研究》2009 年第 2 期。

美知识精英之往来互动。[1] 总体而言，相关学术成果虽然对柯乐博的在华经历有所涉及，但鲜有著述关注到柯乐博其人对中国革命的理解与思考。本文拟从三个历史阶段，考察柯乐博对中国革命的观感与认知，以探讨美国的一代"中国通"，在理想与现实交织下，如何找寻不同时期美国处理对华问题的计策与方案。同时，透过分析柯乐博与美国国务院高级官员的意见交流情况，也有助于从"中观"维度，进一步研究美国中层外交官在对华决策过程中所发挥的作用。

一　初涉苏区：柯乐博关注中国革命之缘起

在学生时代，柯乐博就对中国有着特别的兴趣。他认为中国是一个充满变革希望的国度，对美国而言，遥远而神秘。1928年，他参加了美国国务院举行的外交官选拔考试并顺利通过，于1929年被派往北京学习汉语及中国的历史文化。[2] 经过两年的中文课程培训，柯乐博开启了他的职业外交官生涯。多年后，他在其回忆录中提到获得外交官资格时的心绪："我感到很自豪，同时也对未来充满期待。"[3] 对外交工作的热爱，为柯乐博日后的外交生涯提供了坚持不懈的精神动力。按照美国外交界的既定原则，常驻他国的外交官必须熟悉当地的语言及文化，由于柯乐博选择中文作为其培训课程，因此，他的外交履历自然就与中

1　代表性著述参见杨奎松《一位美国传教士在燕京大学的"解放"岁月——围绕范天祥教授的日记和书信而展开》，《华东师范大学学报》（哲学社会科学版）2015 年第 5 期；杨奎松《燕大挽歌——1948—1952 年一所美国教会大学的"新生"与幻灭》，《中央研究院近代史研究所集刊》2022 年第 115 期。

2　Richard D. McKinzie, *Oral History Interview with O. Edmund Clubb*, p.2.

3　O. Edmund Clubb, *The Witness and I*, New York: Columbia University Press, 1975, p.34.

国息息相关。作为培训课程的结业成果，1931 年初，柯乐博向美国驻华公使馆提交了第一份报告，名为《中国的破坏性因素》（*Disruptive Elements in China*），其中就提到了有关中国革命的问题。他认为在古老文明日益瓦解的中国，革命将不可避免地持续下去。[1]1931 年 3 月，柯乐博被任命为美国驻汉口领事馆副领事。[2]同年 5 月，他去汉口正式赴任。[3]在汉口工作期间，他对中国革命问题产生了初步的思考。

履职汉口以后，柯乐博逐渐了解到中共在苏区的革命形势。他的工作最初是在两位经验丰富的外交官洛克哈特（Frank P. Lockhart）和亚当斯（Walter A. Adams）的指导下开展。[4]由于柯乐博能够熟练运用中文，他经常负责将领事馆获取的中共报刊资料译成英文，再由领事馆将英译本递交给国务院。[5]同时，柯乐博也通过私人渠道购买一些民间出版物，并定期将其中涉及中国革命动态的信息，整理、发送给国务院。例如他曾将一本由武昌亚新地图社刊印的《湖北明细地图》呈递给国务院，此文献包含不少有关中共革命根据地在湖北省的分布情况、湖北的山川水

1　O. Edmund Clubb, *The Witness and I*, p.34.

2　U.S. Appointment: Mr. E. O. Clubb New Vice Consul at Hankow Washington, Mar. 21, *South China Morning Post*, Mar. 27, 1931, p.12.

3　《知悉柯乐博之任职事并已令循例接待》（1936 年 5 月 25 日），《中美往来照会集（1846—1931）》第 19 册，广西师范大学出版社，2006，第 285 页。

4　O. Edmund Clubb, *The Witness and I*, p.39.

5　Translation of Article on Communist Activities in China, December 23, 1931, Records of the U.S. Department of State, 1930-1939: Part 1: Records of the Department of State Relating to the Internal Affairs of China, 1930-1939, Part 1, National Archives (United States), Gale Primary Sources: Archives Unbound, Document Number: SC5113424237, p.1; Translation of Article on Communist Activities in China, December 30, 1931, Records of the U.S. Department of State, 1930-1939: Part 1: Records of the Department of State Relating to the Internal Affairs of China, 1930-1939, Part 1, National Archives (United States), Gale Primary Sources: Archives Unbound, Document Number: SC5113424237, p.1.

文及城市空间布局等信息。[1] 柯乐博还注重建立研究资料库，搜罗中共在苏区时期的出版物，例如《中国工人通讯》等，并将其中的一部分资料发回美国，以便国务院适时了解中共的政策主张。[2]

1931 年夏，湖北各地连降大雨，导致江汉地区水位迅速上升，及至 8 月下旬，武昌城内大半被淹，电灯厂锅炉炸裂，四十多万灾民亟须救济。[3] 在受灾面积和人员伤亡不断扩大的情势下，国民政府也采取了赈灾措施。柯乐博在汉口亲身经历了这场水患，对国民政府的赈灾情况也有着直观的体验。在漫漫洪水带来的考验面前，柯乐博首次感受到国民政府行政能力的低下："剑不能解决任何问题。当民生福祉遭遇重大威胁时，再强大的军事力量也难以发挥作用。如果中国内部的分歧不能化解，未能达成统一的经济建设方案，最终的结果将是中共在华中和华南获得进一步发展。这场洪水会促使那些有改变经济状况需求的民众，对政府的不满和反抗更加强烈。"[4] 同时，他还观察到国民政府在赈灾中的腐败现象："并非只有少数官员是腐败分子，政府内的腐败情况十分普遍。"[5] 在汉口任职期间，国民政府对民生问题的处置低效以及各级官员的中饱私囊，给柯乐博留下了深刻的印象。

1　Communist Activities in Hupeh, February 2, 1932, Records of the U.S. Department of State, 1930-1939: Part 1: Records of the Department of State Relating to the Internal Affairs of China, 1930-1939, Part 1, National Archives (United States), Gale Primary Sources: Archives Unbound, Document Number: SC5113424237, p.1.

2　Chinese Communist Party Publications, August 31, 1934, Records of the U.S. Department of State, 1930-1939: Part 1: Records of the Department of State Relating to the Internal Affairs of China, 1930-1939, Part 1, National Archives (United States),Gale Primary Sources: Archives Unbound, SC5113425460, p.1.

3　《武昌水灾扩大》，《西安日报》1931 年 8 月 23 日，第 2 版；《武汉灾民已达四十余万人》，《新天津》1931 年 8 月 23 日，第 3 版。

4　O. Edmund Clubb, *The Witness and I*, p.41.

5　O. Edmund Clubb, *The Witness and I*, p.41.

由于柯乐博对中国革命问题饶有兴趣，1932 年 4 月，他向美国国务院提交了一份名为《共产主义在中国——1932 年来自汉口的报告》（*Communism in China: As Reported from Hankow in 1932*）的文件，其中详细介绍了包括 1927 年至 1931 年间红军的武装力量、军事活动以及苏区的地理位置分布、中共党组织的结构和对外宣传方针等内容。在报告的结论部分，他明确提出"如要阻止中共发起的社会革命浪潮，只有一种办法，那就是改善中国人民的经济处境"。[1] 关于中国革命的发展趋势，柯乐博指出："日本发动的'一·二八事变'虽然一定程度上推迟着中国内乱的发生，但除非日本将继续袭击中国，否则中国的内部纷争就难以完全停止。"[2] 他形象地使用三角关系来形容中国的局势，即"革命""内乱"和"对外关系"三者相互交织、相互牵扯，共同左右着中国历史的演进。在这篇报告中，柯乐博断言中共不会与日本人合作，中日战争进程必然推动着中国革命的此起彼伏，最终将促使中国全方位转向对日斗争。而中国的政局演变会产生"溢出效应"，对整个东亚地区的国际环境都将产生重要的影响。在此期间，柯乐博已敏锐察觉到国民党政权存在的突出问题——脱离民众。对此，他指出"一场社会革命，如果不植根于民众，就会走向失败"。[3]

这一时期柯乐博对国共两党的分析，以及对中国发展方向的判断，为此后他在华的外交生涯奠定了思想基础。而柯乐博提交的《共产主义在中国——1932 年来自汉口的报告》，也引起了美国国务院的重视，决策层认为他的报告对于国务院了解中国的

1 Oliver E. Clubb, *Communism in China: As Reported from Hankow in 1932*, New York: Columbia University Press, 1968, p.104.

2 Oliver E. Clubb, *Communism in China: As Reported from Hankow in 1932*, p.108.

3 Oliver E. Clubb, *Communism in China: As Reported from Hankow in 1932*, pp.111-112.

共产主义运动提供了有益的帮助。国务院希望柯乐博能够继续关注中共革命的进展，并在合适的时机下，将相关信息发回国务院。[1] 不过，正是由于报告的内容涉及面较广，部分表述的准确性也受到了一定的质疑，[2] 但这并未影响到柯乐博这份报告的"热度"。而这份长达 124 页的文件不仅被送交至国务院，其复印件还被送给美国长江舰队的指挥部（Commander of the Yangtze Patrol）及美国驻南京、上海、天津、广州、哈尔滨、烟台、青岛、福州、汕头等地的领事馆参阅。[3] 柯乐博的报告一定程度上促使美方增加了对中共革命力量的关注，美国其他驻华机构例如上海领事馆也对其属地内中共的活动情况展开了调研。[4]

汉口借助长江流域的天然水网，成为近代中国货运贸易的重要枢纽。而经过汉口的各类货品，不仅包括大宗商品，还包括鸦

---

1 The Telegram from the Department of State to Edmund O. Clubb, March 23, 1934, Records of the U.S. Department of State, 1930-1939: Part 1: Records of the Department of State Relating to the Internal Affairs of China, 1930-1939, Part 1, National Archives (United States), Gale Primary Sources: Archives Unbound, Document Number: SC5113425460, p.2.

2 例如美国驻厦门领事富兰克林（Lynn. W. Franklin）就质疑柯乐博报告的内容，认为他所描述的红军发展情况只适用于闽赣边界地带，中共在这里已发展一段时间，柯乐博对红军的实力有所夸大。富兰克林提出中共在厦门及其周边城市并未获得充足的补给，且缺乏相应的影响力。参见 Local Communistic Activities, September 12, 1932, Records of the U.S. Department of State, 1930-1939: Part 1: Records of the Department of State Relating to the Internal Affairs of China, 1930-1939, Part 1, National Archives (United States), Gale Primary Sources: Archives Unbound, Document Number: SC5113424237, pp.1-3。

3 A Study of Communism in Central China, July 7, 1932, Records of the U.S. Department of State, 1930-1939: Part 1: Records of the Department of State Relating to the Internal Affairs of China, 1930-1939, Part 1, National Archives (United States),Gale Primary Sources: Archives Unbound, Document Number: SC5113424237, pp.1-2.

4 Communist Activity in Shanghai District, October 19, 1932, Records of the U.S. Department of State, 1930-1939: Part 1: Records of the Department of State Relating to the Internal Affairs of China, 1930-1939, Part 1, National Archives (United States), Gale Primary Sources: Archives Unbound, Document Number: SC5113424237, pp.1-4.

片这类"黑金"。1934 年 4 月，柯乐博撰写完成了有关中国鸦片运输的报告并上交国务院，集中分析了鸦片屡禁不止的原因。他认为国民政府实施禁烟更多是依赖领导人的个人作用，而非健全的法律体系。有两大因素直接影响到禁烟的成效：一是蒋介石是否真心禁止鸦片贸易；二是国民政府内部是否存在有能力的官员将禁烟政策落到实处。在柯乐博看来，蒋介石并非真心要禁止鸦片贸易，因为他需要更多的金钱来维护他的独裁统治。若蒋氏能够取得足够的资金来支持国民党的军费开销，那他将寻找到充分的理由去禁止鸦片的生产与消费，而事实上，鸦片专卖所带来的收入依然是国民党军费的重要来源。[1]美国国务院对柯乐博的报告大加赞赏，认为其内容不仅富有价值，而且阐述清晰。这份报告同时还获得了美国财政部的青睐。[2]国民政府鸦片专营所带来的一系列负面效果，也促使柯乐博对国民党政权的本质产生了进一步的认识。

这一时期，柯乐博还了解到国民党以"攘外必先安内"的名义，对苏区进行了多次"围剿"。1934 年 12 月，柯乐博撰写了名为《红军与中国西部》（*The Reds and West China*）的备忘录。一方面他认为红军被迫转移使南京政府与西南军阀之间的缓冲地带消失，蒋介石可以对中共和西南势力施加直接的军事压力，以求得满意的解决办法。但是，如果蒋氏对行至贵州、四川一带的

1　The Opium Traffic in China, April 24, 1934, Records of the U.S. Department of State, 1930-1939: Part 1: Records of the Department of State Relating to the Internal Affairs of China, 1930-1939, Part 1, National Archives (United States),Gale Primary Sources: Archives Unbound, Document Number: SC5113516254, pp.90-91.

2　The Telegram from the Department of China to Walter A. Adams, July 2, 1934, Records of the U.S. Department of State, 1930-1939: Part 1: Records of the Department of State Relating to the Internal Affairs of China, 1930-1939, Part 1, National Archives (United States),Gale Primary Sources: Archives Unbound, Document Number: SC5113516254, p.1.

红军及当地的军阀采取军事行动，不仅会耗费大量的时间和金钱，也会使他成为中国反对派的众矢之的。国民党对红军的"围剿"，不会演化成大规模的内战。中国的财政金融状况，也无法支撑蒋介石发动旷日持久的战争。[1] 另一方面，红军向西部转移，也可能会促使中国西部掀起革命的浪潮。加之湖北、安徽、江苏、浙江和福建等省农民面临绝望的经济处境，在中国沿海地区可能会发生持续的动荡。因此，南京政府必须要集中精力来维系社会秩序的稳定。在这种情况下，柯乐博判断，如果转移至西部的红军依然能够坚持使用游击斗争的策略，并且能够拥有充足的时间来安身，那么在中国西部，很可能发展出下一个力量强大的"苏区"。[2]

在汉口的任职经历，是柯乐博外交生涯的起点，也是他对中国革命形成相对独立认知的开端。其间他不仅察觉到国民政府行政效率低下、官员作风腐败等问题，同时也通过对苏区的观察与研究，了解到中共的革命潜力。甚至在国民党大肆"围剿"红军，中国革命陷入低潮之际，依然相信中共若能坚持不懈地采用灵活策略进行武装斗争，并为自身争取到足够的休整时间，中共将会在西部再度开辟出新的革命摇篮。[3] 但随着华北事变的爆发，加之个人的职位变动，此后，柯乐博越发关注日苏等外力作用对

1　The Reds and West China, December 8, 1934, Records of the U.S. Department of State, 1930-1939: Part 1: Records of the Department of State Relating to the Internal Affairs of China, 1930-1939, Part 1, National Archives (United States),Gale Primary Sources: Archives Unbound, Document Number: SC5113460359, pp.10-11.

2　The Reds and West China, December 8, 1934, Records of the U.S. Department of State, 1930-1939: Part 1: Records of the Department of State Relating to the Internal Affairs of China, 1930-1939, Part 1, National Archives (United States),Gale Primary Sources: Archives Unbound, Document Number: SC5113460359, pp.11-12.

3　O. Edmund Clubb, *The Witness and I*, p.41.

中国革命进程产生的影响。

二 外力作用：柯乐博分析苏联对华的影响

1935 年间，日本以关东军、天津驻屯军、满铁为先锋和主力，以广田外交相配合，在华北地区制造了一系列事件，于是以"华北事变"为标志，1935 年成为九一八事变至七七事变之间日本侵华最为积极的一年。[1] 同年，柯乐博调任美国驻华公使馆三等秘书，工作地点转移至北平。工作的需要使他更加关注华北地区的中日冲突以及日苏关系的演进。在此期间，他越发察觉到在华的大国较量主要在日苏间进行，中国在这场斗争中与其说是战斗者，不如说是"战利品"。而当日本占领东北后，随着纳粹势力在欧洲的崛起，苏联也在东线进行了战术上的撤退。斗争的结果将重新塑造世界的权力格局，并影响到中国的未来。[2]

1935 年底，柯乐博向国务院提交了一份关于日本军事战略意图以及日苏间是否会爆发战争的报告。他提出日本陆军一直在中国东北与苏联的边境上施压，试图"看看他们的军队能走多远"。苏军面对日本的威胁姿态，除了加强军事防御措施之外，并没有采取其他的行动。尽管如此，日本军队若要"北进"，也将面临重重的考验。柯乐博据此分析，中国的局势显然对日本更加有利：冀察政务委员会的成立，标志着华北向日本敞开了大门，这一地

1　臧运祜:《七七事变前的日本对华政策》，社会科学文献出版社，2000，第151页。

2　O. Edmund Clubb, *The 20th Century China*, New York: Columbia University Press, 1965, p.219.

区将成为日本的经济和军事基地。[1]因此，日军在亚洲的行动在一段时间内显然将向南扩张，征服华北、华中及中国沿海地区将成为日本未来十年的主要目标。[2]简而言之，日本在亚洲的势力并不会向北深入寒冷的西伯利亚地区，而是向南进入中国。中日间的角力将至少持续 10 年，且中间不会停顿。即使日本会组织某些部队向苏联发动突袭，但似乎有理由相信，日本头脑冷静的领导人绝不希望与苏联开战，因为他们在中国已忙得不可开交。在未来 10 年，华北、华中及沿海地区将是日本的主要战场，而日苏两国再次爆发战争的可能性不大。[3]

柯乐博在 1935 年提交的报告充分体现了他作为职业外交官，对时局准确的洞察力与判断力。日本不仅在 1937 年以卢沟桥事变为借口，发动了全面的侵华战争，更在 1941 年将战火延伸至太平洋地区，促使美国加入对日作战的反法西斯阵营中。而太平洋战争也直接影响到柯乐博的个人命运。1941 年底，他在调任美国驻河内领事馆任职后，在当地被日军拘捕并关押，遭受到身体和精神的双重折磨，直至 1942 年 6 月，美国通过与日本交换

1　Confict Between the Soviet Union and Japan in Eastern Asia, December 12, 1935, Confidential U.S. Diplomatic Post Records, Russia and the Soviet Union: Part 3, The Soviet Union: 1934-1941, Confidential Files, Commerce and Commercial Relations, Folder 710: Foreign Relations: Japan, ProQuest History Vault, https://hv.proquest.com/historyvault/, Document Number: 003302-034-0001, p.2.

2　Confict Between the Soviet Union and Japan in Eastern Asia, December 12, 1935, Confidential U.S. Diplomatic Post Records, Russia and the Soviet Union: Part 3, The Soviet Union: 1934-1941, Confidential Files, Commerce and Commercial Relations, Folder 710: Foreign Relations: Japan, ProQuest History Vault, Document Number: 003302-034-0001, pp.2-3.

3　Confict Between the Soviet Union and Japan in Eastern Asia, December 12, 1935, Confidential U.S. Diplomatic Post Records, Russia and the Soviet Union: Part 3, The Soviet Union: 1934-1941, Confidential Files, Commerce and Commercial Relations, Folder 710: Foreign Relations: Japan, ProQuest History Vault, Document Number: 003302-034-0001, p.12.

战俘的方式，才使柯乐博重获人身自由。[1]1942 年底，美国拟在迪化（今乌鲁木齐）设立领事馆，打通经苏联向新疆进而运往中国内地的援华物资运输线路，特向国民政府外交部征求意见。12月 24 日，经外交部部长宋子文与蒋介石商榷决定，准允美国在新疆迪化设立正式的领事馆。[2]由于柯乐博对中国和苏联的历史、国情、内外政策都有所了解，1943 年 3 月，他被派往迪化任首任领事，但他的随行人员只有三人：一位信使、一个警卫员和一名厨师。[3]

虽然在迪化的工作条件相对艰苦，但柯乐博也在此了解到更多有关苏联的信息。他注意到自 1942 年夏，国民政府已开始迅速向新疆施加控制力，而盛世才也越来越依靠与国民政府的关系，来维持在新疆的权力和地位。柯乐博认为新疆与重庆方面的密切关系，一定程度上有利于新疆的经济发展。[4]然而，柯乐博也意识到，具有专制倾向的国民党所秉持的经济建设理论，并不能为解决中国生产和分配问题提供恰当的方法。特别是在一个农业人口占80％的农业大国里，解决国家的粮食供应问题还未取得突破性进展。国民党政权向新疆的扩张，必然带来明显的负面效果。特别是各级政府如果不能将一些利益分配给普通民众，那么开发资源丰富的西北地区，对中国的经济发展也

1　O. Edmund Clubb, *The Witness and I*, pp.53, 57.

2　《美国使馆拟在迪化暂设正式领馆是否可行祈核示由》（1942 年 12 月），台北"国史馆"藏，外交部全宗，档案号：020-050202-0010。

3　The Chargé in China (Vincent) to the Secretary of State, March 19, 1943, *Foreign Relations of United States (FRUS)*, Diplomatic Papers, 1943,China,Washington, D. C. :U. S. Government Printing Office, 1957, pp. 217-218; O. Edmund Clubb, *The Witness and I*, p.60.

4　Extension of Chungking Political Machinery into the Northwest, May 3, 1943, Records of the U.S. Department of State, 1940-1944: Records of the Department of State Relating to the Internal Affairs of China, 1940-1944, National Archives (United States), Gale Primary Sources: Archives Unbound, Document Number: SC5112282922, p.2.

难有实质性的贡献。[1]尽管中苏贸易往来受到中国政府决策的影响，但因日本对华的交通封锁，在抗战期间，苏联在盟军对华输送物资方面，仍具有重要的交通枢纽作用。美方可借助苏联，将租借法案中所规定的战略物资，通过铁路和公路运输的方式，经苏联运抵新疆，从而支持中国内陆地区对日作战。[2]但柯乐博的美好冀望却在现实中遭遇挫折，苏联政府对此反应并不积极，甚至又以中亚局势不稳为由，反对美国军火再度经由新疆转运。[3]

面对战时新疆错综复杂的局势，柯乐博察觉到苏联的影响力远不只在贸易与交通运输两个层面。他认为国民政府虽然不愿意苏联染指新疆，但仍希望苏联能够真正为中国的对日作战提供军援，甚至与日本直接开战。1943 年 6 月，柯乐博在给美国驻华代办乔治·艾奇逊（George Atcheson）的电文中分析了苏联参加对日作战的可能性：国民政府的愿望显然会落空，苏联在短期内不可能与日本开战。特别是国民政府对苏联在新疆的势力越发排斥，苏联原有驻军被要求撤离，仅在哈密保留了一支装备精良的特遣部队，由一个团（大约 1500 人）组成。这样的事态发展是中苏两国政治较量的结果，即使苏联在力所能及的领域，也极有可能不愿帮助中国。柯乐博进一步指出，国民政府的对苏政

1　Extension of Chungking Political Machinery into the Northwest, May 3, 1943, Records of the U.S. Department of State, 1940-1944: Records of the Department of State Relating to the Internal Affairs of China, 1940-1944, National Archives (United States), Gale Primary Sources: Archives Unbound, Document Number: SC5112282922, p.5.

2　Transportion of Lend-Lease Supplies for China thtough the Soviet Union, April 26, 1943, Records of the U.S. Department of State, 1940-1944: Records of the Department of State Relating to the Internal Affairs of China, 1940-1944, National Archives (United States), Gale Primary Sources: Archives Unbound, Document Number: SC5112322089, p.1.

3　史宏飞、白建才：《论 20 世纪 40 年代中美苏三国在中国新疆的博弈》，《史学集刊》2012年第 4 期，第 40 页。

策，将会对新疆乃至整个中国的抗战大局不利。假若国民政府能够更谨慎地处理新疆问题及其与苏联的关系，在政治上可能会更为有利可图。[1]面对中苏在新疆的博弈，柯乐博还强调这一情况也将对美国产生多重影响。苏联是反法西斯同盟国，美苏在远东太平洋地区保持合作的态度，符合美国的安全利益。但更为重要的是，中国在经济上和政治上尽可能地排斥苏联，将会使中国更加依赖美国，而美国对华也将承担越发重要的责任。[2]

1944 年 5 月，在国务院远东事务司的授权下，柯乐博撰写了有关中苏关系的备忘录，其中他深入分析国民政府对苏态度以及苏联对远东地区的影响，并提出在中苏关系不断变动的过程中，美国应采取的对策。首先，他认为国民政府对苏联颇为警惕。国民党内只有少数人（例如宋庆龄、冯玉祥、孙科等）对苏抱有好感，但他们在国民政府中并无实权。国民政府的实权派如蒋介石、何应钦、宋子文、陈立夫等人，都具有强烈的反苏意识。[3]其次，柯乐博意识到国民政府对远东的未来形势十分担忧，他们担心苏联在新疆、外蒙古及东北进行扩张，甚至影响朝鲜的政局。更重要的是，苏联的立场是支持中共，这显然对国民党是非常不利的。[4]在此情况下，柯乐博判断国民政府忌惮苏联在太平洋地区享有更高的国际地位，为了制衡苏联，

1　The Chargé in China (Vincent) to the Secretary of State, May 6, 1943, *FRUS*, Diplomatic Papers, 1943,China, p.232; The Consul at Tihwa (Clubb) to the Chargé in China (Atcheson), June 5, 1943, *FRUS*, Diplomatic Papers, 1943,China, p.250.

2　The Consul at Tihwa (Clubb) to the Chargé in China (Atcheson), June 5, 1943, *FRUS*, Diplomatic Papers, 1943,China, pp.250-251.

3　Memorandum by Mr. O. Edmund Clubb of the Division of Chinese Affairs, May 19, 1944, *FRUS*, Diplomatic Papers, 1944, Volume VI: China, Washington, D.C.: United States Government Printing Office, 1967, p.786.

4　Memorandum by Mr. O. Edmund Clubb of the Division of Chinese Affairs, May 19, 1944, *FRUS*, Diplomatic Papers, 1944, Volume VI: China, p.788.

国民政府的某些领导人将不会希望日本的军事与经济实力全然衰退，相反，寄希望于日本能够牵制苏联，以遏制苏联在远东影响力的进一步增长。[1]

在此基础上，柯乐博就美国对华政策提出了三点建议：第一，美国应更为充分地利用中国军队，包括中共在敌后抗日根据地的武装力量来推进对日作战；第二，美国承诺在对日作战中为中国提供援助，但不承诺在任何情况下都支持国民政府，美国所期待的是中国人民能够获得更多的经济利益，并能更充分地参政议政；第三，美国所关心的首要问题是摧毁法西斯势力，取得对日作战的胜利，中苏均为美国的盟国，美国希望中苏能够友善共处，并将为缓和中苏关系做出积极的努力。[2]柯乐博的上述观点与美国国务院的看法基本一致，美国国务卿赫尔（Cordell Hull）、副国务卿斯退丁纽斯（Edward R. Stettinius Jr.）均注意到这一时期国民政府的"反苏"情绪，也都主张美国应维护反法西斯同盟的内部团结，促进中苏关系的改善。[3]

战后柯乐博被要求前往中国东北，对美国外事机构在哈尔滨、沈阳和大连的财产状况进行调查。此前美国在东北曾设有多处领事馆，日本侵占东北后难以为继。柯乐博此番任务，主要是负责

1　Memorandum by Mr. O. Edmund Clubb of the Division of Chinese Affairs, May 19, 1944, *FRUS*, Diplomatic Papers, 1944, Volume VI: China, pp.789-790.

2　Memorandum by Mr. O. Edmund Clubb of the Division of Chinese Affairs, May 19, 1944, *FRUS*, Diplomatic Papers, 1944, Volume VI: China, pp.791-793.

3　The Secretary of State to the Ambassador in China (Gauss), May 3, 1944, *FRUS*, Diplomatic Papers,1944, Volume VI: China, p.785; Memorandum by the Under Secretary of State (Stettinius) , May 23, 1944, *FRUS*, Diplomatic Papers,1944, Volume VI: China, p.793; Memorandum by the Under Secretary of State (Stettinius) to the Director of the Office of Far Eastern Affairs (Grew), June 2, 1944, *FRUS*, Diplomatic Papers, 1944, Volume VI: China, p.794.

调查领事馆的财产状况及其档案的下落等。[1]但在柯乐博还未来得及全面展开工作时，1945 年 12 月他即被任命为美国驻哈尔滨总领事。[2]这期间柯乐博受肠胃问题的困扰，尚处于养病状态，并未前往哈尔滨就职。因国务院对他的工作能力颇为肯定，认为他经验丰富，行事谨慎，曾在中国和苏联工作，能够流畅使用汉语和俄语，很适合主持美国在沈阳的事务。[3]1946 年 3 月，柯乐博被派往沈阳，开设了美国战后在东北的第一个领事馆。[4]在东北任职期间，他更加直观地感受到大国关系对中国革命的影响。柯乐博在其文章中强调"自日俄战争以来，中国东北一直是大国角逐的战略要冲。二战结束后，国际形势发生了根本变化。日本不再是东亚的一个制衡力量，而英国即将在亚洲大部分地区失去其势力范围。苏联军队驻扎在朝鲜和中国东北，美国的军队驻扎在日本、韩国和中国。东亚会处于持续的动荡之中"。[5]柯乐博有关东北"战事难平"的主张，是基于他在符拉迪沃斯托克（海参崴）任职期间，对苏联在远东影响力所做的评估。1945 年 10 月，他在给国务院的电报中强调，"苏联依然有能力向中共提供帮助，但更多是物资援助而非人力支持"。[6]由此，苏联倾向于中共能够

1　Richard D. McKinzie, *Oral History Interview with O. Edmund Clubb*, June 26, 1974, New York, Oral History Interviews, Harry S. Truman Library, pp.23, 26.

2　Richard D. McKinzie, *Oral History Interview with O. Edmund Clubb*, June 26, 1974, New York, Oral History Interviews, Harry S. Truman Library, pp.28-29.

3　The Secretary of State to the Embassy in China, February 19, 1946, *FRUS, 1946*, Volume X, The Far East: China, Washington, D.C.: U.S. Government Printing Office, 1972, p.1133.

4　Richard D. McKinzie, *Oral History Interview with O. Edmund Clubb*, p.34.

5　O. Edmund Clubb, "Manchuria in the Balance, 1945-1946", *Pacific Historical Review*, Vol. 26, No. 4 (Nov., 1957), pp.377-378.

6　The Consul General at Vladivostok (Clubb) to the Secretary of State, October 31, 1945, *FRUS*, Diplomatic Papers, 1945, Volume VII, The Far East: China, Washington, D.C.: U.S. Government Printing Office, 1969, p.1034.

取得对东北和华北的控制权，这会使战后国共两党在东北的武装冲突难以避免。[1]

而中共对东北问题的立场，也使柯乐博更相信此前的判断。11 月 27 日，朱德在接受美国、法国的多家媒体采访时，就东北问题发表公开声明："国民党当局不经过与中共的正式协议，而经过美军的援助，硬把他们的军队开入自一九三八年初以来即由八路军与人民起义所创立的冀热辽解放区，这就是今天在北宁路上发生内战的原因。假使这种情况继续发生，自卫的抵抗亦将被迫继续下去。"[2] 柯乐博获知该声明内容后，向国务院做出分析，认为中共未来对东北自治的要求将更加强烈，并会得到苏联的支持。[3] 他提醒国务院，苏联已取得在东北的"强势"地位，美国还应注意苏联正在积极扩大在亚洲的影响力。[4] 柯乐博的判断与美国驻苏大使哈里曼（William A. Harriman）的主张不谋而合。哈里曼也曾公开指出战后苏联政策已逐渐变得独行其是了。自从盟国在占领日本的安排上发生分歧后，苏联越来越表现得不愿放松对东北的控制。[5]

从调任美国驻华公使馆三等秘书至独当一面担任总领事，柯乐博不仅在外交职阶上步步提升，他关于中国问题的思考也更加深入。据此，柯乐博就美国对华政策提出的建议，多数也与美国

---

1 The Consul General at Vladivostok (Clubb) to the Secretary of State, October 31, 1945, *FRUS*, Diplomatic Papers, 1945, Volume VII, The Far East: China, p.1035.

2 中共中央文献研究室编《朱德年谱新编本·一八八六——一九七六（中）》，中央文献出版社，2006，第 1218 页。

3 The Consul General at Vladivostok (Clubb) to the Secretary of State, December 6, 1945, *FRUS*, Diplomatic Papers, 1945, Volume VII, The Far East: China, p.1049.

4 The Consul General at Vladivostok (Clubb) to the Secretary of State, December 6, 1945, *FRUS*, Diplomatic Papers, 1945, Volume VII, The Far East: China, p.1049.

5 〔美〕W. 艾夫里尔·哈里曼、伊利·艾贝尔：《哈里曼回忆录》，吴世民等译，东方出版社，2006，第 641 页。

决策层的对华主张相近。在革命与战争交织的时局下，柯乐博越发认识到日苏等大国因素，对中国革命产生的重要影响。一方面，日本侵华确实促成了国共两党"一致对外"，导致民族革命的取向更为突出，但另一方面，伴随苏联对华影响力的扩大，也使国民党对中共更为忌惮，国共矛盾也进一步使民主革命的进程加速。战后的国共冲突，与中国国内政治权力的分配息息相关，国民党决定拒绝与掌握军队的中共分享权力，而后者要求必须在战后重新分配政治权力。[1] 面对愈演愈烈的国共纷争，柯乐博提出了一系列主张，以期为美国政府找寻更为合适的应对方案。

三　反对援蒋：调任北平前后柯乐博对国共问题的主张

雅尔塔会议召开之前，美国基于对战后国际秩序的规划与设想，制定了《美国对华长期目标和政策大纲》，其中提到美国政府对华政策的长期目标：第一，政治方面，实现中国的强大、稳定和统一，帮助中国建立一个代表中国人民意愿的政府；第二，经济方面，帮助中国经济实现综合、平衡发展，促进中国与其他国家间更充分的贸易往来；第三，文化方面，在理解与发展的基础上，推进中美的文化与科技合作。[2] 然而，战后日益激烈的国共冲突，使美国对华的战略目标难以实现。1945 年 12 月，美国派遣美军参谋总长马歇尔（George C. Marshall）作为特使，赴华

1　O. Edmund Clubb, "Manchuria in the Balance, 1945-1946", *Pacific Historical Review* , Vol. 26, No. 4 (Nov., 1957), p.388.

2　Outline of Long-Range Objectives and Policies of the United States with Respect to China, *FRUS*, Diplomatic Papers, The Conferences at Malta and Yalta, 1945, Washington, D.C.: U.S. Government Printing Office, 1955, p.356.

调解国共纷争。

作为美国驻沈阳总领事，在马歇尔调处期间，柯乐博一直密切关注着国共两党在东北的冲突。他提出美国在因应国共纷争时，必须保持中立的立场，对二战结束后美国在东北的情报工作进行重新调整，切断美国战略情报组（Strategic Service Unit, SSU）[1]与国民党军队的技术合作关系，显示美国不会倾向于国民党。[2]关于马歇尔在使华期间动员中间党派调停国共纷争，柯乐博认为此举成效有限：中国民主同盟（以下简称"民盟"）与其他知识分子团体作为"第三势力"的代表，没有自己的军事力量，难以左右时局发展的方向。[3]马歇尔使团在华近一年的调停工作，可谓一波三折、状况百出。[4]对于美国调停失败的原因，柯乐博表示"尽管马歇尔使团以良好的意图，希望在国共双方之间进行调解，但为时已晚。国共双方的目标并不一致，国民党在解决民生问题上捉襟见肘，失去民心，越来越多的中国人倾向于站到中共一边"。[5]

马歇尔调处失败与国共内战的爆发，促使美国开始重新考虑对华政策。为此，美国决策层内部开展了一场激烈的争论。一方

1　二战结束后，负责美国战时情报工作的战略情报局（The Office of Strategic Services）宣告解散，原属战略情报局管辖的驻华战略情报组，归属陆军部战略情报处指挥。参见王惠宇《战后初期美国在中国东北的情报活动》，《辽东学院学报》（社会科学版）2012 年第 1 期。

2　SSU Position in Mukden, June 28, 1946, Digital National Security Archieve (DNSA), https://www.proquest.com/dnsa, Document Number: CI00144, pp.1-3.

3　Richard D. McKinzie, *Oral History Interview with O. Edmund Clubb*, pp.45-46.

4　马歇尔出使中国斡旋国共纷争可分为三个阶段。第一阶段是 1946 年 1 月至 4 月，是充满希望的第一阶段；第二阶段是 1946 年 4 月至 1946 年 10 月，这是局面难以控制和悲观情绪与日俱增的阶段；第三阶段是 1946 年 10 月至 1947 年 1 月，国共内战打响，马歇尔调停失败并计划撤出中国。参见 Dean Acheson, *Present at the Creation: My Yeas in the State Department,* New York: W.W. Norton & Company, 1969, p.144。

5　Richard D. McKinzie, *Oral History Interview with O. Edmund Clubb*, June 26, 1974, New York, Oral History Interviews, Harry S. Truman Library, pp.32-34.

面，以范宣德为代表的美国外交官提出，美国应支持中国组建联合政府，并对华提供与军事无关的必要性援助。[1]另一方面，军方却提出了针锋相对的意见，即反对中国成立联合政府，并继续为蒋介石政权提供军事与经济援助。[2]国务卿马歇尔较支持范宣德等人的意见，他在给战争部部长帕特森（Robert P. Patterson）的信中强调："国共两党要在政府中开展合作确实是障碍重重，然而，这些障碍并不足以影响美国的对华政策。美国仍然希望中国人能够以和平方式，建立一个团结、统一、民主的国家，从而为远东的和平与发展做出贡献。"[3]不过，由于美苏冷战的爆发，美国需要更加谨慎地维护其国家安全和全球利益，因此对中国的共产主义革命多有警惕。国民党元老吴稚晖就曾指出，"苏维埃制度之最不欢迎者，无疑是美国人。现在中共要在中国实行苏维埃制度，而美国人无论在何种观点上都难袖手旁观，不能不动脑筋采取行动，至少也要好好利用中国这个猫脚爪，使其具有自火中取栗的能力"。[4]更重要的是，彼时共和党控制了美国国会，马歇尔为推进欧洲复兴计划，选择支持参议院共和党会议主席范登堡（Arthur. H. Vandenberg）的援华提议，对共和党做出了让步，而范登堡也积极推动国会为马歇尔的欧洲复兴计划提供支持。在此背景下，美国决定继续为国民政府提供军事援助。1947 年 5

1　The Director of the Office of Far Eastern Affairs (Vincent) to the Secretary of State, February 7, 1947, *FRUS, 1947*, Volume Ⅶ, The Far East: China, Washington, D.C.: U.S. Government Printing Office, 1972, pp.789-790.

2　Study of the Military Aspects of United States Policy toward China, June 9, 1947, *FRUS, 1947*, Volume Ⅶ, The Far East: China, p.843; William W. Stueck, *The Road to Confrontation: American Policy toward China and Korea, 1947-1950*, Chapell Hill: The University of North Carolina Press, 1981, p.42.

3　The Secretary of State to the Secretary of War (Patterson)，March 4, 1947, *FRUS, 1947*, Volume Ⅶ, The Far East: China, p.805.

4　《吴稚晖谈国事》，《小春秋》1947 年 9 月 1 日，第 2 版。

月 26 日，美国解除对华军火禁运，在美国海军陆战队从华北撤退的过程中，美军将 6500 吨军火"赠予"国民党军队。[1]

　　尽管美国决策层已将援助蒋介石作为既定政策，但柯乐博却有其独立的政治认知。长期的在华工作经历，使其对国民政府好感甚少。在沈阳工作期间，柯乐博亲身体会到国民党各级官员在接收东北物产时暴露的腐败问题：他们一门心思地投机取巧、抢夺战利品、侵占舒适的房屋。[2]时人回忆起这一乱象时也指出"文武官员骄奢淫逸，上下其手，甚至对东北人还有点对殖民地的味道"。[3]国民政府东北行辕监察组也发现不少"吃空缺""克扣粮饷""谎报消耗""盗卖军火"等案件。[4]腐败丛生的乱象，暴露出国民政府陷入了积重难返的境地。但在柯乐博看来，这还不是国民党政权所面临的最严峻的挑战。他表示最令人担忧的是"国民政府始终不能正视中国的经济与社会问题，反而陷入一场自身难以承受的内战之中"。[5]1947 年 8 月，柯乐博建议美国要准确评估自身的经济、政治和军事资源，不应将可利用的大量资源投入支持蒋介石发动的内战之中。[6]作为美国的中层外交官，他虽然服从美国国务院对华的既定方针，但他也有义务根据中国形势的演化，及时向国务院提出政策意见。因此，柯乐博多次在其报告中明确表示反对援蒋，这也使他成为美国战后第一个极力主张停

1　Dean Acheson, *Present at the Creation: My Yeas in the State Department,* New York: W.W. Norton & Company, 1969, p.304.

2　Richard D. McKinzie, *Oral History Interview with O. Edmund Clubb*, p.36.

3　沈云龙、林泉、林忠胜访问《齐世英先生回忆录》，台北"中央研究院"近代史研究所，1990，第 269 页。

4　民国历史文化学社编辑部编《内战在东北：熊式辉、陈诚与东北行辕（一）》，台北：民国历史文化学社有限公司，2021，第 89 页。

5　O. Edmund Clubb, *The Witness and I*, p.6.

6　The Consul General at Changchun (Clubb) to the Secretary of State, August 28, 1947, *FRUS, 1947*, Volume Ⅶ, The Far East: China, p.266.

止向国民政府提供军事援助的总领事。[1]

　　同年 11 月，柯乐博就任美国驻北平总领事。[2] 调任北平后，他向美国驻华大使司徒雷登（John L. Stuart）提出了一个大胆的建议：为便于美国在华获取情报，保持美国对中国的影响力，是否可能在获得中共默许的情况下，派遣一名或多名外交官员进入中共解放区，并与中共领导人会面。柯乐博认为，安排这样一个考察团进入解放区的时机已经成熟，在不久的将来，美国很可能不会向国民政府持续提供援助，加之中共所取得的军事胜利使其感到政治地位相对安全。因此，他认为中共有可能会接受美方的提议。[3]1948 年 1 月，柯乐博在给司徒雷登的报告中对此提议做了进一步解释，具体方案如表 1 所示。

表 1　有关美国外交人员进入中共解放区的行动方案

行动目标	美方可通过此次访问获悉以下信息：
	（1）在即将被中共占领的大城市中，中共对美国侨民的态度和如何？侨民的私有财产能否得到保护？美国领事机构是否会得到适当的保护和设施配备，以及能否继续正常工作；
	（2）中共是否需要美国资本和技术人员的援助，以恢复解放区的通信和工业生产？中共对于与美国商业利益集团建立正常贸易关系持何种态度；
	（3）中共将组成一个怎样的联合政府？他们愿意与国民党的哪些成员进行谈判与合作？哪些党派或团体能够加入联合政府？中共是否会在华北或陇海线以北范围内建立一个独立的政权；
	（4）其他有关解放区经济状况、战斗士气和组织分布等情报
人员资质	第一，中文流利；第二，具备较为丰富的外交经验

1　Gordon H. Chang, *Friends and Enemies : the United States, China, and the Soviet Union, 1948-1972*, Stanford: Stanford University Press, 1990, p.23.

2　《克鲁伯就任美驻平总领事》，《益世报》（上海）1947 年 11 月 1 日，第 1 版。

3　The Consul General at Peiping (Clubb) to the Ambassador in China (Stuart), January 3, 1948, *FRUS, 1948*, Vol. VII, The Far East: China, p.6.

续表

人员构成	由柯乐博或联合国善后救济总署的官员迪特曼森（Marcy Ditmanson）带队，包含若干其他领事馆官员
对外沟通渠道	中国解放区善后救济总会设在天津的电台
行动线路	从天津出发，经唐县走大运河沿线进入中共解放区

资料来源：The Consul General at Peiping (Clubb) to the Ambassador in China (Stuart), January 3, 1948, *FRUS, 1948*, Vol. VII, The Far East: China, pp.6-8。

对于柯乐博的提议，马歇尔多有关注。1948 年 2 月 6 日，他致电司徒雷登，希望后者对柯乐博的提议给出意见和评断。[1] 2 月 9 日，司徒雷登答复马歇尔，他认为尽管从获取情报的角度看，柯乐博的提议的确值得尝试。然而，美国派遣外交官到中共解放区会给国民政府的统治带来不利的影响，美国外交官不宜直接访问中共解放区。[2] 在得到司徒雷登的反馈后，这份提议最终被国务院否决。

1948 年，国民政府的统治日益衰败。在此情况下，柯乐博又多次重申其反对援蒋的主张。他表示美国向国民政府提供的援助越多，国民政府要武力消灭中共军队的决心就越大，加之中国经济的持续恶化，这将导致中国人民的痛苦不减反增。蒋介石的领导，不足以挽救中国，而中共极有可能会夺取全国性的胜利。[3] 显然，只有对国民政府进行根本性改组，使权力不再集中于个人或

---

1 The Secretary of State to the Ambassador in China (Stuart), February 6, 1948, *FRUS, 1948*, Vol. VII, The Far East: China, p.84.

2 The Ambassador in China (Stuart) to the Secretary of State, February 9, 1948, *FRUS, 1948*, Vol. VII, The Far East: China, pp.86-87.

3 The Consul General at Peiping (Clubb) to the Secretary of State, February 11, 1948, *FRUS, 1948*, Vol. VII, The Far East: China, Washington, D.C.: U. S. Government Printing Office, 1973, p.90.

某个小集团手中，而是由持有不同政见的党派分享政权。[1] 柯乐博判断，改组后的中国政府应该包含国民党内的自由派、持不同政见的中间党派和社会贤达，以实现中国政局的稳定。[2]

随着国民党在辽沈战役中的全面溃败，在反对援蒋的同时，柯乐博也主张美国应弱化意识形态分歧，考虑与中共展开接触。他分析国民党之所以在内战中败北，是源于军事力量以外的因素。国民党军队确实在战场上被击溃，但当国民党失去了知识分子和中国城乡中为数众多的"小人物"支持时，当中国农民也向政府发起反抗时，国民党就已失去了政权。[3] 在此情况下，柯乐博建议国务院要重审对华决策，中止对蒋介石政权的援助。他在给马歇尔的电报中，还提醒美国外交决策层要多注意中间势力的政治影响力。不过，他认为美国不应对民盟等政团予以过多关注，而应重视李济深、李宗仁、傅作义、马鸿逵、阎锡山等人领导的军事集团。另外，他提出美国必须做好准备，适应共产主义力量的崛起，如果一味对中共进行抵制，其后果将是间接助长苏联在华的影响力。[4]

11月16日，柯乐博在给国务院远东事务司司长白华德（William W. Butterworth）的电报中重申了他的看法："蒋介石把控权力如此之久，以至于国民政府在他的手中几近崩溃，中国已不存在任何其他国民党势力能够力挽狂澜，也没有任何政治集团强大到可与中共讨价还价的程度。美国政府应鼓励一部分国

1　The Consul General at Peiping (Clubb) to the Secretary of State, February 11, 1948, *FRUS, 1948*, Vol. Ⅶ, The Far East: China, p.91.

2　The Consul General at Peiping (Clubb) to the Secretary of State, February 11, 1948, *FRUS, 1948*, Vol. Ⅶ, The Far East: China, pp.101-102.

3　O. Edmund Clubb, *The 20th Century China*, pp.295-296.

4　The Consul General at Peiping (Clubb) to the Secretary of State, November 2, 1948, *FRUS, 1948*, Vol. Ⅶ, The Far East: China, pp.536-537.

民党领导人与中共进行合作，组成联合政府。"[1]

柯乐博的建议一定程度上呼应了美国的外交需要，引发了美国外交决策层的关注与讨论。与柯乐博持相似意见的还有美国驻华大使司徒雷登及美国驻沪总领事卡伯特（John M. Cabot）。[2]1949 年元旦，蒋介石宣布下野，由李宗仁主持国民政府的日常事务，北平和谈随之拉开帷幕。尽管国民政府面临倒台的重大危机，司徒雷登却并未考虑从中国撤离，柯乐博透过司徒雷登与民盟华北支部的负责人张东荪取得了联络。张东荪建议柯乐博可寻找机会与中共沟通，美国将有可能与中共建立直接的经贸合作关系。[3]这一时期，柯乐博也认为中共在接管大城市后，面临明显的经济困境。因此，美国有希望与中共在经济领域发展合作。[4]其间柯乐博也透过张东荪，了解中共的政策动态。张东荪曾命其子张宗炳与柯乐博联系，向他介绍新政协筹备会的相关进展，并特别建议柯乐博暂缓离开北平，等待局势明朗后再做决定。[5]

然而，事态的发展却与柯乐博的预期相反。1949 年 6 月，毛泽东发表《论人民民主专政》一文，明确亮出了"一边倒"的

1　The Consul General at Peiping (Clubb) to the Director of the Office of Far Eastern Affairs (Butterworth), November 16, 1948, *FRUS, 1948*, Vol. VII, The Far East: China, p.578.

2　The Ambassador in China (Stuart) to the Secretary of State, October 26, 1948, *FRUS, 1948*, Vol. VII, The Far East: China, p.519; The Consul General at Shanghai (Cabot) to the Director of the Officeof Far Eastern Affairs (Butterworth)，December 30, 1948, *FRUS, 1948*, Vol. VII, The Far East: China, pp.713-715.

3　The Ambassadorin China (Stuart) to the Secretary of State, May 28, 1949, *FRUS, 1949*, Vol. VIII, The Far East: China, Washington, D.C.: U.S. Government Printing Office, 1978, p.350.

4　Richard D. McKinzie, *Oral History Interview with O. Edmund Clubb*, pp.77-78.

5　The Consul General at Peiping (Clubb) to the Secretary of State, June 9, *FRUS, 1949*, Vol. VIII, The Far East: China, pp.376-377.

政治方针："欲达到胜利和巩固胜利，必须一边倒。积四十年和二十八年的经验，中国人不是倒向帝国主义一边，就是倒向社会主义一边，绝无例外。骑墙是不行的，第三条道路是没有的。"[1]文中毛泽东不仅提出中共要一边倒向苏联，还确信现时英美的统治者还是帝国主义者，他们不会给人民国家以援助，"我们在国际上是属于以苏联为首的反帝国主义战线一方面的，真正的友谊的援助只能向这一方面去找，而不能向帝国主义战线一方面去找"。[2]此后，柯乐博更难以通过张东荪了解到中共的政策意向，他认识到"民族主义和反对帝国主义的立场，影响到中共处理对外关系的方方面面""未来一段时间内，都不能指望中共对美国采取温和的态度"。[3]1950年4月，柯乐博见证了美国驻北平总领事馆降下星条旗，这位在新中国成立后依然留在北平观望的"中国通"离华归美，至此一去不复返。

结　语

自 1931 年出任美国驻汉口副领事起，柯乐博的外交生涯始终与中国有着千丝万缕的联系。他践行着作为美国外交官的职责与使命，并逐渐成长为一名"中国通"。在汉口履职期间，他不仅认识到国民政府的多重弊病，更预感到中共作为引领中国革命的核心力量，将会对中国的未来产生举足轻重的影响。面对日本在

---

1 《毛泽东选集》第 4 卷，人民出版社，1991，第 1472—1473 页。

2 《毛泽东选集》第 4 卷，第 1474—1475 页。

3 O. Edmund Clubb, "Chinese Communist Strategy in Foreign Relations", *The Annals of the American Academy of Political and Social Science*, Vol. 277, Report on China (Sep., 1951), p.157; Memorandum by the Assistant Secretary of State for Far Eastern Affairs (Rusk) to the Secretary of State, *FRUS, 1949*, Vol. VIII, The Far East: China, p.328.

东亚的扩张，柯乐博准确判断其军事行动的方向，断定日苏不会开战，在 1935 年即预判到中日间将会爆发长达 10 年的战争。在西北和东北工作期间，他密切注意到中苏两国在新疆展开的博弈，认识到国民政府对苏联的警惕与防备，很大程度上会使中苏关系走向疏离，进而判断美国将会在对华事务上发挥越来越大的影响力。同时，在战后国共纷争迭起之际，他鲜明提出美国要保持中立的立场。然而，冷战后美国对苏的遏制政策，使其无法在国共内战中不偏不倚。对于美国政府出台的援蒋方针，柯乐博有其独立的判断。他不仅反对美国政府援助蒋介石，更主张在国民政府濒临瓦解的情况下，美国政府可"灵活应变"，寻求渠道与中共展开磋商。柯乐博向国务院所提出的建议，既体现他个人对中国政治局势之体认，也影响到美国决策层对华问题的具体考量。

柯乐博作为美国在华的中层外交官，在美国对华政策的拟定过程中也发挥着特殊的作用。一方面，领事或总领事层级的外交官并不具备拍板定案之职权。正如柯乐博在其回忆录中所指出的："职业外交官向政府提供的报告和意见，会在最高决策者的参考范围之内，无疑会影响到外交政策的制定。但职业外交官并未被赋予决策权，他们的意见能否被采纳，最终取决于总统及国务院。"[1] 但另一方面，美国任何的对外政策都绝非一成不变，必然要随着国际、国内形势的变化而及时做出调整。柯乐博作为美国驻华的中层外交官，能够接触到中国内政民情的实时动态，根据美国外交界的惯例，外交官所熟知的国度距离北大西洋文化领域越远，他的报告对于美国当局了解该地区的政治形势就越发重要，所提出的建议也就越能被美国决策者所采纳。[2] 因此，美国驻华各领事馆所获取的各类信息，以及围绕对华事务而提出的具体

1　O. Edmund Clubb, *The Witness and I*, pp.3-4.

2　O. Edmund Clubb, *The Witness and I*, p.4.

建议，也成为美国对华决策的重要依据，推动着总统和国务院重新审视对华关系，甚至在中国局势发生剧变之际全面转变对华方针。[1]正是由于中层外交官能够在国务院对外政策调整的进程中发挥关键的助推作用，因此，即使美国的援蒋政策已然确立，柯乐博仍坚持反对援蒋，乃至在新中国成立以后，他还选择留在北平继续寻求与中共接触的机会。

柯乐博对中国革命的理解与分析，不仅体现出他因肩负外交官职责，为美国制定对华政策所做的现实主义考量，而且也承载着一名"中国通"对中美关系的理想愿景，夹杂着"他者"对中国革命尤其是共产主义革命的种种"想象"。这反映出"中国通"与外交官的双重身份，均影响到他对中国事务的思考。早在20世纪30年代初，他就秉持钻研中国革命问题的态度，撰写完成有关中央苏区的专题性研究报告，对中共的革命力量有着清晰的认识。这份报告在柯乐博离开美国外交界后，最终以专著的形式公开出版。不过，柯乐博并非信仰马克思列宁主义，更不能真正理解中共的意识形态体系与无产阶级革命的理论。他对中国革命的种种阐释，也未跳脱出其固有的认知体系。他预判中共开展的革命斗争，将引领中国走向"国家社会主义"的改良式道路，但这显然与中共致力于实现无产阶级专政的革命目标南辕北辙。[2]

1　1949 年初，美国国务院已基本放弃继续援助蒋介石的方案，并决定静观中国之变。即在中国局势尚未明朗之前，美国需"等待尘埃落定"（Dust to Settle）。参见 China Policy is Outlined to 30 in House, *The Washington Post*, February 25, 1949, p.3。

2　中共在"一大"上即确立了实现无产阶级专政的革命目标，将中国共产党的纲领确定如下：第一，革命军队必须与无产阶级一起推翻资本家阶级的政权，必须支援工人阶级，直到社会的阶级区分消除为止；第二，承认无产阶级专政，直到阶级斗争结束，即直到消灭社会的阶级区分；第三，消灭资本家私有制，没收机器、土地、厂房和半成品等生产资料，归社会公有；第四，联合第三国际。参见《中国共产党第一个纲领》（1921 年 7 月），中共中央文献研究室、中央档案馆编《建党以来重要文献选编 （一九二一——九四九）》第 1 册，中央文献出版社，2011，第 4 页。

而在国共内战后期，他主张美国应尝试与中共接触，发展经贸关系，虽是基于美国现实利益而做出的判断，然而在两极对峙的冷战背景下，中美两国领导人在对外决策中必须考虑到意识形态因素，柯乐博的提议不可避免地带有"理想化"的色彩。中共的阶级斗争理论与反帝革命诉求，以及中美两国难以逾越意识形态的鸿沟，都使"利益联盟"之策最终沦为泡影。伴随着麦卡锡主义在美国的兴起，柯乐博的个人命运，也在其后的历史进程中发生了彻底的改变。

古都北京

论乾隆帝弘历贬斥"汉人习气"的指向与用意

孙　昉*

摘　要： 清代诸帝大多不同程度地要求王公贵族避免沾染"汉人习气"，其中以乾隆帝弘历为甚。弘历眼中的"汉人习气"指向非常模糊。满族王公贵族对汉族传统文化的仰慕和效仿，均被他视为"汉人习气"。弘历甚至将八旗游惰现象也归因于"汉人习气"的浸染，他曾多次以浸染"汉人习气"为由斥责王公贵族。对"汉人习气"的贬斥反映了弘历对汉族的戒备，并以此来控制王公贵族。嘉庆帝颙琰、道光帝旻宁虽然也曾贬斥"汉人习气"，但频度和力度都远远不及弘历。随着清朝国势日渐衰落，晚清诸帝对"汉人习气"的指斥也就销声匿迹了。

关键词： 清代　弘历　汉人习气　王公贵族

　　清朝是由满族贵族为统治核心的王朝。自从入主中原以来，满族就不可避免地受到汉族传统文化的影响。上自皇帝，下至平民，大多习用汉语汉字，接受汉族礼仪。顺治帝福临、康熙帝玄烨和雍正帝胤禛皆对汉族传统文化有所造诣。乾隆帝弘历更是喜好书画古董，一直不遗余力地通过各种途径，搜求传世藏品。可以说，和明代之前进入中原的少数民族政权一样，清朝也逐渐走

* 孙昉，文化和旅游部清史纂修与研究中心副编审。

上汉化的道路。

然而，出于对汉族反清意识的高度戒备，清朝从皇太极开始，就定下"毋忘骑射"的祖训。这一祖训被福临、玄烨和胤禛所恪守，弘历本人更是以此祖训为准绳，屡屡指斥沾染"汉人习气"的王公贵族。

弘历对"汉人习气"的贬斥指向无定，大多带有小题大做的性质。王公贵族普遍仰慕和效仿的汉族文化习俗，均被弘历斥为"汉人习气"。弘历将已经日渐突出的八旗游堕现象和吏治腐败问题也归咎于"汉人习气"的作祟，而且把吏治腐败贴上"汉人习气"的标签。由此可见，弘历所贬斥的"汉人习气"的内涵和外延都十分模糊。令被斥者无所适从，唯有俯首听命而已，实际上却无法遵行。即使弘历本人，也始终没有改变对汉族传统文化的喜好。

这种充满矛盾的态度反映了弘历对汉族士大夫的反清意识的高度戒备，担心王公贵族在汉族传统文化的氛围中日渐丧失防范意识，故弘历不遗余力地要求王公贵族抵制"汉人习气"，提倡所谓的"国语骑射"，从而刻意强化满族王公大臣与汉族士大夫的界限。

善于帝王之术的弘历还借用贬斥"汉人习气"的方式来发出某些政治信号——如将某些皇子排除于皇位继承人选择范围之外，或对某些王公大臣不予重用。由此可见，贬斥"汉人习气"是弘历控制皇室和王公贵族的政治工具。

为了避免刺激汉族士大夫，弘历对"汉人习气"的贬斥，一般仅限于满族王公贵族，但是也有个别汉族臣工如张书玉，其告老之举被弘历称作"汉人习气"而予以斥责。对"汉人习气"的贬斥和弘历本人屡屡制造的文字狱以及焚书毁版等行径是并重而行的，充分体现了弘历的高度专制和多疑性格。就确切意义而言，贬斥"汉人习气"实际上是清代文字狱向满族王公贵族群体的扩大化。鄂昌的"逆诗案"就是具有代表性的案例。

　　乾隆朝后，嘉庆帝颙琰、道光帝旻宁虽然也曾数次要求不得沾染"汉人习气"，但是频度和力度都已经远远不及弘历，而且呈现出日渐式微的趋势。咸丰后，清朝国势更加不堪，政治上高度倚重汉族官僚，对"汉人习气"的贬斥也就日趋罕见了。

　　从史料来看，弘历对"汉人习气"的贬斥是值得关注的历史现象，与弘历本人的政治心态有密不可分的联系。弘历对"汉人习气"的贬斥，屡屡见于《清实录》《起居注》《大清会典》等史料。目前，已有相关研究成果对这一现象有所关注。王志明教授注意到弘历把一些官员在官运亨通时不言终养，禄位稍逊时则借终养而离职的行为列入"汉人习气"，并加以贬斥这一史事。[1]雷晓彤教授探讨了弘历对满洲文人的鄙薄。[2]于家富教授论述了弘历对维护满语的"国语"地位的努力。[3]长期从事《四库全书》研究的江庆柏教授探讨了雍正、乾隆和嘉庆三帝对宗室参加科举的纠结。[4]王学泰教授注意到嘉庆帝对八旗人员诗词写作限制的放松，指出嘉庆朝对防范汉化已经力不从心。[5]

　　笔者在充分掌握史料并汲取已有研究成果的基础上，集中论述弘历贬斥"汉人习气"的内容、成因和影响，从中深究弘历本人的政治心态，同时探究清朝国势兴衰与贬斥"汉人习气"频度和力度变化的关系，敬请诸位学界同人赐教指正。

1　王志明:《清代乡居进士与官府交往活动研究》，上海书店出版社，2018，第38页。

2　雷晓彤:《认同与创新——文化交流背景下的满洲八旗诗人研究》，吉林人民出版社，2020，第52页。

3　于家富:《乾隆朝"国语"保护制度论》，中国政法大学出版社，2013。

4　江庆柏:《〈四库全书荟要〉研究》，凤凰出版社，2018，第509—510页。

5　王学泰:《从一本书看清代统治者汉化政策的成与败》，张立升主编《社会学家茶座》第33—36辑合编，山东人民出版社，2014，第135—137页。

一　所指不定的"汉人习气"

1735 年，弘历登基为帝，开始长达61 年的乾隆时代。此时，已经距离清朝入关91 年。经过顺治、康熙和雍正三代皇帝的统治，国内大规模的反清斗争已经暂入低潮，统治秩序相对稳定，并且国库充盈，颇有盛世之相。但是清朝毕竟是由满族八旗贵族统治的封建王朝，和历史上的少数民族封建政权一样，在接受汉族文化的同时，又对汉族士大夫和百姓持有高度戒备心态。而且金朝覆灭的历史殷鉴更是令清朝统治者念兹在兹。早在入关之前，清太宗皇太极就要求王公贵族毋忘祖习，毋改祖制。崇德二年（1637），皇太极下诏曰：

> 昔金熙宗循汉俗，服汉衣冠，尽忘本国言语，太祖、太宗之业遂衰。夫弓矢我之长技，今不亲骑射，惟耽宴乐，则武备浸弛。朕每出猎，冀不忘骑射，勤练士卒。诸王贝勒务转相告诫，使后世无变祖宗之制。[1]

在皇太极看来，崛起于白山黑水的金朝，沉溺于汉族风俗习惯，自废武功，致使国力衰弱，金哀宗完颜守绪在南宋和蒙古的联手攻击下，苦守蔡州孤城，最终身死国灭。由此，全面吸收汉俗实等同于自取柔弱，消磨斗志。为了防止重蹈金朝灭亡覆辙，皇太极将维护"国语骑射"作为后世恪守的祖训。显然，皇太极认为，只要牢牢固守剃发留辫、"国语骑射"这类外在特征，就能断绝汉俗对满族的侵染。

---

1 《清史稿》卷 3《太宗本纪二》。

　　清朝入关后，用极为残酷的暴力手段来强迫汉族剃发易服，使华夏衣冠为之荡然，并且屡屡制造文字狱，以此打击对清朝统治不满的汉族士大夫。但是前三朝皇帝对"汉人习气"的贬斥尚有节制，远不及弘历如此频繁而高调。这一情状可以从《清实录》中得到印证。目前，在顺治、康熙和雍正三朝《清实录》中，尚未发现贬斥"汉人习气"的记载。尽管前三朝皇帝也都程度不等地要求满族王公贵族勿忘"国语骑射"，如雍正十年（1732），胤禛发布上谕："嗣后宗室子弟，或有不能学习汉文者，应听其专精武艺。……与其徒务章句虚文，转致荒废本务，不如娴习武艺，崇实黜浮，储为国家有用之器也。"[1] 但是都没有像弘历那样如此频繁地在"汉人习气"上大做文章。

　　这种现象可以从清初国内政治背景来深究其因。清朝入关后，就效仿明朝的典章制度，逐渐放弃旧有的八旗贵族议政制度，强化皇权，而且为了稳固统治秩序，又需要在一定程度上争取汉族士大夫们的支持。然而，清朝对汉族士大夫的戒备并未因此减弱。康雍时期的文字狱就是明证。这种戒备心态为弘历贬斥"汉人习气"制造了意识形态基础。

　　弘历登基为帝后，清朝处于统治秩序相对稳定的时期，但弘历却刻意强化满汉之别，因而"汉人习气"屡屡见于弘历的言论和谕旨之中。据笔者检索《清实录·高宗纯皇帝实录》统计，从乾隆十一年（1746）至乾隆五十九年（1794），弘历贬斥"汉人习气"三十余次，当然实际次数肯定比这更多。出生于乾隆时代晚期的宗室昭梿在其所著《啸亭杂录》中，提供了这样一条线索：

　　　　太宗天资敏捷，虽于军旅之际，手不释卷。曾命儒臣翻

---

1 《光绪朝大清会典》卷 4 "宗室"。

译《三国志》及辽、金、元史，性理诸书，以教国人。尝读金世宗本纪，见其申女真人学汉人衣冠之禁，心伟其语。曾御翔凤楼传谕诸王大臣，不许褒衣博带以染汉人习气，凡祭享明堂，必须手自割俎以昭其敬。谆谆数千言，详载圣训。故纯皇帝钦依祖训，凡八旗较射处，皆立卧碑以示警焉。[1]

可知，皇太极就已经表达出对"汉人习气"的贬斥了。值得细察的是，昭梿没有提到顺治、康熙和雍正三朝皇帝公开贬斥"汉人习气"，而是跨越到乾隆时代，颂扬"纯皇帝钦依祖训"。由此可见，弘历一再强调勿染"汉人习气"，给同时代的王公贵族留下了深刻印象。

弘历所贬斥的"汉人习气"，在具体情境中有不同的指向。

其一，汉族传统文化生活。

弘历多次将王公贵族赋诗作画的文化活动斥为"汉人习气"。乾隆二十年（1755），弘历"以近来满洲渐染汉人习气，稍解章句，即妄为诗歌语言，诞谩且有忘本、矫诬、失忠敬朴诚之素者"，特谕：

满洲未尝读书，素知尊君亲上之大义，即孔门以诗书垂教，亦必先以事父、事君为重，若读书徒剽窃浮华，而不知敦本务实之道，岂孔门垂教之本意？况借以诋诃讽刺，居心日就险薄，不更为名教罪人耶？着通行传谕八旗，务崇敦朴旧规，倘有托名读书，无知妄作，哆口吟咏，自蹈嚣凌恶习，朕必重治其罪。[2]

---

1 （清）昭梿：《啸亭杂录》卷 1。
2 《皇朝文献通考》卷 64《学校二》。

乾隆二十年（1755）三月，弘历就鄂昌牵涉胡中藻"逆诗"案之事（下文详述），发布谕旨：

> 满洲风俗，素以尊君亲上、朴诚忠敬为根本。自骑射之外，一切玩物丧志之事，皆无所渐染。乃近来多效汉人习气，往往稍解章句，即妄为诗歌，动以浮夸相尚，遂致古风日远，语言诞漫，渐成恶习。[1]

乾隆二十五年（1760）九月，弘历在木兰举行围猎，途中有多人献诗。弘历命令对献诗者进行考试，将优等者引见。其中有一名叫萧郎阿的满洲旗人，是前任翰林，但是考试成绩平庸。弘历断定萧郎阿之前参加会试，是靠夹带舞弊才得以中式。为此，弘历极为鄙夷地说："今萧郎阿弃舍满洲本业，效尤汉人侥幸献诗，谅其诗亦必系假手代作，朕断不肯复加录用，使旗人效尤而行，满洲本业，益至废弛。将此通行传谕八旗，嗣后旗人务守满洲淳朴旧习，勤学骑射清语，断不可薰染汉人习气，流入浮华，致忘根本。"[2]

其二，汉族语言文字。

弘历本人多次强调满族王公贵族和普通军民勿忘满族语言文字——"国语国字"。弘历在接见满族王公贵族时，考问其是否能以满语对话。如有不能以满语应对询问者，多遭弘历的斥责。乾隆三十四年（1769），广东按察使富松进京面见弘历。在奏对中，富松全用汉语和弘历对话，而未用满语。弘历极为不满地斥责富松"深染汉人习气。……岂可令其复居外任"，将富松留京

1 《清高宗纯皇帝实录》卷485，乾隆二十年三月。
2 《清高宗纯皇帝实录》卷620，乾隆二十五年九月。

候旨另用，其所开广东按察使之缺由阿杨阿调补。[1]乾隆三十九年
（1774）九月，弘历召见宗室成员宁僧额时，用满语询问，结果
宁僧额不能用满语答对。弘历颇为失望地说："朕于寻常宗室，尚
教以清语骑射，况王公子弟乎。"为此，他于次年颁布谕旨，命
令宗人府定期考核宗室满语和骑射能力，"如有不能清语者，在
学则将管理宗人府王公教习治罪，在家则将其父兄治罪。……务
使清语骑射精熟，断毋任其生疏"。[2]

　　弘历要求满族王公大臣必须用满文（又称"清字"）和汉字
缮写奏折，即所谓的"满汉合璧"（又称"清汉合璧"）。乾隆
二十八年（1763）九月，因盛京将军舍图肯、承恩将军倭升额
等人，没有按照弘历的要求，用满汉合璧具折，遭到弘历的谕旨
斥责：

　　　　舍图肯、倭升额、永宁等，陈奏事件，止缮汉折。舍图
　　肯等，俱系满洲，一切陈奏事件，缮写清字，方属合宜。如
　　所奏之事太繁，清字不能尽意，必须汉字者，亦应兼缮清文。
　　岂可止缮汉字耶？舍图肯等，竟染汉人习气，有失满洲旧风。
　　着饬行。[3]

　　缮写"清汉合璧"奏折令满族臣工颇觉吃力，往往依赖笔帖
式将起草的汉文奏折翻译为满文并缮写，因而相当耗费时间。如
果遇有战事，前线急报再用"清汉合璧"格式发寄，势必延误
事机。为此，弘历不得不大开例外，允许涉及军事急务的奏折免
除"清汉合璧"格式要求。乾隆三十五年（1770）七月，大小金

1　中国第一历史档案馆编《乾隆朝上谕档》第5册，档案出版社，1991，第897页。

2　《光绪朝大清会典事例》卷4《宗人府四》。

3　《清高宗纯皇帝实录》卷695，乾隆二十八年九月。

川发生叛乱，弘历谕令四川总督阿尔泰，"若用清字奏折，恐彼此不能公同商酌，而该督衙门所有笔帖式，于清文亦未必尽皆精熟，奏事转恐不能尽达其情，嗣后着概用汉字会折具奏"。[1]

其三，八旗游惰现象。

由于承平日久，清朝所倚重的八旗逐渐沾染好逸恶劳的游惰习气。弘历对这一现象甚为忧心。他认为，八旗淡忘"满洲旧俗"，沾染"汉人习气"是造成游惰成性的主要原因，只要坚守"满洲旧俗"，不忘"国语骑射"，根绝"汉人习气"浸染，就能重振八旗雄风。

乾隆四十四年（1779）五月，弘历召见西安副都统书麟，问及西安驻防八旗兵的现状。书麟奏称不如京城八旗兵。弘历认为，驻防八旗远离京城，极易沾染"汉人习气"，对此他要求："有驻防满兵之各省将军等，嗣后各该管满洲兵丁内，果有当差懒惰，肆行游荡者，不可稍为瞻徇。如无大过，则当教者教之，当恤者恤之，总欲作养其气，俾遵守满洲旧规。"[2]乾隆五十四年（1789）四月，弘历再次指出："各处驻防官兵，向居外省，于行围之道，不能谙练，相沿已久，遂失满洲旧风，渐近汉人习气。嗣后，凡遇行围，自应遵照旧例，令其轮班前来学习行围。"并命令将杭州、乍浦、荆州三地的驻防八旗部分官兵调往热河，参加围猎，借此娴熟骑射。[3]

乾隆四十七年（1782）四月，弘历亲自检查侍卫武艺，结果三等侍卫惠伦（明瑞之子）成绩不佳。弘历大为光火，斥责惠伦"竟染汉人习气"，命令惠伦自备资斧，前往乌里雅苏台，由其叔

---

1 《清高宗纯皇帝实录》卷 864，乾隆三十五年七月。

2 《清高宗纯皇帝实录》卷 1083，乾隆四十四年五月。

3 《清高宗纯皇帝实录》卷 1327，乾隆五十四年四月。

父奎林教导，学习满语和蒙古语，并训练马步骑射。[1]

尽管如此，弘历仍然无法阻止八旗不事劳作，荒废骑射的颓势。

其四，官场腐败。

乾隆时期，吏治趋于败坏，官场上下贪墨成风，习以为常。弘历把官场腐败归因于"汉人习气"使然。乾隆十三年（1748）四月，仓场衙门诸多官员因收受陋规而受处分。仓场侍郎觉罗吴拜、彭树葵，坐粮厅通福绶、蒋洲等人被革职，但弘历又下令将彭树葵和蒋洲"从宽留任"。弘历这样解释道：

> 至于仓场衙门，陋例相沿，革除未尽。吴拜等不能彻底澄清，虽属有玷官箴，但与婪赃入己者有间。朕非严于旗员，宽于汉员也。从来人臣事君，理宜洁己奉公。至于国家公务。无论大小，俱应敬谨将事。此在为臣子者，无论满汉，皆属分所当然。但汉人之因循，由于积久相仍，遂成风气，遂以奔走服劳，为旗人之所宜尽。满洲大臣官员，向来居官，惟知愙勤自守，竭力报效，遇有公事，无不奋勉，不敢稍存怠忽。近年以来，未免渐染汉人习气，即如吴拜于仓场陋规，既不免于容隐收受厅员，而办理皇船，一应差务，又复不能实心董率稽查，竟与汉人之置身局外者无异。是因循怠玩，大失从前满洲急公敬上之谊。是以照例斥革，在受谴者固应痛自惩艾。即邀恩者流，亦当深知愧悔也。[2]

弘历如此处分和解释，自然不可能从根本上扭转官场贪腐、官官相护的恶劣风气，反而加剧满汉臣工的彼此成见。

总之，弘历所贬斥的"汉人习气"具有很强的随意性和模糊

---

1 《清高宗纯皇帝实录》卷 1154，乾隆四十七年四月。

2 《清高宗纯皇帝实录》卷 313，乾隆十三年四月。

性，而且只有弘历本人拥有对"汉人习气"的解释权，满族王公大臣对何为"汉人习气"，完全只能依从弘历的解释，自然也无法从根本上理解"汉人习气"究系何事何物。

二 弘历贬斥"汉人习气"的深层用意

从表层现象上来看，弘历如此频繁地贬斥"汉人习气"，是为了防止满族王公贵族放松对汉族士大夫和百姓反清意识的警惕。事实上，弘历在很多情况下，的确是基于这种戒备心理贬斥"汉人习气"。乾隆时期，前往关外垦殖的汉族百姓日渐增多，弘历担心汉族百姓冲击"龙兴之地"。乾隆四十二年（1777）六月，弘历斥责吉林将军富椿：

> 东三省乃满洲根本地方，诸宜恪守满洲淳朴旧俗，并力挽渐染汉人习气。近见吉林风气，亦似盛京，日趋于下，而流民日见加增，致失满洲旧俗。此皆该将军等，平日不善于整顿之故。将军富椿近日所办事件，漫无头绪。昨保送骁骑校人员，竟至不谙清语。吉林风气，至于如此。若不亟为整顿，则黑龙江亦必渐染汉人习气。

为此，弘历将富椿调离吉林，改任杭州将军，由福康安接任吉林将军，并命令福康安"加意整顿彼处习气"。[1]

乾隆二十年（1755）正月，年已八旬有四的张廷玉乞求告老。弘历认为张廷玉此举是对自己表示不满，遂大费笔墨地写下长达一千二百多字的谕旨，对张廷玉大加斥责，称"汉人习气，

---

1 《清高宗纯皇帝实录》卷 1035，乾隆四十二年六月。

往往进则托名于受恩深重，不敢言去；而退则以本欲陈情，奈非圣意，不得自遂为辞"。[1] 经此训斥，为官多年的张廷玉羞愤不已，于当年四月病故。

若深而究之，可以发现，弘历贬斥"汉人习气"除了防范汉人外，还有多方面的深层用意。

（一）整肃王公贵族

弘历对于某些王公贵族心怀成见或憎意，"汉人习气"往往成为弘历斥责他们的绝好理由，尽管这种斥责十分牵强，而且并无事实依据，但是畏于弘历威势和祖训戒规，这些被斥责的王公贵族皆无人敢声辩，唯有从命而已。

乾隆十一年（1746），江西巡抚开泰奏："臣前在湖北巡抚任内。会奏大冶县民程奎先等索诈乡民一案。请照旗人扰害良人拟遣之处，比拟不当。蒙恩训示，具折恭谢。"

弘历没有正面批复开泰的奏请，却作如下充满讽刺和自夸语气的批复："汝近来诸事颇不满朕意。慎之。汉人习气，何必学之。读书学文，全不在此。朕非自夸，汝之文能如朕乎？朕非不重文，而不重汉人习气也。"[2]

开泰，乌雅氏，隶满洲正黄旗。从其宦迹来看，弘历对开泰多有不满。弘历斥责开泰沾染"汉人习气"，本身就暗示开泰已经不在自己信任之列。虽然，开泰凭借资历，官至湖广总督。乾隆二十八年（1763），开泰因处理巴塘喇嘛聚众滋事一案不当，被弘历下令革职，遣戍伊犁。弘历怒不可遏地说："不料满洲世仆

1　《清高宗纯皇帝实录》卷481，乾隆二十年正月。

2　《清高宗纯皇帝实录》卷281，乾隆十一年十二月。

中，竟有庸懦无能，如开泰其人者。种种谬误，深负简任。"[1] 最后，开泰在赴伊犁途中病卒。

乾隆二十年（1755）六月，策楞和舒赫德在平定阿睦尔撒纳叛乱中谎报战绩受革职处分，弘历在谕旨中写道：

> 从前因策楞、舒赫德办理错误。特将伊等革职，今在军前效力。今大功已成。朕原欲一体施恩，与以奋勉之路。策楞人本糊涂，诸事皆听舒赫德指使，已赏给都统职衔，领兵驻扎巴里坤，以观后效。至舒赫德，遇事毫无定见，且未免退有后言，今查其笔札，虽无怨望之词，然以满洲世仆，渐染汉人习气，每日记事作诗，即不必治罪，亦不宜加恩。此乃伊之自误。着仍留乌里雅苏台，以章京效力行走，嗣后务宜痛自改悔。若仍蹈前辙，朕必重治其罪。[2]

可以看出，弘历虽然从舒赫德本人所留文字中未查到怨望之词，但是仍以"每日记事作诗"为由，指斥他"渐染汉人习气"。若对照弘历本人喜好填词作诗的习惯，存世至今的诗词有四万首之多（实际上大部分诗词是臣工代为起草）这一事实，就不难看出，弘历对舒赫德这一指斥毫无公平可言。

（二）释放政治信号

众所皆知，弘历皇权意识极为强烈，不容任何人对自己的皇权有怠慢之意，其在为政中谙熟帝王权术，而"汉人习气"就成为弘历释放一些政治信号的标志。乾隆十三年（1748）三月，皇后富

---

1 《清高宗纯皇帝实录》卷688，乾隆二十八年六月。
2 《清高宗纯皇帝实录》卷491，乾隆二十年六月。

察氏病故。一些王公大臣公然缺席祭礼，而且出现有人在富察氏丧礼期间剃发的情况。汉军镶蓝旗李坦，之前曾屡次缺席祭祀典礼，富察氏去世后，李坦竟然告病不至。弘历派人查看，发现李坦"不过针灸数处，希图朦混"。弘历对这些失礼现象，震怒不已，认为这些缺席祭礼的王公大臣是故意而为。为了惩一儆百，弘历当即下令革去李坦爵位，并于六月发布谕旨，斥责八旗都统：

> 我满洲过于汉人者，惟在风俗淳厚，失此又何以称为满洲。教导旗人，系都统专责，流风至此，皆伊等平日不能留心训诫所致。嗣后若再不改悔，不惟将犯法之人，从重治罪，并将该管大臣官员等严处。将此通谕八旗，咸使效法前人，遵循旧制。[1]

在极为敏感的皇位继承人问题上，"汉人习气"也成为弘历暗示的信号。雍正帝胤禛鉴于康熙朝众皇子为谋取皇位之事结党明争暗斗的教训，创设"秘密立储"制度。弘历就完全承循这一制度。虽然对皇储人选秘而不宣，但弘历仍然通过一些表态暗示将某些皇子排除于皇储人选之外，"汉人习气"就是这种信号之一。乾隆三十一年（1766），弘历看到皇十五子颙琰（即后来的嘉庆帝）手中扇面上落款有"兄镜泉"字样，而"镜泉"系精于书法的皇十一子永瑆的别号。弘历对此颇为不满，认为用雅号题款"非皇子所宜"，并且不点名地斥责师傅，认为"此盖师傅辈书生习气，以别号为美称，妄与取字，而不知其鄙俗可憎"。[2] 弘历在斥责永瑆的同时，也用等同于"汉人习气"的"书生习气"，暗示永瑆绝无可能成为嗣君。后来，永瑆于乾隆五十四年（1789）

---

1 《清高宗纯皇帝实录》卷316，乾隆十六年六月。
2 《皇朝文献通考》卷94，《学校考一·宗学》。

被封为成亲王。除一度入直军机处外，基本上处于要枢之外，而永瑆也为避免落人把柄，非有所命，平时不问政事，致力于书法创作。由此可见，其父所释放的这一政治信号对永瑆大半生的行为和性格影响极为深刻。

（三）文字狱扩大化

弘历在位期间，屡次大兴文字狱，不仅众多汉族士大夫和文人惨遭笔祸，而且扩大到满族王公大臣群体中。"汉人习气"就是弘历在王公贵族群体中罗织文网的借口之一。乾隆二十二年（1757）震怖朝野的鄂昌"逆诗"案就是极具代表性的史例。

鄂昌，西林觉罗氏，属满洲镶蓝旗。其叔父鄂尔泰深得雍正帝胤禛的重用。鄂尔泰曾力推"改土归流"，加强了朝廷对西南少数民族地区的统治。胤禛去世后，鄂尔泰又与张廷玉辅佐朝政。可以说，鄂昌具有颇为显赫的家世背景。但鄂昌本人虽然也有诸如在四川酉阳推广"改土归流"、在宁夏整治水利等政绩，但在官场上远不如其叔父顺利，曾多次遭到纠劾。雍正十三年（1735）正月，时任四川巡抚的鄂昌被四川总督黄廷桂列款纠劾。胤禛遂罢免鄂昌的四川巡抚之职，将其交与刑部议处。[1] 乾隆元年（1736），鄂昌以"八旗降革大员"的身份被重新起用。[2]

鄂昌在乾隆朝先后任甘肃按察使、广西布政使，官至陕甘总督。尽管如此，弘历仍然对鄂昌心怀不满。乾隆十七年（1752），由于追查传抄"孙嘉淦伪稿"不力，弘历解除鄂昌的江西巡抚之

---

1 参见《清世宗宪皇帝实录》卷156，雍正十三年五月。

2 中国第一历史档案馆编《乾隆朝上谕档》第1册，广西师范大学出版社，2008，第62页。

职。[1] 次年，弘历对鄂昌的惩处又升级为"发往军台效力"。[2]

乾隆二十年（1755），胡中藻"逆诗"案发。由于胡中藻系鄂尔泰门生，并且与鄂昌唱和交往，鄂昌遂卷入这一文字狱中。弘历命令陕甘总督刘统勋将正在甘肃巡抚任上的鄂昌拿解入京。[3]审讯中，发现鄂昌所作《塞上吟》诗中，将蒙古称为"胡儿"，于是弘历牢牢抓住这一"证据"，将鄂昌置于死地。弘历在谕旨中宣称：

> 即如鄂昌身系满洲，世受国恩。乃任广西巡抚时，见胡中藻悖逆诗词，不但不知愤恨。且与之往复唱和，实为丧心之尤。今检其所作《塞上吟》，词句粗陋鄙率，难以言诗。而其背谬之甚者，且至称蒙古为"胡儿"。夫蒙古自我朝先世即倾心归附，与满洲本属一体。乃目以"胡儿"。此与自加诋毁者何异。非忘本而何。[4]

结果，鄂昌被赐死，已经故世多年的鄂尔泰也受到牵连，其牌位被撤出贤良祠。弘历在谕旨中对鄂尔泰大加恶评：

> 胡中藻系鄂尔泰门生，且与其侄鄂昌叙门谊，则鄂尔泰从前标榜之私，适以酿成恶逆，其诗中"谗舌""青蝇"，供指张廷玉、张照二人，即张廷玉之用人，亦未必不以鄂尔泰、胡中藻为匪类也。鄂尔泰、张廷玉亦因遇皇考及朕之君，不

1　参见《乾隆帝起居注》第 11 册，广西师范大学出版社，2002，第 312 页。

2　中国第一历史档案馆编《乾隆朝上谕档》第 2 册，广西师范大学出版社，2008，第 648 页。

3　参见《乾隆帝起居注》第 14 册，广西师范大学出版社，2002，第 72 页。

4　《清高宗纯皇帝实录》卷 486，乾隆二十年三月。

能大有为耳，不然何事不可为哉！使鄂尔泰尚在，必将重治其罪，为大臣植党者戒。着撤出贤良祠。[1]

弘历对鄂昌之案大肆株连，手段狠决，本身对满族王公贵族就是一种威胁式警告，自然更令汉族士大夫觳觫不已。

（四）整顿八旗

如前所述，弘历没有从制度上思考八旗制度的弊端，而是归结为"汉人习气"的浸染，认为只要严厉训诫，就能收到恢复八旗旧风的效果。面对八旗世风日下的情势，弘历忧心不已。他数次下令要求各地八旗务必"恪守满洲旧习"。乾隆三十七年（1772）八月，弘历就旗员入绿营任职之事，颁布谕旨：

旗员补用绿营，特为满洲习俗，原系淳朴，骑射材技优长。补用伊等，可以引导绿旗，挽回汉人习气，而外任得项较多，于生计亦属有益。此朕惠养满洲臣仆之意也。伊等到任，恪守满洲旧习，以材艺为紧要，将绿旗汉习善为训导，不务奢侈，守分安常，归来尽可度日。此方合理。乃伊等一到外任，全弃满洲旧规，反染绿旗汉习，诸事妄行，将所余之赀，不知撙节，滥行奢赏，徒事虚文，甚至以买妾为事。年老无嗣之辈，置妾尚属有因。若无故自图取乐，彼此效尤，是何道理？竟不知朕惠养满洲臣仆之意矣。将此着交与八旗大臣等，通行晓谕各属，有应升补外任之侍卫章京官员等。嗣后，凡有补放绿旗官员人等，到于任所，但守满洲淳朴旧

---

1 《国朝耆献类征初编》卷16《鄂尔泰·国史馆本传》。

规，熟习材技，痛改虚文浪费之恶习，以为绿旗人等表率。倘不知改过，一经发觉，必从重治罪。并将此着交与各省督抚提臣等，严谕所属官员外，仍留心查察。如有违者，即据实参奏，勿得姑容。[1]

不难看出，这道谕旨表达了这样的用意，即要求旗员到绿营后，力求保持"满洲旧俗"，杜绝"汉人习气"，并且希望用"满洲旧俗"来整肃绿营颓风。当然，这只能是弘历的一厢情愿而已。

三　弘历贬斥"汉人习气"的内在矛盾

弘历屡次对"汉人习气"表达鄙薄，的确对王公贵族和下层旗人造成了极大的心理压力，使他们不得不觳觫于弘历恩威莫测的皇权之下。刻意强调"汉人习气"与"满洲旧俗"也在很大程度上强化了满汉民族之间的心理隔阂。就真实目的而言，贬斥"汉人习气"和与之相应的推崇"满洲旧俗"都是围绕着弘历维护皇权的主观意图进行的。可以说，弘历本人自始至终就抗拒国内民族矛盾走向缓和的趋势。这种隔阂是弘历本人所期望的效果。

由于弘历着眼于巩固自己的皇权，虽然也意识到八旗游惰、官场腐败等问题的严重性，但他随意将"汉人习气"视为造成这类危机的成因，而"汉人习气"指向的模糊性，也就决定他不可能真正挖掘统治体系的病因，并对症下药，而是简单地寄希望于复兴"满洲旧俗"。然而，令弘历十分困窘的是，采用汉族典章

---

1 《清高宗纯皇帝实录》卷 914，乾隆三十七年八月。

制度、习于汉族传统文化的清朝并不具备复兴"满洲旧俗"的现实条件。关外地区有部分旗人不识汉字，依照弘历的标准，可以算得上是固守"满洲旧俗"的合格人员，但是他们却无法与习用汉语汉字的官员（包括满族王公大臣）交流，遑论处理公务，不得不暂停补任。乾隆三十四年（1769）十月，弘历颇为尴尬地颁布了这样一道谕旨：

> 前以东三省人员，不识汉字，难以办理绿营事务，谕令兵部查奏，遇绿营员缺，停其补放。至伊等子孙，生长在京者，原与旧满洲无异，自应分别拣用。此次撤回人员，着引见后候旨，并交八旗都统等，查明在京已历两代者。嗣后，仍准其选补绿营。但不可因有此旨，于骑射清语，皆不学习，致染汉人习气。[1]

虽然弘历仍然要求这些文化程度欠佳的旗员不可荒废"骑射清语"，以致沾染"汉人习气"，但已经形同具文，难以实行了。

耐人寻味的是，弘历本人也承认满族历史上未出类似四书五经那样的儒家经典，由此又不得不以儒家经典作为评判行为的标准。在关于处理鄂昌"逆诗"案的谕旨中，弘历就这样写道：

> 夫满洲未经读书，素知尊君亲上之大义。即孔门以诗书垂教，亦必先以事君事父为重，若读书徒剽窃浮华，而不知敦本务实之道，岂孔门垂教之本意。况借以诋呵讽刺，居心日就险薄，不更为名教罪人耶。此等弊俗，断不可长。……

---

1 《清高宗纯皇帝实录》卷 844，乾隆三十四年十月。

倘有托名读书。无知妄作。哆口吟咏。自蹈嚚凌恶习者，朕
必重治其罪。[1]

弘历一方面推崇儒家文化，一方面却又贬斥"汉人习气"，
显然很难起到说服王公贵族的效果。

四　乾隆朝后对贬斥"汉人习气"频度和力度的衰微

嘉庆四年（1799）弘历身故后，嘉庆帝颙琰面对各地"教匪"
一再叛乱，吏治腐败，国力急剧衰落的困境，虽然仍不时对"汉
人习气"有所贬斥，但是频度和力度都远远不能和弘历相比。

和乃父一样，颙琰也是在语言文字、赋诗作画、起名取字之
类非关紧要的琐事上，斥责王公贵族沾染"汉人习气"，其目的
也是压制王公贵族。如嘉庆十一年（1806），颙琰在刑部进呈
的奏本中看到一个写作"觉罗太"的旗人之名，遂就撇开奏本正
题，就这个起名之事严斥宗人府和八旗都统：

有名"觉罗太"者，是何取意？竟染汉人习气矣。着交
宗人府即令按照满洲语意更改其名外，并着该衙门及八旗满
洲、蒙古都统，通行查明。如有似此指姓命名者，俱着饬禁，
均令按照满洲语意，另行更改。毋得再行指姓命名，致蹈汉
人习气。[2]

在继续贬斥"汉人习气"的同时，颙琰也不可避免地面临

---

1 《清高宗纯皇帝实录》卷 485，乾隆二十年三月。
2 《光绪朝大清会典事例》卷 1《宗人府一》。

"满洲旧俗"废弛的困窘。嘉庆二十四年（1819），宗人府举行翻译考试，结果只有九人来应试。颙琰叹息道："人数太少，此皆宗室等平时惟习汉文，竟不以翻译为先务。"然而，颙琰除了强调"若清语骑射久荒，将来必致有失满洲旧制"外，别无他计。[1]

进入道光朝，道光帝旻宁尚有贬斥"汉人习气"之事。道光七年（1827）十月，旻宁因广州将军庆保、台湾镇总兵观喜、江宁将军普恭所缮写关于满营事务的奏折均系汉文，就加以斥责，要求他们今后有就满营应办事件所呈奏折，务必用满文缮写，"毋得如此因循。渐染汉人习气，废弛满洲旧业"。[2]

第一次鸦片战争后，内忧外患加剧，清朝统治者为了维护统治基础，避免汉族士大夫离心，明显降低对"汉人习气"的贬斥力度。咸丰朝，太平天国战争爆发，八旗和绿营连遭败绩，满族皇室、王公贵族更是不得不依赖汉族实力派官僚，就有意识地淡化满汉之分。咸丰三年（1853）八月，咸丰帝奕詝就禁止蒙古人起汉名之事，谕旨："着理藩院通行晓谕内外各扎萨克部落。嗣后凡蒙古人。务当学习蒙文。不可任令学习汉字。以副朕敦厚蒙古淳朴风俗之至意。"[3] 然而，这类事务的急迫性远不能与镇压"发捻"之事相比，此后焦心不已的奕詝也就不再就"汉人习气"之事作批示了。

奕詝病亡热河后，同治帝载淳和光绪帝载湉受制于慈禧太后叶赫那拉氏，并且面对汉族督抚日益得势的现实，都没有出现贬斥"汉人习气"的谕旨。由此可见，随着清朝国力的衰微，维护脆弱的满汉政治合作关系成为关系清朝国祚延续的现实问题，倚

---

1 《光绪朝大清会典事例》卷1《宗人府一》。

2 《清宣宗成皇帝实录》卷127，道光七年十月。

3 《清文宗显皇帝实录》卷103，咸丰三年八月。

重汉族督抚的皇室、王公贵族大多有意识地避开"汉人习气"这一带有政治歧视色彩的表述，而"汉人习气"也就从晚清谕旨中彻底消失了。

结　语

通过论述，可以看出，弘历所贬斥的"汉人习气"的指向非常模糊而随意，完全是服务于弘历本人的多种政治需要。实际上，贬斥"汉人习气"是弘历运用帝王权术的一种特定手段，并且被身后的颙琰、旻宁等人所沿用。笔者之所以称为"特定手段"，是因为这种手段只能在特定的历史时期——满汉政治力量对比有利于满族皇室、王公贵族的时期运用。换言之，贬斥"汉人习气"的频度和力度与清朝国力兴衰构成了正比关系。

乾隆朝是清朝国力的巅峰时期，皇权高度集中，汉族士大夫相对处于弱势地位。这种情形使弘历无所顾忌地贬斥"汉人习气"。在太平天国战争到来之前，颙琰和旻宁尚能凭依外强中干的局面，延续对"汉人习气"的贬斥，但是频度和力度都不能跟乾隆朝相比。当清朝面临全局性危机时，常见于弘历谕旨的"汉人习气"就变成了一种政治忌语，既倚重又惮于汉族督抚的晚清诸帝也不得不有意识地避开这个政治忌语。

北京智化寺兴衰与明代宦官政治探析

张　岩[*]

摘　要：智化寺是明代正统年间著名宦官王振修建的家庙，因其在北京古建筑史中的地位，一直以来备受学界关注。但围绕着智化寺的兴衰变迁存在着大量的谜团还未能得到很好的解答。从明代宦官政治的角度入手，能为我们解开这些谜团提供助益。在明前期禁止北京城内新增寺庙的制度下，智化寺能够修建，离不开皇帝对宦官王振的恩宠。其在代宗时期受到打压而中落，与景泰朝臣否定英宗合法性有关，体现出宦官作为皇权的附庸与皇帝存在荣辱与共的关系。而其能在英宗复辟后得以重振，主要得益于英宗对宦官集团，尤其是王振党羽曹吉祥等人的拉拢。智化寺在英宗去世后能够维持长期"香火不断"，除了主持僧官极力经营外，主要是靠明代宦官特有的"拉名下"所构建起来的权力网络。

关键词：王振　智化寺　曹吉祥　宦官政治

智化寺作为北京城内现存最为完整的一组明代木结构寺庙建筑群，一直以来颇受学界关注。[1]作为明代著名宦官王振的家庙，

---

* 张岩，北京师范大学历史学院硕士研究生。

1　学界对智化寺的历史沿革、建筑文物、京音乐等方面均有关注、研究。智化寺历史沿革方面的研究与本文所论直接相关，主要研究有：民国学者刘敦桢《北平智化寺如来殿调查记》

智化寺能够在明英宗正统九年建成，离不开寺主人王振的极力支持。而后，明代宗景泰年间智化寺走向没落，主要原因也在于王振随英宗亲征瓦剌，兵败被杀，事发后又被视作主要责任人，受到景泰君臣的清算。但英宗复辟后，却视王振为殉节的忠臣烈士，在智化寺为其立祠祭祀。[1]此后，智化寺便一直保持香火不绝直到明朝灭亡。

智化寺有着太多的谜团等待我们去破解。其中，最大的谜团便是英宗复辟后为何要给被公认为土木之变主要责任人的王振平反立祠。对此，古人已满是疑惑。例如，明代的高岱认为："追褒王振，赐旌忠祠，则诚不知其故。"[2]《明史纪事本末》评曰："考直、瑾、忠贤，皆蒙主眷，而没后追思，惟振一人。"[3]这件智化寺兴衰变迁史上的公案，一直以来没有得到很好的解答。

此外，王振为何要在皇城脚下修建如此富丽堂皇的智化寺？土木之变后王振和智化寺又为何受到景泰君臣的极力清算？为何

对智化寺进行实地考察，并对寺中碑刻进行了录文工作，并在此基础上对智化寺的兴衰变迁、建筑布局进行了详细梳理（见刘敦桢《北平智化寺如来殿调查记》，《刘敦桢文集（一）》，中国建筑工业出版社，1982，第61—128页）。此后许惠利、孙鑫等又对智化寺是否为舍宅建寺、智化寺建造时间为何异常之短等具体问题进行了探讨（参见许惠利《古刹瑰宝——智化寺》，北京燕山出版社，1990，第12—21页；孙鑫《北京智化寺渊源考》，《北京档案》2016年第1期）。金彩霞利用智化寺碑刻史料与学界已有成果，对智化寺的兴衰变迁过程及其背后的原因进行了挖掘，但挖掘的不够全面、深入（参见金彩霞《王振·英宗·智化寺的相关史事探析——由〈英宗谕祭王振碑〉引发的思考》，《文化学刊》2017年第1期）。另外，北京智化寺管理处所编《古刹智化寺》是目前对智化寺介绍最为全面的介绍性读物，书中收录了智化寺内所有石刻资料的录文。本文所引智化寺石刻资料即出自此书（北京文博交流馆、北京智化寺管理处编《古刹智化寺》，北京燕山出版社，2005）。

1 《谕祭王振碑》，北京文博交流馆、北京智化寺管理处编《古刹智化寺》，第59页。

2 （明）高岱：《鸿猷录》卷10，上海古籍出版社，1992，第236页。

3 （清）谷应泰：《明史纪事本末》卷29《王振用事》，中华书局，1977，第451—452页。《明史纪事本末》的评语实际上来自明人蒋棻的《明史纪事》。参见徐泓《〈明史纪事本末〉的史源、作者及其编纂水平》，《史学史研究》2004年第1期。

英宗死后，王振声名狼藉，他的家庙智化寺却能一直香火不断？以至于明末沈德符还惊异道："王振像尚存智化寺中，至今香火不绝，异哉！"[1] 智化寺的兴衰变迁与王振个人的命运深度捆绑在一起。而王振的个人命运又与正统、景泰、天顺年间云谲波诡的政局变动紧密相连。因此本文旨在厘清与智化寺相关的明廷权力斗争、权力网络等问题，在此基础上深入探究宦官政治是如何影响这座位于"天子脚下"的智化寺的兴衰枯荣，以求解答笼罩在智化寺上的种种谜团。

一　正统得势与北京智化寺的修建

王振在永乐年间入宫，至宣宗时入东宫陪英宗读书。英宗即位后，尤其是正统七年太皇太后驾崩以后，王振深得英宗尊敬与信赖，逐渐把持了朝政。智化寺正是在此背景下修建的。寺中所立《敕赐智化禅寺之记碑》记载了大量与建寺有关的信息，略记如下：

> 京城之东稍北，为顺天府大兴县黄华坊，阵（振）之私第在焉，境幽而雅，喧尘之所不至。乃即其闲旷高朗处，垣而寺之，将俾吾后之人，掌持而供奉于其间，永敬无怠……凡百工材之费，一出己资，盖始于正统九年正月初九日，而落成于是年三月初一日……
>
> 大明正统九年九月初九日佛弟子□□[2]

1　（明）沈德符著，杨万里校点《万历野获编》补编卷 1，上海古籍出版社，2012，第 695 页。
2　北京文博交流馆、北京智化寺管理处编《古刹智化寺》，第 12 页。

该碑信息量极大，是研究智化寺的重要文献。首先，关于智化寺是否为王振"舍宅建寺"，自古以来便存在争议。据清人震钧记载，智化寺为王振"舍宅所建"。[1]但孙鑫结合前辈学者观点与史料考证得出结论：智化寺是王振在宅第之外新建的家庙。史家误以为智化寺是"舍宅建寺"，当与上引《敕赐智化禅寺之记碑》记载含糊有关。碑文只是说智化寺建于"其闲旷高朗处"。如果"乃即"前面是逗号，那么代词"其"指称王振家宅。智化寺就是建于王振宅内，确实是舍宅建寺；如果"乃即"前面是句号，则代词"其"指称黄华坊。那么智化寺可能建于宅外，也有可能是建于宅内。[2]

笔者认为，这种指称含糊很有可能是碑文撰写者刻意而为，目的是减轻建寺阻力。这与明代前期对寺庙修建的严格限制有关。正统十年英宗下旨云："洪武以来，寺院、庵、观已有定额……除以前盖造者，遇有损失，许令修理，今后不许创建。"[3]不新建寺院是明朝祖制，这一政策一直到正统年间被统治者反复强调。[4]虽然各地私建寺庙之风盛行，但这一规定在天子脚下——北京城内得到了有效的执行。正统五年太监刘顺等修建的法华寺，是现所见明代宦官在北京城内修建的第一座寺庙，打的便是"舍宅建寺"的幌子。刻意含糊指称，正是为了在申报时令人误以为智化寺遵循了刘顺"舍宅建寺"的先例。太监刘顺曾参与靖难之役，随成祖数次北征，又在征讨汉王朱高煦时任前锋。[5]这样一位立下

1　（清）震钧：《天咫偶闻》卷3，北京古籍出版社，1982，第59页。

2　孙鑫：《北京智化寺渊源考》，《北京档案》2016年第1期。

3　《明英宗实录》卷127，正统十年三月甲申条，台北"中央研究院"历史语言研究所，1962年校勘本，第2533页。本文引《明实录》皆出自该版本，下文不再一一注出。

4　何孝荣：《明代北京佛教寺院修建研究》，南开大学出版社，2007，第159、170、180页。

5　（明）王直：《太监刘顺墓表》，北京图书馆金石组编《北京图书馆藏中国历代石刻拓本汇编》第51册，中州古籍出版社，1997，第105页。

赫赫战功的太监，正统五年舍宅所建的法华寺"不过庭堂数楹而已"，直到景泰六年才真正建成。[1]反观王振，凭借英宗宠信，突破已有规定，在宅第旁修建了"穷极土木"的智化寺。虽然获得了皇帝准许建庙的敕书，但实可谓"跋扈不可制"。[2]

　　碑载智化寺"始于正统九年正月初九日，而落成于是年三月初一日"，仅用不到两个月的时间建成，速度之快令人备感疑惑。《双槐岁钞》载："正统壬戌太后崩……作大宅皇城东，又明年作智化寺于宅左"。[3]结合《明史》载王振在正统七年后修建宅、寺，智化寺可能在正统八年已筹备修建。刘敦桢和孙鑫均持此观点。[4]另外，王振从正统四年开始，以每年一座的速度在家乡蔚县连修三座寺庙，正统七年后便停止在家乡修建寺庙。[5]也就是说，王振可能在正统七年太皇太后去世后，便将建庙的目光从家乡移到北京，开始筹建智化寺。而1929年智化寺住持普远登记庙产时填报的建寺时间为正统十一年，当为寺院最终建成时间。[6]因此，智化寺的修建至少用了两年时间（从正统八年到正统九年），最长可能用了四年时间（从正统八年到正统十一年）。《敕赐智化禅寺之记碑》中所载建庙时间，或是为了乞"敕建"诏书有意捏造的时间，显示建寺工期短、花费少，以减少建寺过程中的政治阻力。

---

1 （明）李观：《敕赐法华住山宝峰聚禅师行实碑》，北京图书馆金石组编《北京图书馆藏中国历代石刻拓本汇编》第52册，第82页。

2 《明史·王振传》载："至正统七年，太皇太后崩……振遂跋扈不可制，作大第于皇城东，建智化寺，穷极土木。"（清）张廷玉：《明史》卷304《王振传》，中华书局，2015，第7772页。

3 （明）黄瑜：《双槐岁钞》卷6，中华书局，1999，第118页。

4 孙鑫：《北京智化寺渊源考》，《北京档案》2016年第1期。

5 贾晓：《与王振有关的蔚县几座佛教寺院——关于金河寺、灵岩寺的考略》，《蔚县文史资料选辑》第10辑，河北省蔚县政协文史资料委员会编印，2000，第165页。

6 薛志国主编《智化寺古建保护与研究》，北京燕山出版社，2014，第15页。

碑载智化寺"凡百工材之费，一出己资"，亦与当时宦官修建寺庙的普遍做法不同。当时宦官修建寺庙，多是众宦官集资修建。除了同一政治势力的宦官，也会有一些关系比较淡的宦官出于礼节捐助建寺。这些人也同样是寺院的主人，享有寺院的诸多便利。如安南太监金英，本是王振前辈，却在正统年间屈居王振之下，且在景泰年间王振失势后得到重用，二人关系之一般显而易见。[1]但在《宝光寺碑》《法海寺碑》《真武庙碑》中，二人均同时出现在碑阴资助名单中。[2]因此，碑中刻意强调所有费用出于王振一人，除了自夸财力，也是为了彰显智化寺是王振的"私人属地"。

陆容《菽园杂记》载："京师巨刹……余有赐额者皆中官所建……中官公出，必于其寺休憩。巧宦者率预结僧官，俟其出，则往见之。"[3]王振之所以完全由自己出资修建智化寺，相当一部分原因当是为了方便与外朝官员交游。王振不在新建宅第内结党营私，主要是因为寺院具有宅第所不具有的公共属性，为外朝官员借参观游玩之名拜谒王振提供了便利。《日下旧闻考》引《琅琊漫抄》载：成化年间，曾有不止一个高官以上香之名，往太监沐浴寺——大兴隆寺拜访太监王高。[4]可见，寺庙确有结交朝官之用。《明英宗实录》载，正统十二年有民施舍玉观音给智化寺，借以贿赂僧官。僧官接受玉观音后拒绝为其办事，该民便"追取所施甚迫"。此事被刑部尚书以"难以常律处"上报英宗，最终这位行贿者被发配铁岭充军。[5]这件不同寻常的案件，反映出智化

1 （清）张廷玉：《明史》卷304，第7773页。

2 北京图书馆金石组编《北京图书馆藏中国历代石刻拓本汇编》第51册，第99、115、149页。

3 （明）陆容著，李健莉校点《菽园杂记》卷5，上海古籍出版社，2012，第59—60页。

4 （清）于敏中：《日下旧闻考》卷43，北京古籍出版社，2001，第683页。

5 《明英宗实录》卷153，正统十二年闰四月乙卯条。

寺为贿赂拜谒辏集之名，已广为民间所知。想来这种投机取巧之民在当时并非孤例，只是在受贿中出现纠纷才为上层所知。

智化寺的选址亦颇为反常。《旧京遗事》记载，明代北京城"勋戚邸第在东安门外，中官在西安门外"。[1] 此书虽写于明末，但亦可反映明前期的情况。因为翻检徐苹芳《明清北京城图》即可发现，大量内官衙门聚集于西安门一带。而宦官在城内所建寺庙也多分布在城西，尤其是靠近西安门的什刹海一带。[2] 智化寺所在的城东（现朝阳门附近）在明代乃勋戚聚集之地，且近举场。[3] 黄华坊又是教坊司所在地，附近多勾栏妓院，号为"东院"。[4] 东院与城外之南院相对，是城内最大的娱乐区，并非碑文中所说的"喧尘之所不至"之地。在如此热闹的地方修建宅、庙，当是为了娱乐享受、结交往来权贵。

另外，在智化寺中，还有僧官然胜充当政治掮客。正统十三年然胜出任智化寺住持。《明英宗实录》载：然胜"为僧附太监王振，得为右觉义。"[5] 右觉义为掌管全国佛教事务的官方机构——僧录司下八僧官之一。[6] 原定名额为一人，后多额外授予重要寺庙住持此官。[7] 正统年间制度较为严格，僧官名额有限，甚为珍贵。然胜得到王振提携出任右觉义，自然要"报之以李"。而他替王振干的，就是掮客之类的勾当。诚如《菽园杂记》所言宦官与僧

1　（清）史玄：《旧京遗事》，北京古籍出版社，1986，第5页。

2　《明北京复原图》，徐苹芳：《明清北京城图》，上海古籍出版社，2012，第3页。

3　《藤阴杂记》载："智化寺近举场。"参见（清）戴璐《藤阴杂记》卷4，上海古籍出版社，1985，第56页。

4　（清）吴长元：《宸垣识略》，北京古籍出版社，1981，第98页。

5　《明英宗实录》卷291，天顺二年五月乙卯条，第6229页。

6　（明）葛寅亮撰，何孝荣点校《金陵梵刹志》卷2，天津人民出版社，2007，第51页。

7　马晓菲：《明代僧官制度研究》，博士学位论文，山东大学，2014，第68页。

官之间的关系："有所请托结纳，皆僧官为之关节。"[1]土木之变后，然胜被明代宗惩罚，罪名之一便是"与振照管家财"。[2]

总之，明前期对在北京城内修建寺院有着严格的限制。离开王振的权势，智化寺是不可能建成的。智化寺建成后，沦为王振结党营私的大本营。这就使智化寺深深地烙上了王振的印记，其兴衰变迁与王振个人的权力命运及其权力网络等政治因素直接挂钩。

二　王振代为受过与智化寺的中落

到了正统十四年，瓦剌寇边，英宗御驾亲征，不幸兵败被俘，而王振也死于军中，是为土木之变。消息传到北京后，英宗同胞之弟郕王朱祁钰在政治纷乱中登基，而王振则被定性为土木之变的主要负责人，其党羽受到清算，智化寺也因此受到打压而迅速走向中落。但据学界研究，王振并不像史书中描述的那样：胁迫英宗做出亲征、绕道回撤、土木堡驻跸的错误决策，要对土木之变负主要责任。[3]既然如此，那么为什么土木之变后，景泰君臣要极力清算王振？罗东阳、李佳认为主要与当时的文臣、后世的史

1　（明）陆容著，李健莉校点《菽园杂记》卷5，第60页。

2　《明英宗实录》卷182，正统十四年九月壬午条，第3543—3544页。

3　许振兴：《论王振的"挟帝亲征"》，《深圳大学学报》（人文社会科学版）1987年第3期；李新峰：《土木之战志疑》，《明史研究》第6辑，黄山书社，1999；毛佩琦：《英宗·王振·土木之变》，中国社会科学院历史研究所明史研究室编《明史研究论丛》第7辑，紫禁城出版社，2007；罗冬阳：《土木之变史事考——兼论明清历史书写中的宦官话语》，《社会科学战线》2014年第1期；李佳：《明朝宦官干政形象的一种政治文化解读——以王振为中心》，《东北师大学报》（哲学社会科学版）2014年第1期；李沛沛：《重评王振》，硕士学位论文，吉林大学，2014。

官对宦官专权的敌视有关。[1] 然而当时明廷正处于英宗被俘后的权力真空期，瓦剌也时时刻刻在威胁着北京城，值此生死存亡之秋，显然不可能只是为了发泄情绪，便大费周章地清算王振。

实际上，王振最终被确定为土木之败的罪魁祸首，与当时的帝系更迭有关。赵现海指出，土木之变后，郕王府官员利用宦官专权的不满情绪，率领文官捶杀王振重要党羽锦衣卫指挥使马顺，为郕王夺取皇位奠定了基础。[2] 此说甚为精辟，但必须指出的是，之所以清算王振及其余党能够为郕王夺取皇位奠定基础，不仅在于以此打击了英宗势力，更为关键的是通过指摘王振奸臣擅权专政，论证受人蛊惑摆布，德不配位的昏君明英宗已不堪大用，从而构建起郕王朱祁钰即位的合法性。通过相关史实体会清算这层政治目的，是理解景泰君臣大费周章地清算王振的关键所在，也是理解智化寺在景泰年间受到持续打压而走向中落的要害所在。

（一）马顺事件与朝臣对王振的清算

英宗被掳后，英宗生母孙太后很快便着手立英宗之子为太子，以防帝位落入英宗的异母弟郕王手中。[3] 在立太子诏中，孙太后极力为英宗正名，言其出征是为了宗庙社稷，而非被王振蛊惑。其被掳掠，也不是偏信王振的后果，而是一场意外。并将立储与郕

---

1 罗冬阳：《土木之变史事考——兼论明清历史书写中的宦官话语》，《社会科学战线》2014年第 1 期；李佳：《明朝宦官干政形象的一种政治文化解读——以王振为中心》，《东北师大学报》（哲学社会科学版）2014 年第 1 期。

2 赵现海：《"土木之变"后明朝政治变局与皇位世系转移》，《故宫学刊》2015 年第 2 期。

3 顾诚：《关于于谦研究的浅见》，《明朝没有沈万三——顾诚文史札记》，光明日报出版社，2012，第 103 页。

王辅政的决策归于英宗。[1] 这么做是为了增强孙太后政治安排的权威性。但一字未提英宗及王振的错误，丝毫不顾及官员百姓的灾难创伤，远不能安抚人心。安抚人心的最好办法便是惩办祸首——年轻冒进的英宗。群臣不方便直接批判英宗，于是便把"枪口"对准太监王振。

在诏书下达的第二日，郕王朱祁钰在午门召见群臣时，右都御史陈镒合诸大臣上奏。奏书言辞激烈，历数王振擅权干政的罪行，将土木之变的过错全部归于王振擅权，甚至到了"皇上畏其强愎不臣，不得已而强行"的地步，将之比同于童贯等人。要求"发其祖宗坟墓，暴弃骸骨"，以此来"固臣民之归心"。[2] 宦官在相当程度上是皇权的附庸，王振之所以能擅权，亦是"蒙圣上眷顾之隆"。陈镒奏书表面上在批评王振擅权，实际上也是批评英宗昏庸懦弱。将王振比作童贯，岂不是在说英宗类似那位偏信佞臣的亡国之君——宋徽宗？正因此事涉及英宗，郕王此时不敢轻易处决王振等人，只是说"汝等所言皆是，朝廷自有处置"。[3]

朝臣们自然对这一敷衍的答复不满，而他们接下来的行为，使事态失控，彻底摧毁了孙太后苦心经营的政治安排，最终导致郕王被拥立为皇帝：锦衣卫指挥马顺本为维持朝堂秩序，不料想被推到风口浪尖，未经审判，仅以一句"顺倚振肆强"，便被郕王府官员王竑带头击杀于朝堂。此即"马顺事件"。[4] 虽然郕王当时赦免了他们，并准许籍没王振家属。但是朝臣们心里清楚自己所犯为何罪，若英宗将来回朝，或英宗幼子即位，追究起责任

---

1 《明英宗实录》卷181，正统十四年八月乙巳条，第3518页。

2 《明英宗实录》卷181，正统十四年八月庚午条，第3520页。

3 《明英宗实录》卷181，正统十四年八月庚午条，第3521页。

4 《明英宗实录》卷181，正统十四年八月庚午条，第3524—3525页。

来，朝堂上的大臣们自然难逃其咎。此为朝臣不久后拥立郕王即位之深层次原因，如果仅是为了绝也先胁迫之望，完全可以拥立太子朱见深为皇帝。朝臣的担心不无道理，景泰一朝便屡有宦官提出要惩治击杀马顺的王竑等人，但都被朝臣阻止。而英宗复辟后不久，即下令惩处王竑，亦证明了这一点。[1]

此后已即位的郕王朱祁钰（明代宗）派遣李实出使瓦剌交涉迎回英宗，但代宗并未给李实正式诏书，实际上是一次试探。一方面试探也先是否有诚意归还英宗，另一方面则是要确保英宗归朝后不会与代宗争夺皇位。李实见到英宗后，直指要害，将土木之变的罪责归咎于英宗宠幸王振："王振一宦官尔，因何宠之太过，终被倾危国家，以致今日蒙尘之祸？"英宗此时还欲辩解，说道："王振无事之时，人皆不说。今日有事，罪却归于朕。"最后李实便直接向英宗摊牌，直呈自己是"奉命决议大事"，希望英宗承认"昔日任用非人"，并因此"引咎自责，谦退避位"。英宗为了重回北京，便只能"嘉从之"。[2]英宗一进入明朝境内，便颁布诏书重申此前协议，宣称自己"为权奸所误"，所以才导致了土木之变，因此要引咎退位。[3]因此，对王振负面形象的构建，又成为英宗被迎回后无法复位最重要的理由。这也是智化寺在景泰年间受到持续打压的原因所在。

（二）代宗打压与智化寺的中落

马顺事件后，代宗登基称帝，王振被抄家，本宗"不问大小皆斩首以徇"，妇女发配为奴，嫁人者皆杖一百、发戍边卫。

---

1 （清）张廷玉：《明史》卷 177《王竑列传》，第 4707 页。

2 （明）李实：《北使录》，中华书局，1985，第 13—14 页。

3 （明）李实：《北使录》，第 31 页。

此外，还籍没了王振党羽宦官郭敬、陈官、唐童等家，僧官然胜等人亦被贬谪。[1] 对王振家属与党羽的清算，使智化寺短期内失去了政治靠山与经济资助。当然，代宗对王振党羽的清算也并非彻底，还有部分漏网之鱼，如宦官曹吉祥、刘恒等人。这些人多能征善战，尤其是曹吉祥，在正统年间王振支持的麓川之征中发挥过重要作用，是景泰年间急需的人才，因此得到宽宥，甚至是重用。这就为智化寺的处境在天顺年间发生逆转埋下伏笔。

对王振的负面评价，更使智化寺蒙受了不可挽回的名誉损失。因王振关系到帝系转移的合法性，所以在景泰朝被反复提及，所涉内容与右都御史陈镒等人的奏言略同。如《明英宗实录》记载，六科十三道言："太监王振，恃宠狃恩，夺主上之大柄，怀奸狭诈，紊祖宗之宪章……今日之祸，实由王振。"[2] 无论英宗复位后如何替王振开脱，此类言论影响依旧不减，被各种史书反复征引，几成定谳，是导致智化寺最终在清朝被毁像仆碑，走向衰落的主要原因。

智化寺在代宗景泰年间的衰落，最明显的表现便是：寺内保存的皇帝颁赐的《大藏经》在土木之变后散失。《明英宗实录》载然胜在天顺六年十二月上奏英宗言："智化寺……旧有赐经及敕谕。正统十四年散失无存，乞仍颁赐以慰振于冥漠。"[3] 据《明英宗实录》记载，英宗曾于正统九年颁赐"释道大藏经典于天下寺观"。[4] 所颁赐的《大藏经》为《永乐北藏》。《永乐北藏》始刊于永乐十九年，正统五年刻成，是"现存官修官刻大藏经

---

1 （明）王世贞：《弇山堂别集》卷91《中官考二》，中华书局，1985，第1746页。

2 《明英宗实录》卷205，景泰元年四月丙申条，第3968页。

3 《明英宗实录》卷347，天顺六年十二月壬戌条，第6991页。

4 《明英宗实录》卷122，正统九年十月乙丑条，第2452页。

中最为精美的一部"。[1] 获得颁赐的也主要是各地大寺。[2] 如此象
征显赫地位的《大藏经》竟然流失，是智化寺走向中落的最有
力的证据。

三　英宗拉拢王振党羽与智化寺的中兴

到了景泰八年正月，石亨、曹吉祥、徐有贞等人趁代宗病重，
重新迎立被软禁在南宫的英宗，改年号为天顺，是为"南宫复
辟"。英宗复辟后，为王振平反立祠，此为智化寺发展史上一大
谜团。金彩霞将其归结于明英宗与王振的深厚情谊，以及可能是
英宗为了报答"土木之变中王振为其所作的顶缸姿态"。[3] 罗东阳
则认为："此事与英宗做皇帝的合法性密切相关。"[4] 但这些说法多
有隔膜肤廓之感。

实际上，英宗为王振在智化寺建祠，主要是为了拉拢王振党
羽曹吉祥。[5] 以往学界多关注天顺年间英宗对复辟功臣太监曹吉
祥、武将石亨的打压，[6] 较少关注到英宗在"杨瑄弹劾案"后对曹

1　杨芬:《佛典重现　宝藏增辉——北京大学图书馆藏〈永乐北藏〉述略》,《大学图书馆学
　　报》2016 年第 4 期。

2　何孝荣:《明代北京寺院修建研究》, 第 187 页。

3　金彩霞:《王振·英宗·智化寺的相关史事探析——由〈英宗谕祭王振碑〉引发的思考》,
　　《文化学刊》2017 年第 1 期。

4　罗冬阳:《土木之变史事考——兼论明清历史书写中的宦官话语》,《社会科学战线》2014
　　年第 1 期。

5　《明史》载:"(王)振门下曹吉祥","曹吉祥……素依王振。正统初, 征麓川, 为监军"。
　　麓川之征为王振力推而行, 派遣曹吉祥前去监军, 亦可以看出其确实为王振亲信党羽。见
　　(清)张廷玉《明史》卷 304, 第 7775 页。

6　庞乃明:《"杨瑄弹劾案"及其对天顺初政的影响》,《史学集刊》2000 年第 3 期; 赵现海:
　　《天顺时期政治群体的制衡与宫廷政治变迁》, 中国社会科学院历史研究所明史研究室编
　　《明史研究论丛》第 14 辑, 中国社会科学出版社, 2015。

吉祥态度的转变。在这场弹劾案中，曹吉祥凭借手中兵权与在宦官、锦衣卫中的巨大影响力，[1]和石亨联手，使内阁中徐有贞、岳正被罢，许彬、薛瑄辞职。此为英宗始料未及。此后，英宗一改打压、忽视曹吉祥的策略，转而对其恩宠有加，以起到分化曹吉祥和石亨、逐个击破的目的。而为王振平反建祠，正是发生在"杨瑄弹劾案"后不久，亦是为了安抚作为王振党羽的曹吉祥等宦官。厘清英宗这一态度转变的前因后果，是理解为王振平反、建旌忠祠背后的政治深意的关键所在。

（一）天顺政局与曹吉祥的崛起

英宗复辟后，景泰旧臣人心惶惶，复辟功臣矜功争权又相互倾轧。英宗又欲加强自身权力，各方势力围绕阁臣人选展开激烈博弈。复辟伊始，内阁曾出现合力对付复辟功臣石亨的大好局面。新入阁的李贤是一个善于应变的忠臣，虽然在入阁时得到石亨的推荐，[2]但入阁后便联合欲独揽大权的复辟元勋徐有贞，意图削弱武将石亨等人的权势，以求巩固英宗统治地位。此时另一复辟元勋曹吉祥因"不通文墨，恐事归司礼监"，所以"极力赞说，凡事与二学士（即徐有贞、李贤）商议而行"。[3]而英宗也乐意看到这一局面，毕竟曹吉祥为一家奴，徐有贞、李贤为无兵权的文官，掌有兵权且到处安插人马的石亨才是英宗最大的敌人。

但是形势在天顺元年五月发生变化：御史杨瑄不合时宜地上奏弹劾石亨与曹吉祥二人。英宗当着曹吉祥的面说出"御史敢言

---

1 《明英宗实录》载："仍命太监曹吉祥、刘永诚、吴昱、王定同理各营军务。"参见《明英宗实录》卷277，天顺元年四月癸丑条，第5919页。

2 （清）夏燮：《明通鉴》卷27，天顺元年二月条，中华书局，2009，第995页。

3 （明）李贤：《天顺日录》，中华书局，1985，第6页。

如此，国家之福也”，又对曹吉祥的抗议毫不在意。[1]明显可以看出，英宗低估了曹吉祥的影响力。这件事给了石亨可乘之机。他利用此次机会，挑拨曹吉祥与徐有贞、李贤的关系，得到曹吉祥的支持。曹、石这两个掌握军事实权的人物联合起来，爆发出巨大的政治力量。

在杨瑄上奏之后，负责复查此事的监察御史张鹏受到石亨和曹吉祥联手打压。先是石亨上奏说：张鹏为代宗宦官张永的侄子，以公济私，企图打压自己。英宗只得将张鹏、杨瑄等下锦衣卫审问。[2]接着，锦衣卫指挥门达与给事中王铉状告御史台长官耿九畴“阿附有贞、贤，嗾御史排陷石亨”。[3]门达很有可能是曹吉祥党人：首先，他参与过夺门之变，必与曹、石二人相交甚深；其次，天顺元年，石亨之弟石彪以旧怨弹劾年富，对石亨早有不满的英宗放心地将这件事交给门达，而门达并未对石彪有所袒护，[4]可知，门达并非石亨党人；最后，在诬陷徐有贞、李贤这件事上，曹吉祥和门达密切配合，在门达上奏后，曹吉祥就“乘间顿首言：‘臣等万死一生，迎复皇上，内阁必欲杀臣。’伏地哭不起”。[5]

英宗在曹、石二人的压力下，被迫将徐有贞、李贤贬谪。此后英宗又调“素豪迈，负气敢言”的岳正入阁，[6]用以对付石亨等人。岳正入阁后也不负所望，对石亨、曹吉祥展开猛烈攻势，受到石亨、曹吉祥的强烈抵制，不久即被贬。[7]在此期间，英宗拒

1　（清）谷应泰：《明史纪事本末》卷36《曹石之变》，第525页。

2　《明英宗实录》卷279，天顺元年六月癸巳条，第5967页。

3　（清）谷应泰：《明史纪事本末》卷36《曹石之变》，第540页。

4　《明英宗实录》卷275，天顺元年二月甲寅条，第5853页。

5　（清）谷应泰：《明史纪事本末》卷35《南宫复辟》，第540页。

6　（清）张廷玉：《明史》卷176《岳正传》，第4681页。

7　（清）张廷玉：《明史》卷176《岳正传》，第4682页。

绝石亨推荐的卢彬、王谦，令李贤与彭时入阁。彭时为英宗"所擢状元"，李贤评以"真君子"。[1] 而李贤此时的锋芒亦大为收敛。至此，内阁成员均是"温和派"，且忠于英宗，天顺初年的政治风波也告一段落。

此后，英宗着手分化曹吉祥与石亨。以往史家在论述曹石之变时，往往将曹吉祥、石亨看作荣辱与共的政治联盟，实际上二人的政治处境有很大的不同。在英宗看来，石亨贪得无厌，权势极大，其参与复辟只是一次政治投机，因此对石亨要无情打压。此后令石亨非有诏不得面圣、[2] 罢免时任兵部尚书的石亨党人陈汝言、[3] 打压石彪。[4] 此类措施抑制石亨之意不言而喻。而曹吉祥则不同，其本为王振党羽，算得上"自己人"。虽然在天顺初年的政治风波后，英宗意识到曹吉祥的政治影响力，但并未将其视为最为要紧的政治对手，因此对曹吉祥要尽量拉拢。此后，重论夺门功、[5] 亲幸曹吉祥宅、[6] 石亨败后宽宥曹吉祥所荐冒领夺门功者，[7] 均体现了英宗对曹吉祥的拉拢。

1　（清）张廷玉：《明史》卷 176《彭时传》，第 4684 页。

2　（清）谷应泰：《明史纪事本末》卷 36《曹石之变》，第 547 页。

3　（清）夏燮：《明通鉴》卷 28，天顺二年一月条，第 1011 页。

4　《明通鉴》载："彪谋镇大同，令千户杨斌等保奏，上觉其诈，收斌等，拷讯得实，趣彪疾驰入京。"（清）夏燮：《明通鉴》卷 28，天顺三年四月条，第 1020 页。

5　《明英宗实录》载："封太监曹吉祥嗣子左都督钦为昭武伯，子孙世袭，追封三代，本身免二死，子免一死，给诰券，以有迎复功也。"《明英宗实录》卷 285，天顺元年十二月壬辰日条，第 6099 页。《明通鉴》载："时吉祥以司礼监总督三大营，又请官其从子铉、铎、镗等，皆为都督，门下厮养冒官者多至千百人。"见（清）夏燮《明通鉴》卷 27，天顺元年十二月条，第 1010 页。

6　《明通鉴》载："上幸太监曹吉祥宅。吉祥以夺门功得上宠，至是邀上幸其宅。"（清）夏燮：《明通鉴》卷 28，天顺三年二月条，第 1019 页。

7　《明英宗实录》载："太监吉祥奏金吾右等卫都指挥同知虞得等三十一员，俱冒功升三级。兵部请如例革之。上命第革其一级，不为例。"《明英宗实录》卷 310，英宗天顺三年十二月辛亥条，第 6507 页。

（二）英宗为王振"平反"与智化寺的重振

王振"平反"以及智化寺的重振亦应该放在英宗对曹吉祥态度转变的脉络中理解。非常重要的一点便是：为王振"平反"的苗头从郭敬之子郭祥在天顺元年七月请求放还其充军亲属便已开始。而时间恰好是在岳正被贬的那一天。[1]

郭敬为王振党人，土木之变时为大同镇守。土木之变后被指责"私遗胡寇兵器"，因此被籍没，亲属发配辽东。[2] 其子郭祥选择这个时间上言请求释放被发配辽东的亲属，不是出于曹、石之意，便是揣摩时局所为。此时英宗正被曹吉祥、石亨的联手搞得焦头烂额，又因岳正的激进行为使其与曹吉祥的关系十分紧张，郭敬的奏书正好为他缓和与曹吉祥的关系、分化曹石阵营提供了一个突破口。和郭敬一样，彭德清在马顺事件中也被御史陈镒等人列入应为土木之变负主要责任的王振党羽，在郭祥上奏后十日，其子彭英也在礼部侍郎汤序的上奏请求下，被调回钦天监。[3]而汤序，正是曹吉祥党羽。[4]

在下诏召回彭英后三天，英宗即赦免王振家属。[5] 又在两个月

---

1 《明英宗实录》卷280，天顺元年七月辛未条，第5998页。

2 《明英宗实录》卷181，正统十四年八月庚午条，第3520页。

3 《明英宗实录》卷280，天顺元年七月辛巳条，第6014页。

4 《明史·杨瑄传》载："掌钦天监礼部侍郎汤序本亨党"，但据《明英宗实录》载"升钦天监中官正汤序为礼部右侍郎，仍管钦天监事，从太监曹吉祥奏序与谋迎驾也"。可知，汤序的提拔得到了曹吉祥的支持。另外，《明史·宦官传》载："汤序、冯益及吉祥姻党皆伏诛"，可知，汤序最终因受曹吉祥牵连伏诛。因此，汤序实为曹吉祥党人，《明史·杨瑄传》之所以称其为亨党，当是误记，或是将石亨、曹吉祥视为一党。但正如上文所论，二人还是有很大的区别。参见（清）张廷玉《明史》，第4418、7776页；《明实录》卷274，天顺元年正月己丑条，第5816页。

5 《明英宗实录》卷280，天顺元年七月甲申条，第6020页。

后，英宗"赐故太监王振葬祭"。[1] 这本是太监刘恒等提出的，理由是："振恭勤事上，端谨持身，左右赞襄，始终一德，陷没土木，岁久未沐招葬。"[2] 黄瑜《双槐岁钞》记载这件事时将"刘恒等"写作"振党"[3]，黄瑜天顺初年游学于太学，[4] 此当为其所闻之事。可知刘恒确实是王振党羽。至于王振到底是死有余辜，还是壮烈殉国，实际上是一个站在各自立场上的不同表述，也许永远是个未解之谜。

在曹吉祥于朝堂上掀起波涛巨浪之时，郭祥、彭德清和刘恒等人为王振及其党羽"平反"，其行为环环相扣，即便不是曹吉祥指使，也必是为了迎合曹吉祥。其中的利害关系在于：曹吉祥本是王振党羽，与王振自然荣辱与共。王振及其党羽被朝臣定性为十恶不赦的奸臣，曹吉祥自然也逃脱不了骂名。为王振"平反"就是为曹吉祥正名。

从刘恒等人的奏言来看，他们只是希望为王振招葬。但英宗对王振的身后事安排极为隆重，尤其是为其立旌忠祠。王世贞《弇山堂别集》称："此内臣立祠之始也。"[5]《明英宗实录》以"上亦悯念振"来解释英宗的行为，[6] 但这种礼遇远远超过了一个宦官应有的规格。

《明史·罗绮传》载乡人龙约对罗绮说："天子仍宠宦官，刻香木为王振形以葬。"[7] 英宗为王振立祠，给文官的感观便是"天子仍宠宦官"。实际上，这正是英宗想要传达的意思。英宗此时

1　《明英宗实录》卷 283，天顺元年十月丁酉条，第 6074 页。

2　《明英宗实录》卷 283，天顺元年十月丁酉条，第 6074 页。

3　（明）黄瑜：《双槐岁钞》卷 6《旌忠祠》，第 118 页。

4　（明）谢听举：《明故文林郎知长乐县事双槐黄公行状》，《双槐岁钞》，第 9 页。

5　（明）王世贞：《弇山堂别集》卷 15《中官赐祠》，中华书局，1985，第 270 页。

6　《明英宗实录》卷 283，英宗天顺元年十月七日条，第 6074 页。

7　（清）张廷玉：《明史》卷 160《罗琦传》，第 4366 页。

急切需要笼络太监，以防其与石亨党人形成一坚固联盟。为王振立祠就成了英宗宣示其宦官政策的政治象征。而官至左副都御史的罗绮因上奏质疑为王振立祠一事不仅坐死籍家，还要"陈所籍财贿于文华门示百官"。[1] 这一仪式更是向各方政治势力明确显示英宗对宦官的宠信。

英宗对曹吉祥采取拉拢、利用的手段是起了效果的。在扳倒石亨的过程中，以门达、逯杲为首的锦衣卫发挥了重要作用。而门达是曹吉祥党人，逯杲在天顺年间靠曹吉祥推荐得势，与曹吉祥关系密切。[2] 此后，出于拉拢宦官集团制约外廷和借为王振"正名"来洗刷自己偏信奸臣罪名的目的，英宗在天顺三年扳倒石亨、曹吉祥利用价值缩水后，依旧赐智化寺《谕祭王振碑》，[3] 并在天顺六年已经扳倒曹吉祥后，听从智化寺住持然胜之请求，赐智化寺一套《大藏经》以"慰振于冥漠"。[4]

四　宦官权力网络与天顺以降的智化寺

英宗赐碑、赐经等礼仪性的举措，只能为智化寺的重振提供政治保障，使其免受一时政治打压。但英宗为王振平反正名的做法，亦无法改变王振早已狼藉的声名。因此，智化寺能长期保持"香火不断"，实则在于寺院僧官的极力经营与王振党羽的长期卵翼。

1　（清）张廷玉：《明史》卷 160《罗绮传》，第 4366 页。

2　吕杨：《明英宗时期锦衣卫权力探析》，《中国明史学会第十六届明史国际学术研讨会暨建文帝国际学术研讨会论文集》，九州出版社，2017，第 235 页。

3　这件事的直接原因是：智化寺住持然胜为王振加谥号的请求被礼部拒绝，为安慰然胜，英宗下谕旨祭拜王振。然胜请求为王振加谥号一事见《明英宗实录》卷 299，天顺三年正月乙未条，第 6351 页。

4　《明英宗实录》卷 347，天顺六年十二月壬戌条，第 6991 页。

（一）僧官经营与智化寺地位的维持

智化寺的持续繁荣首先离不开主持该寺的僧官的努力。僧官然胜在天顺年间又成为智化寺的住持。据《颁赐藏经碑》碑阴载，天顺六年然胜所任官职为："僧录司左街讲经、前奉诏校雠三藏、广善戒坛传戒宗师、智化寺开山、持恩旌表孝行、承旨提督汉经厂教经兼敕建大兴隆寺第四代住山。"[1] 大兴隆寺为朝廷在北京的两个香火寺之一，而提督汉经厂教经负责为皇帝、后妃讲经。[2] 可见然胜地位较正统年间又上了一个台阶，成为有机会接近皇帝的近臣。据《谕祭然胜碑》记载，然胜去世后，明宪宗还于成化十一年派礼部员外郎前往祭奠。[3] 而然胜去世时的官职已从右觉义（从八品）升至左讲经（正八品）。[4] 所受恩宠远超常例。这与其任提督汉经厂教经可以接近皇帝、宦官不无关系。不难想象，在这样一位上可通天的寺院住持的领导下，智化寺焉能不门庭若市？

除了然胜，智化寺的第三代主持性道亦善于结交权贵，对智化寺的发展做出过贡献。《明武宗实录》载：提拔僧录司间住、右觉义性道出任右讲经金押管事兼智化寺住持。之所以会有此次人事调动是因为："时刘瑾方欲踵振所为，故从性道乞而升之。"[5] 刘瑾是武宗年间的"八虎"之一，权势熏天。从《明武宗实录》行文来看，性道在出任智化寺住持之前便是刘瑾党羽，二人的关

---

1 《颁赐藏经碑》，《北京图书馆藏中国历代石刻拓本汇编》第 52 册，第 36—37 页。

2 何孝荣：《明代北京佛教寺院修建研究》，第 187 页。

3 北京文博交流馆、北京智化寺管理处编《古刹智化寺》，第 56 页。

4 马晓菲：《明代僧官制度研究》，博士学位论文，山东大学，2014，第 63 页。

5 《明武宗实录》卷 26，正德二年五月癸卯条，第 685 页。

系类似王振与然胜的关系。[1]这就意味着刘瑾想要效仿王振，就是上引陆容《菽园杂记》中提到的，以智化寺为基地，以僧官为政治掮客，接受私谒、勾结廷臣。而智化寺亦得以从中受益，在正德年间保持繁荣。

（二）"拉名下"与智化寺的香火延绵

《补续高僧传》载：明代"京师诸刹，凡属中贵供奉者，即以中贵为主人"。[2]明代北京城内寺院的修建，大多离不开宦官支持。[3]寺院的发展，亦离不开这些供奉寺院的宦官。他们被尊为寺院的主人，成为寺院的政治后台。智化寺亦不例外，它在天顺以后长期保持繁荣，离不开权势通天的太监的供奉与荫护。

在为王振平反过程中发挥过重要作用的刘恒、曹吉祥，均是军功见擢、权势汹天的大太监。曹吉祥不必说，御马监太监刘恒在成化元年曾与李瑾等人一起讨伐四川戎县叛乱。[4]此后还与宪宗宠臣汪直等人"简阅京营官军，及选用把总官"。[5]天顺、成化年间活跃的王振党羽多参与过军事行动，有可能是因为土木之变后对王振党羽清算时，战事紧迫，有军事背景的太监往往得到宽宥，甚至重用。

在智化寺山门匾额——"敕赐智化寺"之末还刻有："万历五年三月三日司礼监管监事、兼掌内府供用库印、提督礼仪房太监郑真

1　陈玉女：《明代中叶以前宦官、僧官与廷臣的连结关系——透过对"坟寺"与"地缘"问题的探讨》，《成大历史学报》第 22 号，1996 年。

2　（明）释明河：《补续高僧传》卷 18《宽念小师传》，上海古籍出版社，2002，第 498 页。

3　从上引陆容《菽园杂记》"京师巨刹……余有赐额者，皆当道中官所建"即可看出。见（明）陆容著，李健莉校点《菽园杂记》卷 5，第 40 页。

4　（清）张廷玉：《明史》卷 13《宪宗本纪》，第 164 页。

5　《明宪宗实录》卷 189，成化十五年四月庚戌条，第 3371 页。

等重修"[1]，可知万历年间司礼监太监郑真曾重新翻修过智化寺。而在出土的《郑真墓志》上，赫然写着："葬于都城西山净德寺原公祖公、司礼太监王公寿域之侧。"[2]西山净德寺为王振在西山建造的唯——所寺院，[3]是王振"坟寺"。[4]王振的衣冠冢当在此地。可知，郑真不仅重修过王振家庙，而且死后还葬在王振的坟寺旁。由此可见，墓志中提到的"公祖公、司礼太监王公"应当就是王振。

所谓的"祖公"，并非指王振是郑真的血缘上的祖父，而是明代宦官特有的"拉名下"的关系。《燕山草堂集》载：明代宦官净身后，各衙门中官会"择其姣好者任意拉去"，称为"拉名下"，而"名下犹其子也"。[5]待名下宦官掌权后，便同样会拉选小阉加入门下，这样便在宦官中形成一个个"家族谱系"。当然这些"家族谱系"是很难稳固的，小阉们往往会在大宦官倒台的时候树倒猢狲散。[6]从郑真称呼王振为"祖公"来看，郑真与王振名下的太监存在"拉名下"的关系。据《郑真墓志》记载，郑真先后投在司礼监太监张钦、温祥名下。因此可以推知，张钦、温祥这两位司礼监太监亦是王振名下太监。

"拉名下"一个很重要的作用，便是为恩主太监延续香火。从这一点来看，郑真为王振修缮香火寺——智化寺也就不足为奇了。重新审视《菽园杂记》记载的天顺、成化年间在智化寺"奉王振

1　北京文博交流馆、北京智化寺管理处编《古刹智化寺》，第 56 页。

2　胡丹辑考《明代宦官史料长编》下册，凤凰出版社，2014，第 1724 页。

3　（明）邵文恩：《重修净德寺碑略》，见《日下旧闻考》卷 104《郊坰·西十四》，第 1715 页。

4　有关明代宦官"坟寺"的研究，见陈玉女《明代中叶以前宦官、僧官与廷臣的连结关系——透过对"坟寺"与"地缘"问题的探讨》，《成大历史学报》第 22 号，1996 年。

5　（清）陈僖：《燕山草堂集》卷 4《东厂·附中官进身》，北京出版社，1997，第 569—570 页。

6　李军：《拉名下：明代宦官政治权力之传承与派系生成》，《史学月刊》2015 年第 2 期。

香火"的司礼监太监许安等人，[1] 亦很有可能曾是王振名下小阉。也就是说，自王振以降到万历年间百余年的时间，王振名下宦官形成了少见、持久且有完整传承链条的"家族谱系"，而且其多名"家族成员"官至司礼监太监的高位，在天顺以降的百年间一直活跃在明廷核心权力机构中。

那么，我们不由要问，为何王振名下太监能形成如此持久的"家族谱系"，而且多名宦官官至司礼监太监呢？这首先与明代的内书堂制度有关。明宣宗时设内书堂，选派 10 岁左右的宦官入内读书识字，学成后分拨宦官各衙门任用。黄凤翔《田亭草》记载其在内书堂任教的情况："兹事实大奄主之，诸监局有禄秩者，所役属若干人，咸抡简以充，居恒各自有师，其旦暮课业，一如塾师例，而请董以词臣者，重之也，彼亦自为重也。"[2] 也就是说，内书堂的学生实际上是由各司有禄秩的宦官简拔名下小阉充任。而且，虽然内书堂延请翰林词臣任教，但实际上这些小宦官是由所属太监负责培养。学成后，这些年轻宦官最好的出路是被选派到文书房，因为如此便有机会担任"非读书不可任"的司礼监太监。[3] 而能被选拔到文书房，乃至最终进入司礼监，自然离不开所属太监的提携与扶持。这样，权势较大的司礼监太监与其名下小阉便可通过文化资本的传承，进而达到权力的承袭。而王振早在永乐年间，便"受太宗文皇帝眷爱，得遂问学"，[4] 在内书堂成立

---

1 （明）陆容著，李健莉校点《菽园杂记》卷 5，第 40 页。

2 （明）黄凤翔著，林中和点校《田亭草》，商务印书馆，2018，第 137 页。

3 高志忠：《明代宫廷内书堂教育与知识型宦官》，《兰州学刊》2011 年第 10 期。

4 参见王振《敕赐智化寺报恩之碑》，《古刹智化寺》，第 13 页。《明史》载王振："少选入内书堂，侍英宗东宫"，并不准确。根据《敕赐智化寺报恩之碑》，王振早在永乐年间便在内廷中接受过教育，明宣宗时已经是"久在侍从，眷顾有加"了。而且，碑载"仁宗昭皇帝于青宫，复蒙念臣小心敬慎，眷顾有加"，可知王振曾侍奉还是太子时的仁宗，而非《明史》所载"侍英宗东宫"。

时已经是内廷少有的拥有较高文化水平的大太监了。因此其名下官至司礼监的宦官，亦当是其提携进入内书堂学习，并在学成后加以拔擢。而其名下太监又在掌权后继续培养新的名下小阉，由此形成了长达百余年的"拉名下""家族谱系"。

而且，王振的家庙智化寺，以及坟寺净德寺亦是维系这一"家族谱系"的主要因素。王振名下太监通过供奉祖公王振的香火庙和坟寺，便可以享受到沐浴、交往廷臣、获得寺田收入等特权。通过智化寺和净德寺，王振名下太监与他们共同的"祖宗"王振从拟血缘纽带凝固为物质上的联系，使这张由"拉名下"形成的权力网络更加牢固。而这一权力网络亦能为智化寺保驾护航，使其一直"香火不断"。

结　语

20 世纪上半叶开始，中国史学逐渐摆脱了过去只关注上层精英人物和政治事件的学术传统，倡导"眼光向下"，基层民众的社会生活史成为历史研究对象。但是这种"眼光向下"的社会史研究，片面地把传统政治史排除在研究范围之外，最后容易流于表面，"往往停留在说出'是什么'，而把'为什么'的问题付诸阙如"。因此，学界越来越强调"自下而上"地研究社会史，强调"从民众的角度和立场重新审视国家和权力"，"不避讳研究政治、研究事件、研究精英"。[1]

具体到明代北京智化寺，对其兴衰变迁的研究亦需经过"眼光向下"到"自下而上"这样一种方法上的转变。以往的研究往

1　赵世瑜：《小历史与大历史：区域社会史的理念、方法与实践》，北京大学出版社，2017，第 41、43、54 页。

往强调多集中于梳理其兴衰变迁的历史过程，对于智化寺如此变迁的原因分析却着墨甚浅，抑或轻下结论，导致围绕着智化寺兴衰变迁的许多谜团至今未得到很好的解释。实际上，处于"天子脚下"的北京，又作为明代著名宦官王振的家庙，智化寺的兴衰变迁背后的原因是明代宦官在高层政治权力斗争与权力网络中的变动。

智化寺的修建离不开宦官王振的得宠。仗着皇帝的恩宠，王振打破明代北京城不得新建寺庙的规制，修建了智化寺用以结党营私，解决了宦官不能私自交通外臣的问题。后土木之变中英宗被俘，已经身死的王振又成了群臣发泄对英宗不满的替罪羊，对王振的政治定性在否定英宗合法性、构建代宗即位合法性、促进英宗与代宗之间的帝系转移中发挥了重要作用，而智化寺也因此受到打压而中落。这反映出明代宦官作为皇权的附庸，其与皇帝之间荣辱与共的政治关系对宦官控制下的寺庙兴衰变迁的重要性。英宗复辟后对王振大加表彰，为其平反，并在智化寺立祠，这一反常行为亦与当时的政治斗争有关。是时王振虽死，但其宦官党羽（尤其是曹吉祥）在政局中发挥着举足轻重的作用。英宗为了拉拢曹吉祥，为王振平反立祠，以营造"天子仍宠宦官"的政治氛围，智化寺也因此重振。在曹吉祥被清算后，英宗依旧不减对智化寺的恩遇，显示出宦官的影响力并不随曹吉祥被清算而消失。

而智化寺能够到明末依旧"香火不断"，更显示出明代宦官政治的独特性。首先是智化寺的实际经营者——僧官，借助宦官、皇帝的力量尽可能地为寺庙争取利益。更为重要的是，宦官通过"拉名下"的方式构建起一张庞大的权力网络。在"拉名下"中，大宦官与名下宦官构成了一种拟血缘关系，并利用内书堂制度、宦官升迁制度完成权力的继承。名下宦官则有为大宦官延续香火的义务。智化寺之所以能够长期香火不断，并在万历年间得到大规模修缮，便是受到了王振名下宦官及其后代的卵翼与支持。而这些名下宦官之所以资助智化寺，除了尽"血缘上"的义务外，也在于寺庙能为这些宦官提供诸多便利，如休假娱乐、结交外臣、获得寺田收入等。

总之，居于天子脚下的智化寺，其兴衰变迁与明代的宦官政治有着密切的联系。宦官在高层中的政治斗争会影响寺庙的短期地位的变动，而宦官权力网络的建构则为寺庙的长久香火不断保驾护航。这一格局一直维持到明代灭亡，明代的宦官政治不复存在，智化寺也逐渐走向没落。至清朝乾隆七年，山东道御史沈廷芳因公事过智化寺，看到寺内"李贤撰碑，称其丰功大节。谀阉乱道，观者发指"，因此上表"乞敕有司，毁像仆碑，并将英宗谕祭碑，移瘗他所"。乾隆皇帝答应了这一请求。[1]自此以后，智化寺便"遗像今消歇，层楼渐废荒"，[2]再无大规模的修缮记录，一步步走向衰落。

1 《清高宗实录》卷 157，乾隆七年正月庚寅条，中华书局，1985，第 14 页。
2 （清）戴璐：《藤阴杂记》卷 4，第 45 页。

觉生寺清代祭坛祈雨初探[*]

王　申[**]

摘　要： 始建于清雍正十一年（1733）的觉生寺，是与大高玄殿、黑龙潭齐名的清代皇家重要分祷祈雨场所，然而由于史籍记录相对匮乏，目前对其情况的了解甚少。从档案史料中发现觉生寺祭坛祈雨虽言明"按大藏内大云轮请雨经依科设坛"，实际操作却与经文描述不尽相同，本文通过对清代内务府档案、上谕档、图档等史料的研究，考证觉生寺祭坛祈雨的历史情况，以期对研究清代皇家分祷祈雨提供重要参考，为全国重点文物保护单位觉生寺历史功能的研究和展示，起到重要支撑。

关键词： 清代　觉生寺　祭坛祈雨

中国古代祈雨的祭祀活动被称为"雩祀"。在农耕时代，祈雨是有关农事的重要祭祀活动之一。满人未入关前，并没有举行雩祀的习惯。入关后，由于顺治十四年（1657）夏出现大旱，方开始于圜丘祷雨。[1] 乾隆七年（1742）时，御史徐以升上奏"我朝礼制具备，会典载有躬祷之仪，独于雩祭尚未设有坛壝，似属缺典……请于京城之内择地建立雩坛……"[2] 乾隆皇帝遂下

---

　*　本文为北京市文物局科研课题项目"觉生寺祭坛祈雨研究"的阶段性成果。

**　****　王申，大钟寺古钟博物馆业务部副主任，博物馆馆员。

1　《清会典事例》卷 420，中华书局，1991，影印本，第 5 册，第 706 页。

2　《清会典事例》卷 420，第 709 页。

旨，将祈雨列为"常雩"，并规定在每年"孟夏"时实行。如果常雩之后，旱情还未缓解，则在天神、地祇坛、太岁坛祈雨，七日一祈；如还不下雨，则在社稷坛祈雨；如果还未下雨，则"复告神祇、太岁，三复不雨，乃大雩"。[1] 除此之外，清代皇家祈雨还有众多分祷场所，这些场所所承接的不同祈雨形式共同构成了清代雩祀，清代皇家祈雨活动一直延续到清末。

对于清代皇家祈雨研究，一直有专家学者关注。吴十洲先生《帝国之雩——18 世纪中国的干旱与祈雨》一书对乾隆朝时期的祈雨活动以及相关问题进行了详细介绍、分析与研究。[2] 臧志攀等的《中国古代祈雨史》一书从理论上将"中国古代祈雨史"划分为四个时期，并且进行了系统阐述。在"清代的祈雨"一章中则对清代皇家祈雨与地方、民间祈雨进行了阐释。[3] 刘毓兰、傅育红主要对清代雩祭制度和程序等问题进行了详细阐释和研究。[4] 王洪兵、吴力勇则主要介绍了清代顺天府地区祈雨活动，从不同角度分析了清代皇家祈雨的影响与意义。[5] 王丽娜、李景屏，李光伟、陈思翰，张艳丽，吴文杰，李文君等则从不同时期、不同场所阐释了清代皇家祈雨活动。[6]

1　（清）允裪等编纂《大清会典（乾隆朝）》，杨一凡、宋北平主编，李春光点校，凤凰出版社，2018，第 174 页。

2　吴十洲：《帝国之雩——18 世纪中国的干旱与祈雨》，紫禁城出版社，2010。

3　臧志攀等：《中国古代祈雨史》，陕西人民出版社，2019。

4　刘毓兰：《清代京师的祈雨活动》，《紫禁城》1995 年第 1 期；傅育红：《清代雩祭礼制与皇帝祈雨活动》，《历史档案》2022 年第 4 期。

5　王洪兵：《清代顺天府与京畿社会治理研究》，博士学位论文，南开大学，2009；吴力勇：《清代顺天府旱灾与禳灾初探》，硕士学位论文，暨南大学，2011。

6　王丽娜、李景屏：《密云行宫与清王朝对白龙潭的祭祀》，《北京社会科学》2006 年第 5 期；李光伟、陈思翰：《康熙朝京师祈雨与王朝治理》，《中国高校社会科学》2020 年第 5 期；张艳丽：《嘉庆时期京师禳灾与社会控制》，《兰台世界》2014 年第 35 期；吴文杰：《乾隆初年直隶地区旱灾治理与皇权维护》，《东北农业大学学报》（社会科学版）2020 年第 3 期；李文君：《晚清邯郸铁牌祈雨浅说》，《明清论丛》2017 年第 1 期。

　　觉生寺（见图1）始建于清雍正十一年（1733）。自乾隆年间起，一直作为清皇室祈雨的重要场所之一。清代觉生寺的祈雨主要可分为"拈香祈雨"和"祭坛祈雨"两种，只有在光绪二十九年伴随"祭坛祈雨"，出现过一次迎请邯郸圣井岗龙神庙铁牌祈雨的方式。"祭坛祈雨"相对复杂且隆重。它始于清代乾隆年间，嘉庆至光绪时期形成完备的程式，至清朝灭亡才随之消失。

图1　大钟寺古钟博物馆（觉生寺）山门（笔者拍摄）

　　大钟寺古钟博物馆大雄宝殿东配殿耳房为"前班求雨住处"，是觉生寺清代举行祭坛祈雨活动时亲贵轮班求雨等环节的重要实物见证。而馆内所藏清代雍正十二年《敕建觉生寺御制碑》，碑东侧镌有清乾隆皇帝所作的御制诗，其内容为谢雨，其也从侧面反映了觉生寺祈雨的历史地位与时代意义。然，档案史料中虽言明觉生寺祭坛祈雨"按大藏内大云轮请雨经依科设坛"，实际操作与经文描述却不尽相同。本文将根据档案史料记载，结合多方文献，综合考证觉生寺祭坛祈雨的历史情况，以期为相关研究填补一二空白。

一　觉生寺祭坛祈雨

大高玄殿、黑龙潭和觉生寺，是清代分祷求雨场所中较为重要的三个。根据档案记载，各有特色。大高玄殿是按道教要求进行求雨，黑龙潭则是请喇嘛进行求雨，觉生寺因是佛教寺院，所以按照乾隆皇帝谕旨，"按大藏内大云轮请雨经依科设坛"。[1]

（一）祭坛位置

觉生寺设大云轮祈雨祭坛，由皇室特选高僧在"觉生寺墙西净地""按大藏内大云轮请雨经依科设坛"，祈雨活动一般持续举行七日，中间不能中断，如果一连七日未能降雨或者雨量不够，则需要再祝祷七日。该项在觉生寺进行的祈雨形式，自乾隆四十三年有文献记述始，一直伴随觉生寺祈雨至清末，却不见祭坛的踪迹。于文献记载中或可大体推测其基本情况。

祭坛的具体位置，遗迹早已无存，且无文献记载。如今仅从几幅早期的地图和记载中的一些线索可以推测，祭坛所在范围大致在[2]今大钟寺古钟博物馆（觉生寺）以西，大泥湾社区和小泥湾社区以东，北三环西路以北，翠宫饭店以南的范围内。（见图2）

究其原因，一是年深日久，觉生寺以西的环境早已不复当年模样。在清代时，觉生寺西墙外大部分为农田沃野，而如今早

1　中国第一历史档案馆藏：《奏为令众僧人于觉生寺设坛嘑经等事折》（乾隆四十三年五月初九日），档号：奏销档348-112。

2　王申：《清光绪二十九年觉生寺祈雨考》，《北京文博文丛》第1辑，北京燕山出版社，2020，第22—35页。

已经建满了小区和居民楼，因此地貌破坏严重，又不便进行考古发掘。而从史料记载中看，或许还有另一种可能性，即觉生寺祭坛很可能为一次性祭坛，因此在每次使用过后都会被拆除，仅仅留有黄土堆设的台基。根据现存清内务府关于觉生寺祈雨档案可以发现，每次觉生寺祈雨举行时，都会有搭建祭坛匠人的记载出现。如，嘉庆二十二年四月初八日"觉生寺祈雨安坛堆设土台用苏拉八十名……摸四面台边用瓦匠二名"。[1] "自四月初八日搭平台摆设木器，用家匠二十名。"[2] 而当祭祀结束撤坛时，又会有拆除祭坛匠人的记载出现，"十二日拆卸平台攒收木器，用家匠二十名"。[3]

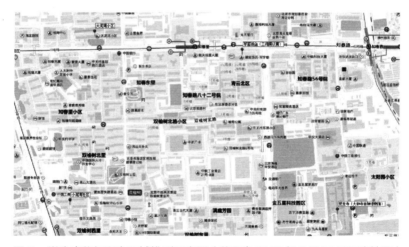

图2　觉生寺祭坛所在区域推测示意图（截取自2020年2月10日百度地图）

---

1 《为领取觉生寺安坛祈雨应行办买鲜花等物及雇觅苏拉等饭食各项用过钱文事》（嘉庆二十二年四月二十八日），中国第一历史档案馆藏，档号：05-08-004-000081-0018。注：以下所引档案来源相同，故省略馆藏地。

2 《木库觉生寺祈雨应用木器清册》（嘉庆二十二年七月初三日），档号：05-08-006-000339-0025。

3 《木库觉生寺祈雨应用木器清册》（嘉庆二十二年七月初三日），档号：05-08-006-000339-0025。

另如，嘉庆二十三年三月的觉生寺祈雨，由于自三月二十二日至二十八日"已届七日"，故此次祈雨"应行停止"，然而"原设坛座仍着暂留"，[1]等到了嘉庆二十三年四月，因为"总未得雨，实深（硃）焦灼，倍切悚惶"，[2]故而在四月十一日再次进行祈雨。在此期间，由于需看守坛座，就产生了新的用人需要，"觉生寺祈雨看守木器等项，自三月二十九日起至四月初十日止计十二日，每日听差家匠五名，计六十名。"[3]直到祈雨结束，祭坛才被拆除。

而每次内务府批准的物资多半非消耗品都会被收回，等下次再使用。如搭祭坛用的竹竿、桌凳罩、家具等。据此可以推测，祭坛为一次性设施，如果是连续设坛祈雨，其间会根据祭坛实际情况，进行重新修整或搭建，而当祈雨结束后，祈雨祭坛就会被拆除，相关物资进行回收，如果再次祈雨，将会重新搭建新的祈雨祭坛。

（二）祭坛陈设

自乾隆年间开始在觉生寺进行祭坛祈雨起，根据乾隆皇帝的指示，觉生寺所采取的祭坛祈雨形式应根据大藏内《大云轮请雨经》里的规定来进行。在佛教教义中有请雨法，其特指依请雨经而修之法，故又作请雨经法。《大云轮请雨经》收录请雨时所受持的陀罗尼。列出十种供养云海、降雨之利益及五十四佛名，举

1　《为支领预备觉生寺祈雨净瓶架等项所需工价银钱事》（嘉庆二十三年六月初三日），档号：05-08-006-000356-0006。

2　《嘉庆二十三年四月初八日内阁奉》。

3　《木库嘉庆二十三年自三月二十八日至四月二十五日觉生寺祈雨听差匠役清册》（嘉庆二十三年六月初三日），档号：05-08-006-000356-0008。

示大陀罗尼，以及佛曾于难陀邬波难陀龙王宫大云道场宝楼阁中对大比丘、诸菩萨、百八十余龙王等宣说此经。

在目前存世的乾隆《大藏经》中收录了隋、唐时期所译四个版本的《大云轮请雨经》。一版是宇文周天竺三藏阇那耶舍等译《大云请雨经》；一版是隋天竺三藏法师那连提耶舍译《大云轮请雨经》；一版是隋天竺三藏法师阇那崛多等译《佛说大方等大云请雨经》；一版是唐特进试鸿胪卿三藏沙门大广智不空奉诏译《大云轮请雨经》。乾隆四十三年命人从《大藏经》中选择《大云轮请雨经》一卷在觉生寺设坛祈雨，究竟为哪一卷，目前没有直接证据加以证明。但从四个版本经文和坛法记载，以及内务府档案等的记载看，这四个版本中，唐不空译《大云轮请雨经》没有坛法，宇文周阇那耶舍等译《大云请雨经》所记坛法与觉生寺设坛差别较大，其余两版对坛法要求相近，然亦有差别。

而乾隆四十三年由皇六子永瑢奉诏绘制，并被收录在乾隆四十七年刊印的《御制大云轮请雨经》一书中的祭坛坛法和坛图，与内务府档、上谕档记录的觉生寺祭坛祈雨材料对比后可以发现，其与实际搭建的祭坛虽相似度甚高，但也有许多细微处不尽相同。故经多方文献史料比较，本文就实际觉生寺大云轮请雨祭坛主要史实情况，在此尽做详考。

日本国立图书馆藏有明治十四年（光绪七年，1881年）祥云寺藏版的那连提耶舍著《大云轮请雨经》，并附有《祈雨法坛仪规》，其在仪规中则绘有"祈雨法坛之图""竿幢之图""二十八幡之图"等，也为祈雨法器直观样貌，提供了可参考的依据。

觉生寺大云轮请雨祭坛整体坐西朝东，从空间上可分为道场、坛两大部分。

1. 道场

道场，亦称坛场，最初指修作密法时在地上划定的某一区域。其界畔在阇那崛多等译本的《大云轮请雨经》中记载为"其诵呪师应自护身，或呪净水，或呪白灰，自心憶念以结场界。或尽一步乃至多步，若水，若灰，用为界畔"。道场中"覆以香华散道场中及与四面"。而实际的觉生寺祭坛界畔则更为简洁。

根据经文记载，其道场方广十二步（约 368.64 平方米[1]），为正方形，坐西朝东建设，四周以席围墙为界畔。但搭做的席围墙"见方八丈，高七尺……席墙除门口四个，凑长二十八丈，高七尺"，[2]且油糊彩画，"四面画龙"，[3]具体样式在乾隆四十七年四月刊印的《御制大云轮请雨经》中，则记述有"以席为墙，四面有门，门各画二行龙守护，用代经所云或灰或水以为界畔者，龙首皆向门而蜿蜒，其尾互相勾结"。按照席围墙尺寸计算，其实际所围面积要比经文中记载道场为大。

席墙四面各开一口，长一丈，为坛门。原经中道场四门"各施一大香炉烧种种香，薰陆、沉水、苏合、旃檀及安息等"[4]以为屏障，而觉生寺的祭坛中道场四门外则设席插屏影壁挡在四座门前，"各长一丈六尺，高七尺"，[5]席上画对成五彩雾龙水兽。[6]

2. 坛

道场内的主要建设为坛，居于道场中，广十步，高一尺，为正方形，以洁净黄土搭建，坐西朝东。坛边设置有踏跺方便上下。

---

1 清乾隆年间，一尺等于 32 厘米，一步等于五尺。

2 《房库嘉庆二年觉生寺祈雨搭席墙棚座料估清册》（嘉庆二年闰六月二十日），档号：05-08-006-000014-0017。

3 《为支领预备觉生寺祈雨应用库贮地平等物搭做席围墙等项需用银钱事》（嘉庆三年六月十七日），档号：05-08-006-000027-0020。

4 乾隆四十七年刊印《御制大云轮请雨经》，第 44 页。

5 《为支领预备觉生寺祈雨应用地平等项所需工价银钱事》（嘉庆元年九月二十五日），档号：05-08-006-000006-0046。

6 《画匠房嘉庆元年觉生寺祈雨应用幡架支杆席墙等件油画清册》（嘉庆元年九月二十五日），档号：05-08-006-000006-0047。

坛的制作材料在大藏内《大云轮请雨经》中要求"用犛（牛秦）牛粪取新净者周匝泥之"。犛牛，"即雪山白牛，纯食雪山香草，其粪香洁可用"。[1] 雪山白牛，为青藏高原半野生特有种群，生长在海拔 3000 多米的青藏高原边缘，在藏族人民心中有着非凡的地位。但起坛也并非犛牛粪不可。《楞严经》卷 7 中讲道："愿立道场，先取雪山大力白牛，食其山中肥腻香草。此牛唯饮雪山清水。其粪微细，可取其粪，和合旃檀，以泥其地。若非雪山，其牛臭秽，不堪涂地。"而对于平原地区，难以取到犛牛粪的，则可"穿去地皮，五尺已下，取其黄土，和上旃檀、沉水、苏合、熏陆、郁金、白胶、青木、零陵、甘松及鸡舌香以此十种，细罗为粉，合土成泥，以涂场地"。对于位于北京城外的觉生寺而言，显然不具备取犛牛粪泥坛的条件，因此乾隆皇帝选择了第二种办法，以黄土和各种香料泥坛，《御制大云轮请雨经》中也记述为"今亦依楞严经法，穿地五尺，取净黄土和香末代之"。[2]

（1）经幄

坛上中间设置有经幄，或曰帐房。"幄"本义为形如房屋的大帐幕。在清代皇家祭祀活动中常见，《雍正帝祭先农坛图卷》（见图 3）中就绘有黄色的幄，在坛上中间，形如房屋，内供奉神主牌位、摆放香烛贡品等。觉生寺请雨祭坛中的经幄，坐西向东摆放，按经中要求应为方广二丈，中隆起如屋，檐高九尺，用青色布做成。然而实际的经幄则为见方一丈八尺、高一丈、平顶成造、铺盖席片的青布帐房。其以十二根木柱支撑，用绳索系于四角分绊在地上以保证其稳定性。绊物为石古子，共二十二个，各

---

1 （清）仪润述，妙永校《百丈清规证义记》，蓝吉富主编《禅宗全书》，北京图书馆出版社，2004，第 245 页。

2 乾隆四十七年刊印《御制大云轮请雨经》，第 1 页。

高一尺五寸，径一尺，每个重一百七十二斤。木柱和绳索也都需要染成青色。青，就是象征北方的黑色，也是取"水德"之意。

图 3 《雍正帝祭先农坛图》上卷，清绢本，局部，北京故宫博物院藏

幄中设地平，地平架子"面阔一丈五尺七寸，进深一丈三尺七寸，高一尺"，[1] 而"签定地平"要比架子略宽，"面宽一丈六尺，进深一丈四尺，高一尺"，[2] 四面挂檐板。根据《御制大云轮请雨经》记载，其上设置啤经的高桌、矮桌等。高桌和高座位于经幄内地平上西边中间部位，朝东向，外围青布，为主坛僧人的坐席，其应为档案中记载的八仙高桌。高桌上置经其上，并用青色缎或锦为幕盖在上面，僧人诵时才会揭开。而搭配高桌的则应是木制高座，上面则覆有青色的褥。

高桌前两旁设有诵经僧的矮桌，设于高桌的南北两旁，可以按照参与诵经的人数设置二个、四个、六个或八个，并且堆成相

---

1 《房库嘉庆元年觉生寺祈雨搭棚座席墙料估清册》（嘉庆元年九月二十五日），档号：05-08-006-000006-0051。

2 《木库嘉庆元年觉生寺祈雨木器及拉运车脚运夫家匠清册》（嘉庆元年九月二十五日），档号：05-08-006-000006-0049。

对放置，木制，外面套有青布桌套。桌上也同样要放置经并用青褥覆盖。矮桌没有椅子，而是就地敷方二尺的青褥。觉生寺祭坛祈雨则多为矮桌八张。从内务府档案记载中可知，自乾隆年始，觉生寺的大云轮请雨祭坛僧人数量多为九人，其中一人主坛，其余八人或为领众僧二名，大众僧六名；或为领众僧官一名，僧众七名。如乾隆四十七年四月祭坛祈雨时，唪经僧人包括"主坛拈花寺通理，领众觉生寺达寿，领众贤良寺实宁，大众万寿寺常济，栢林寺际圆，广通寺际醒，善果寺湛元，法源寺明眼，崇效寺宁一"，[1] 均为当时京城内著名高僧。

（2）龙神像

祭坛上主供龙神像，亦称龙王牌、龙王像，龙神像绘于插屏之上。插屏"座子高一尺二寸，宽一尺八寸，插屏高二尺六寸，宽一尺六寸"，[2] 龙神像背后糊什黄毛边纸。龙神的画像为何，在《御制大云轮请雨经》中记载较为详细，各按方位法相手印绘画。龙王像插屏供奉在距离经幄以东三肘（约 0.96 米）、南五肘、西七肘、北九肘的四个方向的四个青帏八仙高桌上。东八仙高桌向西，供奉龙王一身三头；南八仙高桌向北，供奉龙王一身五头；西八仙高桌向东，供奉龙王一身七头；北八仙高桌向南，供奉龙王一身九头。除此之外，插屏上还各画龙王四位眷属围绕，下为海涛，上有云气。供奉用的八仙高桌皆套青布桌套，上设供器和供物。

《御制大云轮请雨经》中绘有龙王像图，为三头、五头、七头、九头龙王像，均主首为人，上半身亦为人，而下半身和其余副首为蛇，手持法螺，面目慈祥。四位龙王身旁随侍与龙王头数

1　《奏为令僧人设立坛场祈雨事折》（乾隆四十七年四月十一日）。

2　《木库嘉庆二年觉生寺祈雨木器粘修清册》（嘉庆二年闰六月二十日），档号：05-08-006-
　　000014-0018。

一致的龙女、海族各四位。从龙王头数、手印、法物、随侍眷属等，均无法判断其身份。《大云轮请雨经》中提到了一百八十七位龙王，而坛上仅供奉四位，又无法辨识身份，很可能并不是特意供奉某位龙王，而是用三、五、七、九以及相同的形象、手印、法物、眷属代表诸龙王进行供奉。

根据经文记载，供奉龙王的四个供桌上摆有供器与供品。供器主要有大香炉、小香炉、盘、烛台等。供品主要有种种妙香、乳糜、杂果、糖糕等。

供器中大、小香炉每桌各一个，盘、烛台每桌各一对。大香炉是供香用，小香炉中则放置小炽炭以爇瓣香。一对盘中盛的是沉速、苏合、栴檀等种种妙香，以供小香炉爇瓣香。每次开坛内务府都需准备碳机子和文碳用在此处。据记载，嘉庆元年六月开坛前，内务府备了"碳机子四十个，文碳十斤"。[1]

一对烛台要燃一对蜡烛，作为供养。据嘉庆十三年的相关记载，该年二月二十一日起至二十七日曾在觉生寺祈雨，七日共用"三两黄蜡二百五十二枝"，平均一天需用黄蜡36枝。而二十三日和二十七日，因嘉庆皇帝亲诣觉生寺拈香，故另用"五两茜红白蜡八枝，三两茜红白蜡二十枝"。[2]

供品主要有乳糜、杂果等。乳糜、杂果皆以有托的或铜，或锡，或瓷石材质的器皿装盛，每桌各供五个。目前发现的档案中，光绪朝以前仅粗略记有"供献奶油檀香""拴果供买纸扎"，[3]可知供物中确应有檀香、奶油、鲜果等供物、供品，具体为何，

---

1 《为呈明办理觉生寺祈雨道场用过听差苏拉等饭食等项钱文事》（嘉庆元年六月十七日），档号：05-08-004-000003-0045。

2 《为觉生寺等处用过大小黄白蜡枝数目补行咨文事》（嘉庆十三年五月），档号：05-08-009-000058-0027。

3 《为领取觉生寺安坛祈雨应行办买鲜花等物及雇觅苏拉等饭食各项用过钱文事》（嘉庆二十二年四月二十八日），档号：05-08-004-000081-0018。

暂未可知。仅在嘉庆元年五月的请雨祭祀时，记明供有加糖糕，一共四桌，每桌五碗，每日一换。[1] 在光绪年间的内务府档案中获知，坛上供奉的果品为"红梨""秋梨""杏"，"每逢开坛祈雨，皇上亲诣拈香，七日连坛，更换鲜果供一次"。"觉生寺雨坛前应用红梨五十五个，秋梨一百六十五个，杏一百十个。"[2]

而在档案中，同治朝以前，目前也暂未见有香炉等记载，祈雨供器则需用供碗 58 个，供盅 50 个，供碟 50 个。每日用摆供茶役铺排六名。自同治朝始，在档案中才有觉生寺祈雨应用"锡三供五分，供托四十件，铜小碟十件，檀香炉五件，灯盏四十件，锡柿壶二件"[3] 的记载。

（3）坛内其他陈设

坛四角设幡，皆以新青布为之，长一丈，竿用竹木，鬃以黑漆，首饰以铜曲，垂如钩以系幡，上有幡头，长一尺，高八寸。幡下设有木座，亦用黑色，曲抱如矩，为曲尺幡架，各高三尺，面长六尺。每个木座上插 7 竿幡，各长一丈二尺，径二寸，1 竿在正当，左右各 3 竿，四角共 28 竿。

在诸多版本的经文中均没有详细记载祭坛幡上书写的内容，坛图中幡上也没有绘出具体内容。《华严经》卷 26 中说："菩萨施上妙幢幡，回向云：'愿一切众生，常以宝缯，书写正法，护持诸佛菩萨法藏。'"即指应该书写经咒于幢幡上。日本国立图书馆收藏的明治十四年祥云寺藏版《大云轮祈雨法坛仪轨规

---

1 《为呈明给发觉生寺祈雨做加糖糕供所需麦面白糖等物事》（嘉庆元年五月十四日），档号：05-08-009-000003-0022。

2 《为大高殿觉生寺开坛祈雨更换鲜果供共用银两转交银库照数发给事致堂查核处》（光绪二十九年七月初八日），档号：05-13-002-000339-0078。

3 《为领取同治四年闰五月至六月预备觉生寺开坛祈雨拉载供器等项拜唐阿匠役所需盘费车辆银两事》（同治四年六月二十八日），档号：05-08-030-000419-0007。

则》[1]中记载，祭坛幡上应书写经咒"萨婆摩诃那伽啰阇"，汉文译为"一切大龙王"。

每个青幡下各燃酥油灯一盏，随幡为位，以铜为之，高五寸四分，上盘深一寸六分，圆径五寸，承以层台下各有座，刻为龙文，中燃酥油。灯下桌为三角桌，桌上也套有青色桌套。[2]觉生寺大云轮请雨祭坛所用的灯有"昼夜光明照映一切"的作用，应为佛教供养灯中的长明灯。

酥油灯灯架前，四角处各设花瓶，插杂花。花瓶可容水三斗，以黑釉瓷为之。瓶下有座，并髹以黑漆，为六角形净瓶架，里径一尺五寸，高一尺二寸。[3]瓶中插种种草木花巨蕊，用金精或石黛和水注满，每日都要换水，不能让养花的水隔宿，花也要时长更换新鲜的，好使清芬不绝。

祭坛祈雨使用的水，在乾隆年间称为"天竺甘露水"，自法慧寺取水，如乾隆五十三年三月十八日在觉生寺敬谨设坛，在设坛前"即将法慧寺天竺甘露水敬谨请至觉生寺供奉"。[4]法慧寺位于圆明园三园之一的长春园内，据《日下旧闻考》所载，"海岳开襟……东为法慧寺，山门西向。内为四面延楼，后殿为光明性海，其西别院有琉璃方塔"。[5]为何在法慧寺取水，档案中未见记载。自嘉庆年间至道光年间，档案中只记载为在圆明园东园取

1 那連提耶舍訳『大云轮请雨经 附祈雨法坛仪规』西山卯兵衛、明治14年2月、祥雲寺藏版、国立国会図书馆藏。

2 《为领取预备觉生寺祈雨应用凉棚等项所需车辆脚价银及匠役饭钱事》（嘉庆元年八月十四日），档号：05-08-002-000121-0002。

3 《画匠房嘉庆元年觉生寺祈雨应用幡架支杆席墙等件油画清册》（嘉庆元年九月二十五日），档号：05-08-006-000006-0047。

4 《奏报在觉生寺设坛讽经事片》（乾隆五十三年三月十八日），档号：04-01-01-0338-033（奏销档408-161）。

5 （清）于敏中等编撰《日下旧闻考》，《北京古籍集成》，北京出版社，2015，第1385页。

水，名为"天竺恩波水"，"恩波"意为帝王的恩泽，故宫博物院现藏有乾隆年间所制的"天竺恩波"青瓷罐。这里提到的圆明园东园与法慧寺是否为同一处所，因缺乏直接证据，不便强加联系。如遇有连续设坛，需分别取水，且用佛亭或彩亭搭盛，由八名抬夫进行往返，完时送回。如嘉庆二十三年四月十一日祈雨，"十一日圆明园东园取净水一次，十八日圆明园东园取净水一次，完时送回……圆明园东园取净水一次，用佛停一座，完时运回，十八日圆明园东园取净水一次，用佛停一座，完时运回，计用抬夫三十二名"。[1]道光以后，在现有档案中未见相关记载，或与咸丰十年（1860）第二次鸦片战争中，圆明园被英法联军焚毁有关。

金精，在佛经中没有详细解释究竟是何宝石，但是据研究，金精应为今天所说的"青金石"。在唐代，金精经常被用作佛教密教中庄严道场的物品。而"石黛"，又作"青黛"，为古代女子画眉的黑色宝石。每次开坛，金精、石黛的用量都是固定的，"金晶石四两，青黛石四两"，[2]每瓶中只有金精、石黛各一两。

（三）祈雨人员住所

根据档案记载，觉生寺祭坛祈雨除僧人外，有时皇帝亲诣拈香，而多数为皇亲贵族、王公大臣参与拈香、轮班住宿等任务。大雄宝殿东配殿耳房就曾为"前班求雨住处"，应为亲贵们休息的场所。然而，其仅面阔一间，进深一间，显然不能满足全

---

1 《房库嘉庆二十三年自三月二十八日起至四月二十五日觉生寺祈雨听差匠役料估清册》（嘉庆二十三年六月初三日），档号：05-08-006-000356-0007。

2 《为呈明办理觉生寺祈雨道场用过听差苏拉等饭食等项银钱数目事》（嘉庆元年五月二十六日），档号：05-08-004-000003-0030。

部拈香、轮班住宿人员使用。根据光绪年间记载，为了筹备光绪三十三年五月二十六日在觉生寺的祈雨，营造司在觉生寺庙内共糊饰了"王爷坐落房六间，大人住宿房三间，堂上住宿房五间"，[1] 均满糊饰顶棚。然而这些坐落房、住宿房位于寺内何处，还有待进一步考证。

除此之外，在嘉庆、道光年间，均出现在祈雨时搭建蒙古包的记载。如，道光十一年四月二十一日祈雨，武备院于四月二十日将"一丈五尺蒙古包一架，帐房八架，灯草褥一块"运至觉生寺，派出了委署头目一名，牵驼人四名，并于五月初五日差竣运回。蒙古包作为一种搭建形式较为灵活的建筑类型，受清朝统治者的喜爱，主要搭建于京师各宫苑及热河行宫，在北京比较常见与熟知的应为圆明园"山高水长"、含经堂等处的蒙古包帐房。而在觉生寺祭坛祈雨时，进行这种营帐区的建设，或为祭坛祈雨轮班住宿的另一种形式选择，其建筑形式则有待发掘更多史料加以研究。

二 觉生寺祭坛祈雨仪轨

关于觉生寺祭坛的祈雨仪轨，《大云轮请雨经》中未有记载，本文仅根据《百丈清规证义记》，中国第一历史档案馆所藏上谕档、内务府档案，对于祭坛祈雨的流程和礼仪略作复原。

按照惯例，觉生寺祭坛祈雨设坛前会由皇帝先发上谕阐明设坛的原因，规定设坛日期，并且安排参与的主要人员。如光绪二十九年五月十二日上谕，首先说明了"现在节临芒种，农田待

---

1 《为支领预备大高殿觉生寺开坛祈雨应用地平床等项办买物料雇觅匠夫所需银两事》（光绪三十三年七月二十五日），档号：05-08-030-000501-0032。

泽孔殷"，因此需要设坛祈雨，其后安排了开坛日期"朕于十六日亲诣觉生寺拈香"，安排了轮班上香祝祷的人员"觉生寺派醇亲王载沣，贝勒载瀛，散秩大臣恩庆、成瑞，分为两班，轮班上香行礼。并派文煦常川住宿……所有派出之王大臣等，俱着先期斋宿，分诣行礼"。[1] 如遇皇帝亲诣行礼，"以营总，护军参领，各三人，副参领，署参领，十四人，护军校，护军，七百人，口途清跸"。[2] 所需人员之多，可见一斑。

同时，内务府会根据祈雨开始的日期，即行准备祈雨所用的物料，安排所辖部门派遣相应官员、匠役负责祭坛的搭建和维护。

当祭坛搭建完成后，祈雨僧众都需斋戒、沐浴，"内外皆洁净入坛"，住持僧需要"服青色，及搭青衣"，[3] 到了卯时，到大殿拈香。

祈雨过程一般要持续举行七日，中间不能有间断，而且过程复杂。据乾隆五十三年三月十八日《奏报在觉生寺设坛讽经事片》记载，七天中"僧众九名每日夜于子、寅、辰、午、申、戊六时跪讽大云轮请雨经，每日午时献供送疏虔诚祈祷"。而王公大臣等于开坛日起"每日轮流前往，寅时诣坛至申时散"。[4] 如果七天祈雨未成功或者下的雨量不够，还会继续祝祷，直到下雨为止。其中最长的一次为光绪二年正月二十四日至闰五月十八日，共连设二十一坛。如果在祈雨过程中下雨了，并且雨量充足，祈雨仪式便会立刻被叫停。嘉庆六年，因为"夏至以后，雨泽较少，盼望正殷"，嘉庆皇帝于五月十七日亲诣玉泉山

---

1 《光绪二十九年五月十二日内阁奉》。

2 《钦定大清会典事例》卷 1167。

3 （清）仪润述，妙永校《百丈清规证义记》，蓝吉富主编《禅宗全书》，北京图书馆出版社，2004，第 246 页。

4 《奏报在觉生寺设坛讽经事片》（乾隆五十三年三月十八日），档号：04-01-01-0338-033（奏销档 408-161）。

龙王庙虔诚默祷，同时降旨派出王大臣等在觉生寺、黑龙潭两处祈雨，到了十八日"甫经设坛后，甘霖大霈，云气宽广，畿辅各属自必一律口沾……"，故而"所有觉生寺、黑龙潭二处着即于本日撤坛谢降"。[1]

祈雨成功后，会进行报谢撤坛，也是觉生寺祭坛祈雨活动结束的重要标志。按照惯例，每次的报谢撤坛一般不算在七日祈雨的活动中，而是单独设定日期进行。光绪二十九年的报谢撤坛活动，是在连坛祈雨后进行。闰五月初九日上谕"本月十二日朕亲诣大高殿拈香，觉生寺着派礼亲王世铎敬谨恭代拈香……大高殿、觉生寺即行撤坛……"[2]

祈雨结束后，内务府各职司部门还要根据所耗费的人力、物力进行费用的核算与报销。

结　语

祭坛祈雨，是清代皇家觉生寺祈雨的重要形式，根据档案史料，并结合多方文献，本文基本厘清了觉生寺"大云轮祈雨祭坛"的整体布局和所耗物料，以及祭坛祈雨的历史情况。

根据目前掌握的档案文献记载的不完全统计，觉生寺祈雨自乾隆四十三年始，至光绪三十四年，共进行了240多次，其中祭坛祈雨186次，乾隆、嘉庆、道光、咸丰、光绪均亲诣觉生寺拈香。其具体位置由于可能为一次性祭坛，每次使用过后都会被拆除，仅留有黄土堆设的台基，再则年深日久，觉生寺以西的环境早已不复当年模样，故暂不可考，仅推测其大致位于今大钟寺古

---

1 《嘉庆六年五月十九日内阁奉》。

2 《光绪二十九年闰五月初九日内阁奉》。

钟博物馆（觉生寺）以西，大泥湾社区和小泥湾社区以东，北三环西路以北，翠宫饭店以南的范围内。

觉生寺祈雨祭坛坐西朝东，内部为坛场，坛场上设有经幄，经幄中设有经桌，用于高僧唪经，四周供奉龙神，坛四角各设经幡 7 竿，共计 28 竿。坛的外部则为道场围墙，整个道场占地面积约为 655.36 平方米（见图 4、图 5）。

觉生寺祭坛祈雨虽非"常雩""大雩"之祀，然其祈雨次数之多，从决定进行设坛祈雨之始，至报谢撤坛，活动流程之繁杂，祭坛搭建之繁复，所需人员和物料之多，政令之间衔接之紧密，无不体现了清皇室把觉生寺祭坛祈雨放到了一个较为重要的地位。

觉生寺作为清代皇家寺院，亦是清代国家农事祭祀的重要场所，承担着礼佛和履行国家职能的不同功能，有着较为深厚而独特的文化内涵和政治意义。清代统治者在"天人感应"的主流思想作用下，普遍认为自然灾害是上天示警，通过一系列政务措施和祷雨仪式，试图缓和天人之间的紧张关系。同时，在以农为本的中国古代，风调雨顺才能五谷丰登，雨水充沛与否是关系到皇图永固、国民生计、长治久安的大事，而祈雨仪式可以向民众表明统治者勤政爱民的基本态度，在一定程度上缓和旱灾所造成的不利影响以及百姓与统治者之间的紧张关系，是国家治理手段的体现，更是维护国家统治的需要，这也是清皇室将祈雨作为政务而持续举行的根本所在。然而囿于科学观念的匮乏，人们将对雨水的依赖逐渐转变为对"神明"的敬畏和崇拜，将久旱觅甘霖，寄托在祈雨活动中，虽非"正"途，但也背负了人们对生活的憧憬和现实的需要，也侧面体现了古人对于自然的敬畏。祈雨是觉生寺所承载的历史功能，一定程度上反映了觉生寺在清代所发挥的作用和其历史地位。觉生寺祭坛祈雨的研究，对于全国重点文物保护单位觉生寺历史功能研究和展示，将起到重要的支撑作用。

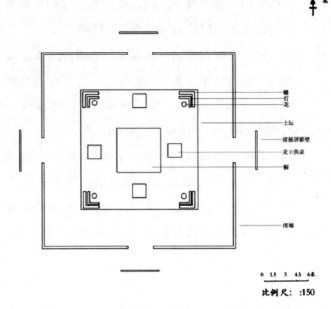

图 4　清代觉生寺祈雨祭坛复原图（课题组绘制）

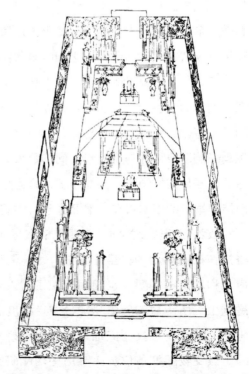

图 5　大云轮请雨祭坛（《御制大云轮请雨经》，清乾隆四十七年刊本，第 12 页）

太保与作册：北京琉璃河 M1902 新出作册夨卣研究

陈光鑫 *

摘　要： 琉璃河 M1902 新出提梁卣铭称太保，而不称召公，可能源于为避免与毕公高的名字混淆，王朝中周王和卿士（包括殷移民）称"太保"的情况较多，偶见召公的家臣或属臣称"召公"。从"作册"在商王朝和周王朝的发展看，提梁卣铭中的"作册夨"应该是王朝官员，出入王命，随召公来到燕国，故 M1902 的墓主人不是作册夨。

关键词： 提梁卣　太保　召公　作册

　　2021 年底，北京房山琉璃河墓地 M1902 出土了一件青铜提梁卣，引人关注。据铭文，器主为作册夨，按学界惯例，可名"作册夨卣"。M1902 是位于 M1901、M1903 之间的一座小型贵族墓葬，其中 M1901、M1903 就是 20 世纪 70 年代发掘过的 Ⅱ 区的 M253 和 M251。据介绍，M1902 保存较为完整，墓主是一位 40 岁左右的男性。提梁卣铭文对关于召公封燕的许多传统认识提出了挑战，笔者不揣浅陋，略陈己见，敬请方家指正。

* 陈光鑫，北京市社会科学院历史研究所助理研究员。

一 "太保"与"召公"

据孙庆伟先生介绍，提梁卣铭文 4 行 24 个字，释文："太保
墉匽，延宛匽侯宫，太保赐作册奂贝，用作父辛宝尊彝。庚。"

该篇铭文中"太保"，与克罍、克盉铭文中称谓一致，《尚
书·召诰》有"太保先周公相宅"，《尚书·顾命》记"乃同召太
保奭"，太保，名奭，即召公奭。当然，金文和文献中称"召公"
的例子也很常见。

清人崔述说："武王即位……皆称为'召公'，不称为太保……
然则是召公于成王时始为太保，不得为武王时豫书为太保也。"[1]
崔述认为，二者差别在于武王、成王不同时期的不同称呼。但从
金文看，此说似还可继续讨论。

（1）召公建匽，休于小臣据贝五朋，用作宝尊彝。（小臣
据鼎，《铭图》02102，[2] 西周早期）

召公建燕，应是成王时期，学界已达成共识，但仍称"召
公"，而不称"太保"。所以，为什么时人不像称周公一样，称
"召公"呢？"太保"与"召公"有什么差别？"召公"和"太保"
的差别还可继续讨论。

现集金文中几个生称"太保"的例子如下：

（2）王曰："太保，唯乃明乃鬯……"（克罍，《铭图》
13831，西周早期）

---

1 崔述：《崔东壁遗书 丰镐考信录》卷 8，上海古籍出版社，1983，第 255—256 页。

2 吴镇烽编著《商周青铜器铭文暨图像集成》，上海古籍出版社，2012，本文简称"《铭图》"。

（3）匽侯令堇饟太保于宗周，庚申，太保赏堇贝，用作太子癸宝尊煙，↓册。（堇鼎，《铭图》02290，西周早期）

（4）唯公太保来伐反夷年，在十又一月庚申，公在盩师，公锡旅贝十朋。旅用作父丁尊彝。来。（旅鼎，《铭图》02353，西周早期）

（5）唯四月既望丁亥，公太保赏御正良贝。用作父辛彝尊彝，↓。（御正良爵，《铭图》08584，西周早期）

例（1）中生称召公，小臣据是召公的家臣或属官。"召"是地名，"公"是周人常见的尊称。特别需要注意的是，召公还被单称"公"，西周早期的作册大鼎（《铭图》02390），铭文曰："公束铸武王、成王异鼎，唯四月既生霸己丑，公赏作册大白马，大扬皇天尹太保……"此器有"成王"名号，当作于康王时期，公赏赐器主作册大，器主"扬皇天尹太保"，"太保"就是铭文开头的"公"。所以，"召公"同于"周公"，称呼方式是"地名＋公"，是周人常用的称呼方式，鲜见于商甲骨刻辞和金文中。

学者多认为"太保"是官职，《周礼·地官》有"保氏"，"掌谏王恶，而养国子以道"，"使其属守王闱"。杨宽先生认为"保"是从保育人员发展而成的教养监护之官，同于商代的"阿"。[1] 从例（2）看，成王称召公为"太保"，"太保"称谓很可能源于召公与成王的特殊关系，[2] 不再赘述。

从文献和金文看，"太保"的使用范围明显大于"召公"，殷移民也习惯称"太保"。例（3）（4）（5）铭文中均有族徽，器主应为殷移民，均称召公为太保。可见，当时殷移民中，称呼太保者更多。例（4）中，"来"是族名，"父丁"是日名，器主旅

1　杨宽：《西周中央政权机构剖析》，《历史研究》1984 年第 1 期。

2　陈光鑫：《说北白鹅墓地"太保"——兼谈宪鼎铭文》，《文博》2022 年第 1 期，第 49 页。

是商人，器主称呼召公为"公太保"，杨宽先生认为"公太保"是尊称，"召公称公，官为太保"，[1] 如此理解，"公太保"就是"公＋官名"，这种组合形式既不见于商的称谓方式，也不见于周的称谓方式。

我们认为，"公太保"的称呼应是殷移民沿袭商人语言习惯而来。商卜辞中常见"子某""伯某"等称谓，生活在西周时期的商人仍然沿用这种方式，如微伯的后代"史墙"，说明到了西周，商人仍然习惯于官名＋族名或族长名的方式。回头看"公太保"，器主旅称"公太保"为"公"，如果按照商人的称谓习惯，"太保"应该是族名或族长名，那么"太保"应该是太保本人或太保家族的族名。如果按照周人的称谓习惯，"公太保"可改为"太保公"，也就是"族名＋公"的形式，常见于西周金文，如毛公、明公、武公等，更说明"太保"是族名或族长名，不是官名。例（5）同样是有日名、族氏铭文，为商人所作，仍称召公为"公太保"。

成王、殷移民等均称"太保"，《尚书》中《召诰》《顾命》中也称"太保"，只是偶有如《诗·江汉》、例（1）中小臣据这样的周人称"召公"。是以，我们在这里提出一种新的可能。

《说文》："邵，高也。"《水经·颍水注》："召者，高也。"召、高音近。《逸周书·和寤解》曰："召邵公奭、毕公高。"毕公，名高，从金文材料看，毕公高也可能称召。[2] 从《顾命》看，毕公与召公同在重臣之列，并都称"公"，"高"与"召"确实容易混淆，故为避免误会，袭成王而称召公为太保。如上文所说，在西土本地或周人语境中，"召公"称谓较常见，殷移民习惯称召公为"公太保"，承自成王称"太保"而来。

1　杨宽：《西周中央政权机构剖析》，《历史研究》1984 年第 1 期。

2　陈梦家：《西周铜器断代》，中华书局，2004，第 52 页。

我们再看提梁卣铭文，从使用日名、族徽"庚"来看，器主作册general显然是殷移民，称"太保"，而不称召公就可理解了。

二 商周时期的"作册"

从铭文看，提梁卣的器主是作册general，作册是官称，general是私名。作册general的身份有几种可能：或是燕侯属臣，担任燕国的作册一职；或是来自西土，为王朝之作册；或是太保召公的属臣。要确定作册general的身份，还要从"作册"入手。

"作册"是一个历史悠久的官职，可追溯到商周之际，是周王朝承袭商朝的职官称谓，常见于商金文：

（6）癸亥，王游于作册般新宗。王赏作册丰贝，太子赐东大贝，用作父己宝饯。（作册丰鼎，《铭图》02314，商晚期）

（7）王宜人方无敄，咸。王赏作册般贝，用作父己尊。来册。（作册般甗，《铭图》03347，商晚期）

（8）丙申，王游于洹，获……王令寝榶贶于作册般，曰："奏于庸，作汝宝。"（作册般鼋，《铭图》19344，商晚期）

例（6），癸亥这一天，王到作册般的新宅，赏赐作册丰贝，太子赏赐作册丰东大贝，作册丰应该是在商王的这次出行中出力甚多，同时受到商王和太子的赏赐。并且，商王和太子到作册般新府游览，也可见作册般地位当远高于作册丰。例（7）中记载商王讨伐人方，大捷，赏赐作册般贝，可见作册般陪同商王参加了这场战斗，并很可能因取得战功而受到赏赐。例（8），王在洹水之上射获一只大鼋，赏给作册般，为纪念这次赏赐，作册般做了这只青铜鼋，并铸铭文，记录下此事。商代，作册与商王关系密切，并常常直接受到王或太子的赏赐，当为商王近臣，并常随王出征。

周王朝继承了作册一职，使之直接为周王服务，亦属于周王近臣。文献中所见最有名的作册当属周初重臣毕公高。《尚书序》记"康王命作册毕分居里成周郊，作《毕命》"，《周本纪》作"作册毕公"。《尚书序》说："成王将崩，命召公、毕公率诸侯相康王，作《顾命》。"《顾命》曰："乃同召大保奭、芮伯、彤伯、毕公、卫侯、毛公。"可见毕公地位之高，亦即《顾命》所说"太保、太史、太宗皆麻冕彤裳"之太史。其职责是《顾命》所说"御王册命"，其中之一就是奉周王令册命诸侯。

（9）唯五月，王在斥，戊子，命作册折贶望土于相侯，锡金锡臣，扬王休。唯王十又九祀，用作父乙尊，其永宝，木羊册。（作册折觥，《铭图》13665，西周早期）

五月，王在斥，戊子这一天，命令作册折把望土赐给相侯，并赐青铜和臣民。可见作册负责出入王命，甚至负责诸侯的册封。作册折自己也为完成王的使命感到荣光，而作器纪念。

（10）唯正月初吉丁丑，昧爽，王在宗周，格太室，潇叔羚即立中廷，作册尹册羚，锡銮，令邑于郑，讯讼，遘五寽羚对扬王休，用作朕文祖丰仲宝簋，世孙子其永宝用。（羚簋，《铭图》05258，西周中期）

正月初吉丁丑，天刚亮，王在宗周，到太室，潇叔作为右者，引导器主羚来到中廷，作册尹羚进行册命，赐銮，命令他在郑置邑。这里的作册尹可能是作册之长，上承王命，下达诸侯。

在西周中期，作册也有为王后效劳的例子。

（11）在斥，君令余作册睘安夷伯，夷伯宾用贝、布，用

作朕文考日癸旅宝尸。（作册睘尊，《铭图》11788，西周早期）

（12）唯十又九年，王在斥。王姜令作册睘安夷伯，夷
伯宾睘贝、布。扬王姜休，用作文考癸宝尊器。（作册睘卣，
《铭图》13320，西周早期）

从铭文看，二器所记当是一事，尊铭中的"君"，就是卣铭
中的王姜，即王后。安，训抚，慰问安抚之意。王姜命作册睘安
抚夷伯，夷伯用贝、布宾作册。同时，周金文中还可见奉王命封
赏内服卿士。如以下铭文所示：

（13）唯三年三月初吉甲戌，王在周师录宫，旦，王格太
室，即位，司马共右师辰，入门立中廷。王呼作册尹册命师
辰：胥师俗司邑人，唯小臣、膳夫、守、口、官、犬，及甸
人、膳夫、官、守、友，赐……（师辰鼎，《铭图》02481，
西周中期）

作册尹受王命册命师辰，从师辰的职责看，辅佐师俗管理邑
人和甸人，应该是王畿内的卿士。作册的这一职能一直到西周晚
期还在行使。

（14）唯五月初吉甲寅，王在康庙，武公右南宫柳即位，
中廷，北向。王呼作册尹册命柳：司六师牧场大友，司义夷
场佃事，赐汝……（南宫柳鼎，《铭图》02463，西周晚期）

周王命器主南宫柳管理六师的农牧事务，南宫柳应该是王朝
卿士，作册在西周晚期仍在周王左右出入王命。时人已有对作册
的职责做出概括者。

（15）作册封异井秉明德，虔夙夕恤周邦，保王身，谏辥四

国，王弗遐忘，享厥孙子，多赐休，封对扬天子丕显鲁休……
（作册封鬲，《铭图》03037，西周晚期）

从铭文开头到"多赐休"，以王的语气，应该是周王对封所说的复述或原话。作册的职能是"虔夙夕恤周邦，保王身，谏辥四国"，拱卫周邦，保护王身，出使四方，传达王命。除了听命于王与王后，周公、召公这样的执政公也多可命令作册。

（16）（明公）乃令曰："今我唯令汝二人亢及矢……作册令敢扬明公尹厥貯……"（矢令尊，《铭图》11821，西周早期）

（17）唯明保殷成周年，公锡作醴卣、贝，醴扬公休，用作父乙宝尊彝。肖册舟。（作醴卣，《铭图》13308，西周早期）

（18）公柬铸武王、成王异鼎，唯四月既生霸己丑，公赏作册大白马，大扬皇天尹太保室，用作祖丁宝尊彝。雋册。
（作册大鼎，《铭图》02390，西周早期）

例（16）中作册令是明公的属官。例（17）中作册是明保的属官。例（18）从"大扬皇天尹太保室"看，公就是太保召公，赏赐作册大白马，作册大应该是听命于太保。

我们认为，作册应该是周王朝中听命于王、王后和执政公的卿士，不是诸侯国中的职官。

三　M1902 墓主人不是作册奂

从西周金文看，确实有支持诸侯国有作册的例子，如：

（19）……作册麦赐金于辟侯，麦扬，用作宝尊彝……（麦尊，《铭图》11820，西周早期）

（20）康侯在柯自，赐作册毚贝，用作宝彝。（作册毚鼎，《铭图》02023，西周早期）

例（19）器主作册麦可能是邢侯的属臣。例（20）康侯赏赐作册毚贝，器主作册毚也可能是康侯的属臣。但我们认为，诸侯国中没有作册一职，重要原因就是《左传》等东周典籍中不见诸侯国有作册一职。对于诸侯赐作册贝等行为，应该重新考虑。

金文中可见周王册命作册的例子：

（21）唯二月初吉丁亥，王在周成太室，旦，王格庙，宰朏右作册吴，入门，立中廷，北向。王呼史戊册命吴，入门，立中廷，北向。王呼史戊命吴：司旃及叔金，赐秬鬯一卣、玄衮衣、赤舄、金车、贲圉朱虢靳、虎冪、纁里、贲较、画鞞、金甬、马四匹、攸勒。吴拜稽首，敢对扬王休，用作青尹宝尊彝。吴其世子孙永宝用，唯王二祀。（吴方彝盖，《铭图》13545，西周中期）

二月初吉这一天，王在周成太室，早上，王来到太庙，宰朏作为右者，引作册吴见王，周王令史戊对吴进行了册命。可见，西周时期作册的地位也是很高的。这篇铭文是周王册命作册吴，有任职"旃及叔金"，有封赏"赐秬鬯一卣……马四匹、攸勒"，赏赐物品十分丰富。相比之下，邢侯、康侯对作册的赏赐应该不是册命，而是临时性赏赐。我们认为可能是作册封王命到诸侯国行事，诸侯回礼表示感谢。

（22）唯二月既生霸丁丑，王在蒡京鼑口。戊寅，王蒞寓历，史谭大人赐作册寓口羹，寓拜稽首，对王休，用作尊彝。（寓鼎，《铭图》02394，西周中期）

从例（22）可以看出，到了西周中期，如寓这样的作册地位似乎没那么高了，受赏也很少了。

回到 M1902 提梁卣铭"太保墉匽，延宛匽侯宫，太保赐作册奂贝，用作父辛宝尊彝。庚。"作册奂应该是随太保从王畿而来，在陪同太保筑城过程中受到赏赐，因而作器纪念。之后，仍要陪同太保回到西土，向周王复命。

如上文所说，周初作册在王朝中地位还是很高的。但据介绍，M1902 的面积仅有 7 平方米，在琉璃河燕国墓葬中属于中小型墓，而且是一组铸有相同铭文的青铜尊、卣、爵一同出土，墓葬规模与出土青铜礼器的等级很不相符。所以，我们认为 M1902 的墓主人应该不是作册奂。这套礼器应该是作册奂回到西土前留在燕国的，辗转到了 M1902 墓主人手中，后作为陪葬品。

从商周金文看，"作册"与其说是一种职官，不如说是一个特殊的群体，尤其是西周初年，所有作册为器主的铜器铭文都带有族徽，并多使用日名，带有明显的商文化印记，但又活跃在周王身边，常受到周王的赏赐，并作铜器纪念。可视其为殷移民在周初社会中的缩影。

读史札记

一个北京市民解放前后的生活实录
——喻世长日记史料价值简介[*]

丁 芮^{**}

摘 要： 喻世长日记从一个普通北京市民的视角详细记载了解放前后政治事件、政治制度和政治观念在民众中的反响，为认识共产党政权与民众生活之间的关系提供了真实的分析案例；其日记中有关日常琐事、家庭关系、人情世故的记载更是提供了难得的历史信息和线索。喻世长日记是一部新中国市民真实生活的全景记录，是研究市民生活的原始资料。现存喻世长日记时间跨度从 1948 年到 1999 年，其中 1948—1950 年部分已出版，但其史料价值尚未被学界发掘。喻世长日记如能全部刊行，并在历史情境下合理解读，其价值将会被更多地发掘和利用，亦将为党史、国史研究提供新史料、新视角。

关键词： 喻世长 日记 史料价值

在党史、国史研究中，除了官方档案资料和回忆录外，日记的利用也较多，但多为党、政、军系统及社会知名人士的日记。近年来，学界开始重视新中国乡村基层干部日记的搜集与整理，

* 本文是国家社科基金重大项目"加强党史、新中国史、改革开放史、社会主义发展史教育研究"（项目编号：21ZDA074）的阶段性成果。

** 丁芮，中国社会科学院当代中国研究所政治与行政制度史研究中心研究员。

并取得一定成效，[1] 这与学界一直比较重视农村研究的学术环境及社会史的崛起有关。早在 1949 年七届二中全会时，毛泽东就在报告中宣告："在全国胜利的局面下，党的工作重心必须由乡村移到城市"，[2] "决不可以丢掉乡村，仅顾城市"，但"工作重心必须放在城市，必须用极大的努力去学会管理城市和建设城市"。[3] 但新中国城市史研究则稍显薄弱，城市基层民众史料的搜集与整理亦未大规模地展开。近年来，随着城镇化的发展速度加快，对新中国城市发展历史的研究也受到了学者的重视。

喻世长（1916—1999）是中国著名民族语言学家，主要从事少数民族语言和汉语音韵学研究。[4] 喻世长在北京[5]生活、工作很多年，他常年有写日记的习惯。目前所见，他的日记从 1948 年到 1999 年，共有 80 多本，全部垒砌起来有一人多高。喻世长日记时间跨度长，具有连贯性，内容丰富，其记载不仅包括时局演变、工作状况、学术思路，还包括日常琐事、家庭关系、人情

1　具体可参见邓群刚《乡村基层干部日记的搜集、整理与利用述评》，《中共党史研究》2015 年第 3 期。

2　《在中国共产党第七届中央委员会第二次全体会议上的报告》，《毛泽东选集》第 4 卷，人民出版社，1991，第 1424 页注。

3　《在中国共产党第七届中央委员会第二次全体会议上的报告》，《毛泽东选集》第 4 卷，第 1437 页。

4　陈建初、吴泽顺主编《中国语言学人名大辞典》，岳麓书社，1997，第 147 页。从 1948 年入职北大开始，喻世长从事语言研究 40 余年，主要研究中国境内的少数民族语言，在汉语音韵学、普通语言学和民族语言研究方面均有很深的造诣。1956 年晋升副研究员。同年中国科学院从语言研究所分出少数民族语言研究所，喻世长调到少数民族语言研究所，兼少数民族语言调查第一工作队副队长。1959 年转任少数民族研究所蒙古、满 - 通古斯、朝鲜语研究组组长。1962 年少数民族语言研究所与民族研究所合并，兼任所学术委员。1980 年任中国社会科学院民族研究所研究员。1985 年受聘兼任中国社会科学院研究生院教授，担任研究生导师组组长。1986 年和 1987 年任中国社会科学院政法社会学科片评审委员会委员。1999 年 12 月 6 日，喻世长在京逝世。中国语言学会《中国现代语言学家传略》编写组：《中国现代语言学家传略》第 4 卷，河北教育出版社，2004，第 1724 页。

5　1949 年 9 月 27 日"北平"改为"北京"，为行文方便，本文北平、北京通用。

世故等，既是研究喻世长本人学术文化历程及其工作单位的珍贵资料，也是研究普通市民生活的原始资料，可以说是一部新中国民众真实生活的全景记录。[1]本文希望通过介绍喻世长日记的史料价值，推动其全部出版与深入利用，并引起学界对新中国城市社会发展与市民生活的关注。

喻世长的社会知名度不高，但在语言学界有一定的声望，其在中国高等学府与最高学术机构工作多年，有机会接触一些重要历史事件、知名人士，所以他的日记不仅可对官方文献、报刊、回忆录等进行补充，与知名人士的日记相对照，还蕴含更具普遍性的信息，为了解历史多重性提供了难得的史料。喻世长未想过日记会面世，他用饱含个人情感和性格特点的文字，详尽生动地记录了新中国成立前后北京政治形态、经济状况、社会心态的变动，以及这种变动对普通市民的影响，给后人透露了较多真实的历史信息。

一 喻世长个人及日记的基本情况

喻世长 1916 年 6 月 25 日出生在今天津市宝坻区，[2]1939 年

---

1 本文作者以喻世长日记为主要史料，研究了中央民族访问团问题、北平物价问题以及喻世长夫妇的婚姻家庭关系等问题，具体可见丁芮《"沟通民族情感"的桥梁：中央民族访问团在贵州调研的情况考察》，《贵州民族研究》2018 年第 9 期；丁芮《"疯狂"到"稳定"：从民众视角看北平解放前后的物价变动——以〈建国日记〉为中心的考察》，《安徽史学》2019 年第 2 期；丁芮《解放前后知识分子家庭婚姻关系的转变——以仲素纯、喻世长夫妇为个案的考察》，《北方论丛》2021 年第 6 期。

2 喻世长是家里的长子，下面有四个妹妹，一个弟弟早逝。一家七八口人的生活全靠当小学教员的父亲，生活颇为贫困。1930 年至 1936 年喻世长在河北省第十师范学校读书，毕业后在宝坻东丰台小学教书挣工资补贴家用。帮父亲还完债，正值日本侵略中国占领华北时期，喻世长痛感师范毕业的知识不够，采取半工半读——用自己课余工作换钱的办法到北京去上大学。

考取辅仁大学中国语言文学系，1943 年毕业后，在河北省保定女子师范、保定师范专科学校任教师。[1]在辅仁大学学习期间成绩比较优秀，1941 年度学业成绩全班第一，获得校长陈垣亲发的勤字奖章及证书（1942 年 9 月获得）。[2]

在父亲的教育下，喻世长背诵了许多诗文，文章写得也很好。[3]上大学期间正值沦陷时期，但辅仁大学中文系的课程设置具有很高的稳定性和继承性，侧重语文教育，重视民族传统文化，余嘉锡、沈兼士、英千里、陆宗达、储皖峰、孙人和、伏开鹏、孙楷第、周祖谟、于省吾、戴君仁等在学界颇有声望的老师给他们上课。在诸位学者的教育下，喻世长撰写了音韵学、训诂学论文，为之后从事语言学研究打下了良好的基础。

1948 年元旦后，喻世长经历了短暂的失业，因学业优秀，经业师周祖谟引荐于同年 4 月 1 日入职北京大学，在文科研究所语音乐律实验室上班，担任助教。1950 年中国科学院组建，喻世长及其部分同事转入中国科学院语言研究所，之后一直供职于中国科学院，[4]从事少数民族语言研究。

由于父母按照旧式教育对其进行严厉管教，喻世长难以和他

1　喻世长：《忆父亲喻训庭》，宝坻县政协文史资料委员会编《宝坻文史集萃》，政协天津市宝坻县委员会文史资料研究委员会，2000，第 42—43 页；喻如菊：《人生识字忧患始（代序）——忆长兄喻世长》，喻世长著，王金昌整理《建国日记》，东方出版社，2009，第 1—3 页。

2　7788 收藏网，http://www.997788.com/s584_18739713/。收藏网上在拍的物品中有一张喻世长的大学奖状，1942 年 9 月由校长陈垣亲颁，上书："学生喻世长年二十七岁在本校文学院国文学系三年级肄业今因三十年度成绩为全班第一应给予勤字奖章以示鼓励"。

3　喻世长：《忆父亲喻训庭》，宝坻县政协文史资料委员会编《宝坻文史集萃》，第 42—43 页；喻如菊：《人生识字忧患始（代序）——忆长兄喻世长》，《建国日记》，第 1—2 页。

4　1977 年，在中国科学院哲学社会科学学部基础上组建了中国社会科学院，哲学社会科学部研究人员随之转入中国社会科学院。

们进行心理上的交流与沟通，觉得家庭是"冷酷的"，[1] 是对他的束缚，这造成了喻世长敏感、脆弱、孤独的性格，也使其多借助日记发表观点、疏解情绪。

2007 年，收藏家王金昌于北京文物市场偶然购得并收藏了喻世长的日记。这些日记非常完整，从 1948 年到 1999 年，无一日中断。[2] 日记文采斐然、内容广泛。2009 年，以纪念新中国成立六十周年为契机，王金昌和出版社认为喻世长的日记特别是北平解放前后的日记具有重要的时代意义，征得喻世长家人的同意后编辑出版。[3] 由于作者字迹潦草，文字繁简并用，时间久远，文字涸化，审读困难，加上作为语言学家，其文中有很多学术术语，需要仔细斟酌甚至请教专业人员，整理难度大，出版社原打算只编辑出版 1949 年的日记，但是考虑到 1949 年的内容仅侧重于新中国的成立，而之前及之后，中国共产党和人民政权为建立新中国所做的工作远不止这一年能够反映，故把 1948 年和 1950 年部分也囊括进来，力求反映新中国成立的过程、社会进程变化和民众的心态。最终，东方出版社选取 1948—1950 年三年的日记整理，保持原貌出版，并取名《建国日记》。

阅读喻世长的日记，可看出对他本人而言，日记主要有以下功能。

第一，发表对时局的看法。喻世长一直以来都"关心政治"，在解放前就很"注意民国以来政局的迭宕"。[4] 在北平解放时期，

---

1 《建国日记》，第 556 页。

2 阅读喻世长日记，可知至 1948 年时，他已坚持写日记十几年了。《建国日记》，第 458 页。但 1948 年之前的日记暂不知下落。

3 2009 年喻世长夫妇已离世，他的两个女儿也在国外侨居（其中大女儿于 1998 年逝世），王金昌取得喻世长妹妹的同意并签署出版合约。喻世长家人提供了喻世长生前的照片，其妹喻如菊为书作序。

4 《建国日记》，第 53 页。

喻世长更是每日读报，获取关于时局的消息，[1] 并形成自己的判断。如 1949 年 1 月 2 日，喻世长从报纸上看到蒋介石政府和平提议时认为：“一个战魔居然说出了‘和平’二字。怎不叫人感觉奇突呢？我于是十分认真地以为和平与安乐就在眼前了。我替他们想了一些商谈的步骤。关于我自己倒没多想，只是预想如何把稳了脚步，不可再误入歧途……读报不过瘾，因为关于和平的消息写的太少。”

第二，面对困境，疏解情绪。面对家庭、工作、经济等困难时，日记是其倾诉的空间，如他在日记中写道：“不写日记，好比是生活的沉沦，日子越久，沉得越深，想起来十分可怕了！幸而我能秉住一口气，把缠绕着我的情怀，暂时地推开，喘过一口气来写自己的日记了。”[2] 对他来说，写日记为每日必做之事，如几天没写，便不能“心静”。[3] 有时，几日没记日记，怕自己忘了，还用纸条把大纲列出来。[4]

第三，计划、总结生活诸事。如喻世长利用日记对工作进行计划与总结，1948 年 6 月，喻世长在日记以七字小标题总结家庭、自身、物价、感情四个方面的情况：家庭束缚何时了、忧国忧民一病夫、物价疯狂我唱了、屯丩皆来慰寂寞。[5] 1949 年 8 月，喻世长利用日记编写北大解放前语音乐律实验室大事记。[6]

第四，与爱人、密友沟通的渠道。喻世长感情细腻丰富，在语言无法表达情感时，日记是他倾诉委屈的空间。他的日记可以

---

1 《建国日记》，第 62 页。

2 《建国日记》，第 24 页。

3 《建国日记》，第 86、90 页。

4 《建国日记》，第 79 页。

5 《建国日记》，第 86—89 页。“屯”是喻世长的恋人，“丩”是喻世长的密友。

6 《建国日记》，第 397 页。

毫无保留地给爱人和个别密友看。[1] 与爱人、密友发生矛盾后，喻世长会在日记中倾诉，事后主动让他们看自己的日记。[2] 通过日记的沟通，双方之间加深了理解，增进了感情。

第五，安排家庭收支开销。收入有限，但需要开支的事项又比较多，每到发薪日，或者存了钱，喻世长就会在日记中对家庭近期收支进行安排，如 1948 年 6 月 23 日喻世长在日记中记道："今日发薪，于是我的心慌了，要计划钱如何支配——还债，买洋，购物。并且配给煤油如何处置，是否卖掉……自己记了账，开了预算表。"[3]

日记原本是写给自己看的，多数日记都属于这一类。这类日记能反映作者"真面目"，具有较高史料价值。[4] 喻世长的日记显然属于这一类。已出版的喻世长日记时间为 1948 年至 1951 年。这三年是新中国成立的关键时期，政局、社会都发生了翻天覆地的变化，亦是喻世长人生阶段的重要时期，身处其中的喻世长亲身参与、见证这个历史转折的过程，并以知识分子的笔触进行了记录，以自己的视角一定程度上再现了历史。

二　日记的史料价值分析

喻世长一直都非常关注时局，曾在日记中分析自己"苦恼"的原因"为关心国事"。[5] 所以他的日记记载了北平解放前后中

1　《建国日记》，第 8 页。

2　《建国日记》，第 53、82、441 页。

3　《建国日记》，第 92 页。

4　齐世荣：《谈日记的史料价值》，《首都师范大学学报》（社会科学版）2011 年第 6 期。

5　《建国日记》，第 43 页。

国共产党和人民政府为发展经济、稳定社会、改善民生所做的工作，以及政治形态对自己生活及思想的影响，使历史重大事件体现在可感知的日常生活中，并浓缩到具体、细微的文字上。下文以日记中有关北平解放、北大接管、民族访问团等事件的记载为例来看其史料价值。

（一）北平解放

1948 年 11 月底，在取得辽沈战役胜利后，东北野战军开始向平、津、塘、唐方向挺近。[1]12 月 6 日，喻世长和北平民众从一声"巨响"中，开始近距离地感受时局的变化。当日下午，"猛然间一声巨响，屋壁门窗一齐震动"，"南面一片火光"，随即"天上又红一下，又响了一声"，当时喻世长不知是什么，事后才想应该是包围北平的解放军的炮声。[2]

12 月 14 日，解放军迅速完成了包围平津的局面，几十万大军兵临北平城下，采取"围而不打、耐心等待"的方针，以争取傅作义，和平解放北平。[3]喻世长在前一日的日记中第一次详细地记载了北平被围的情况："今日开始听到清晰的炮声，今日开始传出使北平人惊惶的消息，今日开始早上八点就戒严了，今日开始罗（注：文科研究所所长罗常培）向大家说到非常事变，我也学人家，对于水电等问题挂在心中。今日开始除了现在工作以外，要时常想到'将来'……

"中午，罗心慌了，听到唐山与南口撤守的消息，对大家说了一些应付非常事变的话。我吃午饭时，也在用心看报。并找戴老

1　北京市档案馆编《北平和平解放前后》，北京出版社，1988，第 509 页。

2　《建国日记》，第 217—218 页。

3　《北平和平解放前后》，第 509 页。

头（注：同事），问乱了怎么办。

"可是一会儿我的心镇定了，突然地，比任何时候都安定。当大家都来了乱说话时，我仍然继续整理论文。"[1]

围城的一段时间内，喻世长和北平民众的直接感受是城门"戒严"、物价"奇昂"、"无电"、"炮声"，[2] 以及报纸上不断出现的"和谣"消息。[3] 与此同时，城外的共产党已开始着手安排接管北平的各项工作，北平市军事管制委员会成立物资接管委员会，12月21日，北平市委发出《关于如何进行接管北平工作的通告》后，[4] 围城进入"沉寂"的状态，三四天没有炮声，喻世长感觉"街上的人们，竟显得那么悠闲"。[5] 由于共产党采取的一系列稳定措施，在围城的一段时间内，"物价没太钻"，生活也还能继续下去，"人们已经不理会了"。[6]

新中国的成立要经历多么艰苦复杂的过程，喻世长和普通民众一样，不能完全知道，但他亲身经历了国民党政府时期的物价飞涨、政治腐败，对于国民党政权不能忍受，内心渴望和平，在围城后不久的12月18日就坚信"新时代就要来临"。[7] 新时代是要来了，1949年元旦，北平市人民政府发出布告，宣布正式成立，北平市军事管制委员会也正式成立。[8] 元旦期间，按照惯例，喻世长要对自己的生活境况进行总结，他在日记中悲愤地写道："苦难，苦难，一仍旧惯，有什么新年的情调呢？不但是我，整个北

---

1 《建国日记》，第 222 页。

2 《建国日记》，第 223、224 页。

3 《建国日记》，第 231 页。

4 《北平和平解放前后》，第 509 页。

5 《建国日记》，第 230 页。

6 《建国日记》，第 234 页。

7 《建国日记》，第 226 页。

8 《北平和平解放前后》，第 510 页。

平一点也看不出来呀！""忍受着苦难，希望有一个'变'，今天居然变了——当然是人民的血流得够多了！……蒋居然伪出和平了！奇迹！"[1]

1949 年元旦正处在时局发展的关键时期，喻世长和亲朋时刻关注着和平的动态，喻世长更是激动不已，元旦当天夜里十一点才睡，但到了后半夜还在失眠，"完全陷入一种带幻想性的狂欢中"了。[2]

1949 年 1 月 14 日，毛泽东发表《关于时局的声明》，提出和平谈判的八项条件，[3] 报纸陆续进行了刊登，北平市民在"街上人拥挤在报牌子"下面看，喻世长心中狂喜，也"雀跃地跑过去看"。[4]15 日天津解放，消息很快传到了北平，喻世长和同事们每天都看报纸，互相交流对时局的看法。[5]之后几天是北平和平谈判的关键时期，北大附近落了几个炮弹，天上也有飞机盘旋，喻世长感受到了形势的紧张。[6]20 日，"大局和局部（北大）的'和'都在进展"，物价也落了，吃早点时，喻世长一兴奋，多吃了两块炸糕，并憧憬着将来。[7]到了 22 日，喻世长从报上看到，时局不"拖"了，"急转直下"了，蒋介石"已滚蛋"，十分兴奋，在路上就唱起来了，到了班上激动地难以工作，对着报纸大声念出和平的消息。[8]同日，傅作义在《北平和平解放协议书》上签字，

---

1 《建国日记》，第 237、238 页。

2 《建国日记》，第 238 页。

3 《北平和平解放前后》，第 510 页。

4 《建国日记》，第 249 页。

5 《建国日记》，第 250、251、252 页。

6 《建国日记》，第 250—251 页。

7 《建国日记》，第 252 页。

8 《建国日记》，第 253 页。

并发表广播讲话，[1] 喻世长和北平民众通过收音机收听了傅的讲话。[2] 之后，喻世长很快感受到了北平的变化，主要路口仍有兵把守，但城里兵少了，报上已经登载了"快意的措施"，[3] "各报的口吻都有了显著的变化"，物价也开始大落。[4] 1949 年 1 月 31 日，旧历新年期间，北平宣告和平解放，国民党军队全部开出城外听候改编，中国人民解放军开进北平城内接管防务。[5] 当日，喻世长在日记中记载："两点出来，'解放军'正往城里开，几卡车青年男女学生，唱歌，呼口号欢迎。我看到他们为什么如此热烈，想到人民的痛苦时，不由热泪盈眶了。"[6]

在喻世长心里，2 月 1 日北平联合办事处的成立[7]代表北平"正式解放"，他在日记中记载这个"盛事"："《新民报》的标题有'山河添壮丽，燕赵永青春'的句子，我觉得形容并不过火儿。"[8] 3 日，中国人民解放军举行入城式，受到全市人民的热烈欢迎。[9] 喻世长在日记中记载"全城举行了盛大的解放军入城式"，应该"大书特书"。[10] 4 日，北平市人民政府宣布接管原国民党北平市政府。[11] 中共通过和平方式解放北平，以致喻世长感觉"不知不觉地解放了"，[12] 要"虚心了解""新时代"。[13] 通过其日记可知，喻世长

---

1 《北平和平解放前后》，第 511 页。

2 《建国日记》，第 253 页。

3 《建国日记》，第 254 页。

4 《建国日记》，第 255 页。

5 《北平和平解放前后》，第 511 页。

6 《建国日记》，第 260 页。

7 《北平和平解放前后》，第 511 页。

8 《建国日记》，第 260 页。

9 《北平和平解放前后》，第 512 页。

10 《建国日记》，第 262 页。

11 《北平和平解放前后》，第 512 页。

12 《建国日记》，第 263 页。

13 《建国日记》，第 264 页。

的这种感受在当时北平民众中具有一定普遍性，周边的亲朋和同事大多是这种心态。北平解放是"中国人民革命运动中最重要的军事发展和政治发展之一"，[1] 其和平接管是"共产党能否统治全国、能否管理城市及工商业的测验"。[2] 事实证明，免受战争之苦的普通民众从和平解放之时就从心态上倾向于共产党的领导，从而有利于新政权的巩固。

（二）接管北大

随着解放战争朝着有利于共产党的方向发展，从 1948 年年初，共产党政权就已开始考虑如何接管国民党文教、宣传机关，以及如何对待知识分子的问题。1948 年 1 月 18 日、7 月 3 日，毛泽东分别发表了《关于目前党的政策中的几个重要问题》《中共中央宣传部关于新收复城市大学办学方针的指示》，强调争取和改造知识分子，是党的重要任务。[3]1948 年 12 月 21 日，中国人民解放军完成了对平津包围一周后，军事管制委员会成立文化接管委员会。[4]1949 年 1 月 10 日清华被接管后，纷传北大将要被接管。22 日，喻世长上班，听同事说"一二日就要接收"。[5] 喻世长和同事们盼望着尽快被接管，但迟迟没有动静，喻世长觉

---

1 《以和平方法结束战争　北平宣告完全解放　国民党军已全部开出城外听候改编》，《人民日报》1949 年 2 月 1 日，第 1 版。

2 叶剑英：《关于军管会的任务、组织机构及如何工作的报告要点（1948 年 12 月 24 日）》，北京市档案馆、中共北京市委党史研究室编《北京市重要文献选编（1948.12—1949）》，中国档案出版社，2001，第 31 页。

3 中共中央文献研究室、中央档案馆编《建党以来重要文献选编（一九二一——九四九）》第 25 册，中央文献出版社，2011，第 54—61、358—360 页。

4 《北平和平解放前后》，第 509 页。

5 《建国日记》，第 253 页。

得时局有些"拖"，[1]他不知道，由于"接管北大的草案，内容并不想直抄清华的草案，打算改组该校行政委员会，做第一步的接管，但直到2月26日还得不到中央指示，所以只好决定指定汤用彤暂时负责的方式去第一步接管""实际接管而形式上是维持原状，同时宣布必要而且可能的改革"。[2]

2月3日，解放军入城，对北平来说是个大书特书的日子，喻世长觉得，对于北大文学研究所来说亦是如此。当日，北大讲助们参加了欢迎解放军入城式。[3]2月26日，北大的"移交清册赶出去了"，喻世长的"心情平静些"。[4]2月28日，文化接管委员会正式接管北大，召开了教授、讲助教、工警、学生等代表会，由钱俊瑞[5]宣布新民主主义教育方针及接管后的具体办法，指定汤用彤临时负责北大，并征求大家意见。下午2点开全校大会，举行接管仪式。接管后，宣布钱俊瑞、张宗麟为军管代表，张昭、杨明华等7人为联络员，联络组工作重点在调整人事与审核经费（包括发动学生民主评定公费等工作），3月1日起办公，经常驻校，了解情况，进行联系。[6]2月28日，喻世长在学校看到接管布告，并参加了接管仪式，他在日记中记道："下午两点，全校各单位同仁同学在民主广场大聚会，由钱

1 《建国日记》，第253页。

2 《北平市军事管制委员会文化接管委员会关于接管清华、北大，维持燕大的专题报告》，陈大白主编《北京高等教育文献资料选编（1949—1976）》，首都师范大学出版社，2002，第10页。

3 叶向忠：《新生的北京大学——学生工作的根本转变》，中国人民政治协商会议北京市委员会文史资料研究委员会编《北京的黎明》，第344页。叶向忠在解放初期曾任北大党总支副书记、书记。

4 《建国日记》，第279页。

5 军管会下辖文化接管委员会，钱俊瑞、沙可夫分别任正副主任。

6 《北平市军事管制委员会文化接管委员会关于接管清华、北大，维持燕大的专题报告》，陈大白主编《北京高等教育文献资料选编（1949—1976）》，第11页。

俊瑞讲话，条理和内容，都满够的，然后大队绕沙滩区一周……钱的讲话中说了许多要求改造的话。"[1]3 月 2 日，喻世长所在的文学研究所被接管。[2]

接收后的一段时间，北大"管理与改革亦逐步进行"。[3]在北大刚被接管时，中共北平市委在关于大学的处理方案向中央并华北局、总前委的请示报告中就提到，关于学校领导机构问题，第一步拟暂在军管代表外，由教授、讲师、助教和学生代表组织校务委员会维持校务，委员会组成拟在能够保持党的领导的原则下，吸收 1/3 左右数量有学问、有威信的中间分子教授乃至个别右翼教授参加，以便团结全体有用的教授，慢慢加以改造。[4]经过一段时间的筹备，5 月 4 日，北京大学校务委员会成立，北平市军事管制委员会任命汤用彤等 19 位教授、2 位讲助代表、2 位学生代表等 23 人为校务委员会委员。学校校务由校务委员会主持，文管会原派驻各校军管代表及联络员同时撤销。[5]作为普通教职工的喻世长非常关心学校的前途，5 月 6 日从报纸上专门看了北大校务委员会委员的名单。[6]

1949 年 10 月 15 日、16 日，北大教职员联合会召开第一届第一次代表大会，宣告"北京大学教职员联合会"正式成立。11 月，北京市教育工作者工会筹委会成立后，北大几个群众组织即举行联

1 《建国日记》，第 280 页。
2 《建国日记》，第 281 页。
3 《平市北大清华师大三校新校务委员会成立　各校行政负责人亦同时发表》，《人民日报》1949 年 5 月 6 日，第 2 版。
4 《中共北平市委关于大学的处理方案向中央并华北局、总前委的请示（1949 年 3 月 10 日）》，中共北京市委党史研究室、北京市档案馆编《北平的和平接管》，北京出版社，1993，第 403 页。
5 《平市北大清华师大三校新校务委员会成立　各校行政负责人亦同时发表》，《人民日报》1949 年 5 月 6 日，第 2 版。
6 《建国日记》，第 328 页。

席会议，成立了北京大学工会筹备委员会。筹委会决定，凡教职联会员和工警工会会员均为北大工会当然会员。北大各个部门积极进行工会的筹备，11月4日，喻世长在文学所开会，同事报告了北京院校教职联停止成立，积极准备教育工作者工会的事。[1] 经过两个多月的准备，12月24日至12月31日，北京大学工会第一届代表大会在北楼礼堂举行。305人参加大会，代表全校现有会员1515人。大会讨论通过了《北京大学工会章程》。[2] 12月24日，喻世长参加了北大工会成立大会，他的日记对此事有载："几个讲演比较之下，汤老头（汤用彤）真是比不上呀！钱端升的话有内容，党总支书有精神，学生代表有劲。会章起草经过报告得特别评论。莆明讲产业工会的情形，工厂管理委员会的性质，可以给教育工作者工会一个借鉴。因为教育工作者工会是一个初创，没有成例可循的。"[3] 共产党对北大的顺利接管和改革，保障了北大各项工作的进行，并"使北大已有充分的可能改造为人民的大学"。[4]

（三）西南访问团

"为加强民族团结，了解各族人民疾苦，并将把各族人民的意见直接带给中央"，[5] 1950年6月，经毛泽东提议，政务院决定派

1　《建国日记》，第467页。

2　《"十七年"（1949—1966）新的管理制度和组织机构的建立及演变》，杨河主编《海纳百川 有容乃大：北京大学文化研究》，高等教育出版社，2011，第51页。教职员联合会（简称教职联）由教授会、讲助会、职员会合并而成，讲助会、教授会先后宣布正式结束。教职联成立以后，在会员中进行了向工会过渡的宣传教育工作和有关的组织工作。

3　《建国日记》，第511页。

4　叶向忠：《新生的北京大学——学生工作的根本转变》，中国人民政治协商会议北京市委员会文史资料研究委员会编《北京的黎明》，第345页。

5　《加强各族人民的友爱团结　中央西南访问团今天出发》，《人民日报》1950年7月2日，第1版。

遣中央人民政府民族访问团。[1]西南访问团是派出的第一个中央访问团。西南访问团由时任中央民委副主任的刘格平任总团团长，费孝通、夏康农为总团副团长。总团下设三个分团，刘格平兼任一分团团长，访问西康；夏康农任二分团团长，访问云南；费孝通任三分团团长，访问贵州。[2]"除了宣传民族平等的基本政策外，中央访问团的任务就是要亲自拜访各地的少数民族，摸清楚它的民族名称（包括自称和他称）、人数、语言和简单的历史，以及他们在文化上的特点（包括风俗习惯）。"[3]语言文字的调查成为访问团的重要任务之一。

西南访问团 1950 年 6 月奉命组成，[4]但筹建工作提前开始。5月 9 日，罗常培告诉喻世长和几个同事，西南、西北两考察团可容纳调查语言的人。喻世长和几个同事表示愿意去。喻世长和一个同事去西南，另两个同事去西北。[5]第二日，罗就收到文教委员会主任郭沫若的回信，同意他们几个参加去调查语言。[6]

喻世长在没有正式到访问团报到之前，进行了一系列的准备工作，看了《职方记略》中所说的各种民族的住地和地图对照，把辞海上说到的贵州八十四个县各个抄出来；对于贵州省的苗、

1　徐小江：《建国初期的中央民族访问团》，中共中央党史研究室科研室管理部、国家民族事务委员会民族问题研究中心编《中国共产党民族工作历史经验研究》，中共党史出版社，2009，第 309—310 页。

2　徐小江：《建国初期的中央民族访问团》，中共中央党史研究室科研室管理部、国家民族事务委员会民族问题研究中心编《中国共产党民族工作历史经验研究》，中共党史出版社，2009，第 312—313 页。

3　费孝通：《简述我的民族研究经历和思考》，《费孝通文集》第 14 卷，群言出版社，1999，第 90 页。

4　刘格平：《中央民族访问团访问西南各民族的总结报告（一九五一年五月十一日刘格平团长在政务院第八十四次政务会议上的报告，并经同次会议批准）》，中央人民政府民族事务委员会编《民族工作文件汇编》（一），1951，第 25 页。

5　《建国日记》，第 618 页。

6　《建国日记》，第 618 页。

瑶、侗水（侗、水、莫、平黄）、台（仲家）、仡姥等民族语言的分布进行了解；[1] 借了录音用的 wire record。[2]

5 月 31 日，喻世长和同事到中央访问团筹备处报到，[3] 被分入文教组。[4]6 月 1 日正式参加团体生活，喻世长"感到人情的温暖，感受另外一个世界"。[5] 出发前，访问团进行了一个多月的系统培训，学习党的民族政策，了解少数民族风俗习惯，拟定了社会调查的提纲。[6] 喻世长在培训中听了不少有关民族问题的报告和讲演，[7] 参加了有关语言问题、民族问题、"民族区域自治"、"民族自决权"、民族宗教风俗等方面的讨论，[8] 看了有关民族政策的论著和展览，[9] 加深了对西南少数民族状况的了解，为进行语言调查打下了一定的基础。

中央访问团得到政府的高度重视，出发前，毛泽东接见了中央西南访问团全体同志，并题写了"中华人民共和国各民族团结起来"的条幅，作为礼物送给各兄弟民族。[10] 首都各界也对中央民族访问团寄予了很大希望。妇联副主席邓颖超到访问团讲演，请大家注意少数民族妇女情况。[11] 中央民委主任李维汉指出访问团的主要任务是沟通融洽民族间情感，做到满意而归。访问团的

---

1 《建国日记》，第 627—628 页。

2 《建国日记》，第 629 页。

3 《建国日记》，第 633 页。

4 《建国日记》，第 637 页。

5 《建国日记》，第 634 页。

6 徐小江：《建国初期的中央民族访问团》，中共中央党史研究室科研室管理部、国家民族事务委员会民族问题研究中心编《中国共产党民族工作历史经验研究》，第 311 页。

7 《建国日记》，第 635、639、647、648 页。

8 《建国日记》，第 638、643、644 页。

9 《建国日记》，第 642、651、652、653 页。

10 徐小江：《建国初期的中央民族访问团》，中共中央党史研究室科研室管理部、国家民族事务委员会民族问题研究中心编《中国共产党民族工作历史经验研究》，第 310—311 页。

11 《建国日记》，第 637 页。

一切工作、行动，必须取得当地兄弟民族的同意。文化部专门给访问团办了欢送会，[1] 部长沈雁冰、副部长周扬及中央戏剧学院副院长曹禺等对访问团里的文化工作者给予了勉励。文教委员会也举办了欢送会，[2] 主任郭沫若指出，访问团全体团员要抱谦虚和学习的态度，化除过去民族间历史的隔阂，学习他们丰富的艺术宝藏。[3] 1950 年 7 月 2 日，西南访问团从北京出发，《人民日报》发表社论《送西南访问团》。[4]

邓小平《关于西南少数民族问题》的报告是"把马列主义民族理论和我们党的民族政策与西南少数民族地区具体实际相结合的体现""对指导建国初期西南地区乃至其它地区的民族工作发挥了重要的历史作用"。[5] 喻世长在访问团经历的一个重要事情就是听邓小平做这个报告。

访问团于 7 月 18 日上午 9 点到达重庆，朝天门码头上有人欢迎。[6] 次日夜晚，刘伯承、邓小平、贺龙设宴招待访问团，据喻世长记载，"六点到了大礼堂，十几张铺上白布的圆桌。这回没分阶级。可是等到上了三个菜以后，大家又有些放肆了，攀谈、干杯，闹个不亦乐乎……我抽空回屋封上信，送到邮筒，因为饭后还有晚会，坐汽车去的。四川的金钱板很动听，还有几个舞蹈也很好。十一个项目表演完了，茶水手中不停地供应，热情实在可感，十点多，原车送回"。[7] 7 月 21 日上午 9 点，刘伯承到访

1 《建国日记》，第 651 页。

2 《建国日记》，第 652 页。

3 《加强各族人民的友爱团结 中央西南访问团今天出发》，《人民日报》1950 年 7 月 2 日，第 1 版。

4 《送西南访问团》，《人民日报》1950 年 7 月 2 日，第 1 版。

5 刘绍川、张炯：《民族工作的光辉文献——学习邓小平〈关于西南少数民族问题〉的几点体会》，《中央民族大学学报》1994 年第 4 期。

6 《建国日记》，第 670 页。

7 《建国日记》，第 670 页。

问团作报告，讲了他自己在长征中遇到的少数民族问题，[1] 下午邓小平作报告，即题为《关于西南少数民族问题》的报告。[2] 喻世长在日记中记载，邓小平的"声音大，可以听得很清楚，具体地谈到西南各省解放以来执行民换政策的情形，提出灵活的原则，指出以后工作态度，十分动听有内容。晚上重庆市党政军三团体设宴招待。有几种新鲜菜，饭后看魔术，也有惊人表演"。[3] 之后一段时间内，访问团连续对邓小平的讲话进行了学习。[4] 喻世长认为，学习邓的讲话，可以"看出匪情的大势"，[5] 有助于贵州地方社会调查，所以他多次主动学习邓小平的讲话，并"撮出纲要"。[6]

8月11日，喻世长参加的以费孝通为团长的第三分团从重庆向贵州出发。[7] 访问团受到了少数民族地区人民的热烈欢迎，[8] 把访问团当贵宾对待。[9] 贵州省党政军各方面也表示了热烈的欢迎，多次举行欢宴会、座谈会。[10] 如8月13日，还未进入遵义市内，访问团就受到了热烈的欢迎，喻世长记载："军乐前进，我们步行走入市街，道口有欢迎的队伍，口号声不绝，我想到边远地方人士见中央人物不容易，又想到同胞之情，不禁鼻子酸辣了。"[11] 第二日，到达贵阳市界，在市街道口，欢迎人群已列好队。访问团下

---

1 《建国日记》，第671—672页。

2 《关于西南少数民族问题》，《邓小平文选》第1卷，人民出版社，1989，第161—171页。

3 《建国日记》，第671—672页。

4 《建国日记》，第672页。

5 《建国日记》，第673页。

6 《建国日记》，第675、676、756页。

7 《建国日记》，第686页。

8 《中央西南访问团分赴滇西北及黔东访问　各民族人民载歌载舞热烈欢迎》，《人民日报》
　　1950年10月29日，第3版。

9 《建国日记》，第691页。

10 《建国日记》，第691、693、694、696、698、699、700页。

11 《建国日记》，第690页。

车步行。喻世长详细记载了受到欢迎的感受："除了各界有单位的队伍以外，还有苗族与仲家的同胞也列队来欢迎。许多单位献了花。苗民在吹着笙，奏着乐器，还有的少数民族打着小旗，我们队伍走在他们面前时，特别注视他们，鼓掌招呼，他们露出天真的喜笑。后来我们上了汽车，他们再从车旁经过，我们再鼓掌。我看见一个苗女，瞎了一只眼睛，用一只眼睛。看了我们羞愧感激，憨直地笑了，忙着把脸藏起来。我从她的表情中，看透了她的心，她真的喜悦。我不禁想到一个民族的生存史，想到祖先的艰苦，我要哭了。我想我们的工作对象是很诚实的，我们的工作已经不难完成。我也从这场面中觉悟到中央领导的伟大感召力量，这力量是无穷的！"[1]

　　访问团在西南期间做了很多工作，包括：慰问各族人民群众；疏通民族关系；宣传党的政策，推进民族工作；进行社会调查。[2]在实地调研的基础上，访问团的调查人员写出了多项调查报告，[3]喻世长写了《参加中央西南访问团调查贵州兄弟民族语言的工作报告》，介绍、分析了贵州各地区民族语言的基本情况，并提出根据调研的材料"已经能够拟出制造文字的方案并编一个简单的识字课本"。[4]访问团社会调查的成果，为党中央制定民族政策

1　《建国日记》，第 691 页。

2　徐小江：《建国初期的中央民族访问团》，中共中央党史研究室科研室管理部、国家民族事务委员会民族问题研究中心编《中国共产党民族工作历史经验研究》，第 314、318—323 页。

3　费孝通：《兄弟民族在贵州》，生活·读书·新知三联书店，1951。

4　喻世长：《参加中央西南访问团调查贵州兄弟民族语言的工作报告》，《科学通报》第 2 卷第 8 期，1951 年。喻世长作为西南访问团成员，赴贵州省调查了布依、仡佬、侗、佯偟、锦、苗等民族语言，后依据此次调研，深入研究布依语，出版了著作《布依语语法研究》，发表了论文《布依语几个声母的方言对应研究》等。《布依语语法研究》是新中国成立以后较早出版的少数民族语言语法专著。中国语言学会《中国现代语言学家传略》编写组：《中国现代语言学家传略》第 4 卷，河北教育出版社，2004，第 1725 页。

和开展民族工作提供了依据。1951 年 2 月 5 日，在先后听取了中央民族事务委员会主任李维汉关于各民族代表参加国庆节的报告、中央民族访问团团长沈钧儒关于西北少数民族的总结报告并研究了中央民族访问团团长刘格平等关于访问西南各民族的各种报告之后，政务院审议通过了《中央人民政府政务院关于民族事务的几项决定》。[1]

余 论

亲历者不能预知后来的发展变化，不可能预设各种后出外来的架构观念，历史进程的展开和他们逐渐接触或进入其中的感受，与后来人的认识不尽相同，而为把握现状、展望未来所不可或缺。[2]北平解放、接管北大、西南访问团等历史事件的记载多见于官方文件。很长时间以来，相关研究虽然已经展开，但更多出现在人物传记、通史性论著中，带有明显纪念史学的特点，原因之一就是缺少一手史料，喻世长日记的详细记载正好为相关事件的进一步研究提供了难得的史料。

目前的党史、国史研究中，对国家层面上的活动研究颇多，而对社会动态和状况的研究则明显薄弱。国史并非只是党和国家的决策及其执行、修正、完成的简单过程，更不只是会议、文件、数字、领导人物的思想与活动的再现。社会的反应、群体的影响、普通个人的动态，同样是重要的内容。只有从国家与社会

---

1 《中央人民政府政务院关于民族事务的几项决定》，《人民日报》1951 年 3 月 22 日，第 1 版。

2 桑兵：《走进新时代：进入民国之共和元年——日记所见亲历者的心路历程》，《华中师范大学学报》（人文社会科学版）2012 年第 1 期。

的互动中，才能写出共和国历史的全貌。[1]喻世长日记详细、完整、真实地记载了政治事件、政治制度和政治观念在民众中的反响，为认识共产党政权与民众生活之间的关系提供了真实的分析案例。

喻世长日记 1948—1950 年部分已出版了十余年，但其史料价值尚未被学界发掘。其未刊日记保留了更多的历史资料，如中共稳定政权、知识分子思想改造、知识分子下放、十年动乱等重大历史事件均有记录，对物价变动、日常生活方式、社会心态的记录更提供了难得的历史信息和线索。喻世长日记如能全部刊行，并在历史情境下合理解读，深挖个案背后的典型意义，其价值将会被更多地发掘和利用，亦将为党史、国史研究提供新史料、新视角。

1　杨凤城:《关于国史研究的视野问题》,《光明日报》2001 年 7 月 10 日, 第 B3 版。

沧桑巨变中的世家子弟
——兼论祁景颐日记的史料价值

赵妍杰 *

摘　要： 祁景颐是清末重臣祁寯藻的曾孙，工部尚书祁世长之孙，礼部、吏部尚书李鸿藻的外孙，军机章京段少沧之婿。其现存日记大约 60 万字，是了解其个人日常生活、清末民初政情内幕、文人交游以及抗战初期天津地方史的一个新管道。这部日记的出版将会为晚清史、民国史、近代社会史以及戏曲史等领域的专家学者提供重要的参考资料。

关键词： 日记　祁景颐　幕僚　日常生活

　　2019 年秋，笔者有幸参与了近代史研究所藏手稿本《祁景颐日记》的整理工作。[1] 这部分日记共 36 册，起于 1922 年 4 月 3 日，终于 1936 年 2 月 23 日，多数自署为《瀹谷亭日记》。祁景颐曾经解释过为什么将多数日记命名为《瀹谷亭日记》。他说："昔年先文端公取《颜氏家训》语，自号㙮畖亭。颜书又有瀹谷郤谷，均为上艾地。因取为号，雅稽古书，敬守先训，亦士食旧德，农服先畴之义焉。"（1931 年 1 月 28 日）这自然有景慕先人

---

* 赵妍杰，中国社会科学院近代史研究所副研究员。

1　日记手稿本已由国家图书馆出版社影印出版，见王建朗、马忠文编《近代史研究所藏稿钞本日记丛刊》，国家图书馆出版社，2020。

的意味。此外，日记也有题为《壬戌南游日记》《哀琴阁日记》《绳摅室日记》《学如蜕斋日记》等。日记竖版，用毛笔书写，大多数每页8—11列，文字清雅，字迹隽永，大约60万字。[1] 日记内容非常详细，包括天气、日常行程、公务活动、休闲娱乐、诗词酬酢、疾病医疗等。其中，他所遇之人、所谈之事、亲历的政局变动以及关于清末政局的回忆有丰富的价值。

一　写日记

祁景颐有写日记的习惯，但是日记并不一定是每天写就的，日记中常出现"补写日记""补写两月来日记""补写十余日日记"的记录。虽然其日记大体完整，但并不连贯，中间可能缺某几个月，也有某一天或某几天只有日期而无内容的情形。他在戊辰八月初一日（1928年9月14日）的日记中写道："屡年每日记事，间有中断，近自癸亥以迄乙丑夏，日日有记，是秋自金陵仓猝北归，战事起以迄次年春末，丁卯全年未间。戊辰四月清河东返遇难，京津局势变迁，继以大媳病剧，彦孺赴东为之延医调治，幸已告瘥。六月又以四叔患精神病入都省视，至七月杪或作或止。今届秋中已凉天气，灯火可亲断。自八月一日仍复故事。"虽然政事、家事缠身，但是写日记是他坚持多年的习惯。

虽然国民政府有推行西历的种种努力，但是目前整理的日记全部都是阴历纪年，也表明祁景颐的时间观念和文化认同。他的日常生活也是围绕着传统的节庆、家人的生日和忌日、亲友的婚丧展开的。那么，这部分日记是写给谁看呢？首先，他自己就曾

1　除了这部分正在整理的日记之外，祁景颐还曾有别的日记，例如"壬寅冬随使比国日记""癸巳旧日记"，目前下落不明。北京大学图书馆古籍部藏有1931年的两本日记稿本。

翻阅日记，就有"灯下复取旧时日记，阅之"或"灯下杂捡旧日记，罔罔如梦"之类的记载。其次，笔者推测他是写给子孙看，为了让后人了解祁家显赫的历史。他在父母和祖父母的生日和忌日都会特别上供以示追思。祁景颐还特别注意搜集曾祖父祁寯藻和祖父祁世长的文字，有些未收入文集的诗词便随手补录在日记中。祁景颐作为长子、长孙承担了延续家声的责任，但是在一个沧桑剧变的时代延续家庭的荣耀谈何容易。他的自我批评也多来自这方面。他曾写道："余不德，未能印承先志，堕其家声。今已垂老，迄无远志，世变方殷，莫窥来诊，远沂先泽，皆以厚德世其家，以至显荣。不肖无状，有负累世培植之厚，定不恫哉。忽忽终老，学问无成，思先德之就湮，幸此身之尚在，特笔之书以示子孙，可以知吾宗积累之不易。力术上达而有鉴于余之德薄能鲜也。"（1927 年 6 月 29 日）那么，究竟是什么样的家世背景给他心理上造成如此大的压力呢？

二　家世背景

个人的家世与其成年后的学识、思想及行为有极大的关系，若要理解祁景颐首先要从祁家的历史谈起。祁景颐（1871 年 1 月 9 日—1936 年 4 月 10 日），字颂威、师曾，也有人称之为祁君冐、祁景沂、祁敬怡、祁静怡。他来自在清中叶便声名鹊起的山西寿阳祁家。其父为祁友慎，祖父为祁世长，[1] 曾祖父为祁寯

1　祁世长（1825—1892），字子禾、念慈，号敏斋，祁寯藻之子。咸丰元年（1851）以荫生授户部员外郎。咸丰十年（1860）中进士，改翰林、授编修。历任礼部侍郎、左都御史、工部尚书兼顺天府尹。《祁子和先生日记》二册藏于上海图书馆，其起自光绪七年（1881）九月初九日，止于光绪十年（1884）十月初三日，包括日常起居、家务琐屑、友朋往还、酬酢馈赠等。

藻。[1] 自嘉庆十九年至同治五年，祁家有祁寯藻、祁宿藻、祁世长入翰林，祁寀藻、祁世龄、祁友观中举，祁友慎为钦赐举人。从康熙四十七年到同治五年，祁氏中支一门有 5 人中进士，其中 4 人为翰林，8 人中举。祁景颐可谓家世显赫，出身名门。[2] 光绪十八年八月初八日内阁奉上谕公布"工部祁世长特躬恪慎，学问优长……伊长孙一品荫生祁师曾着俟服阕后以员外郎即补。伊子祁友蒙着俟及岁时由吏部带领引见用示笃念旧臣至意。钦此"。[3] 祁景颐的父亲祁友慎（1851—1879）以恩赐举人，源于祁寯藻过世时，穆宗"准其一体会试，以示朕笃念耆臣至意"，后为内阁中书。祁友慎早年从祁寯藻学习，又从端木子畴读书。不幸的是，祁景颐十岁时，父亲祁友慎过世。

祁景颐的母亲李淑宜是李鸿藻的长女。《李鸿藻年谱》中曾记载："长女淑宜适祁寯藻（文端）之孙、祁世长（文恪）之长子友慎。"[4] 祁、李两家有相当长的渊源。1843 年，李鸿藻应顺天乡试中举，然会试中名落孙山。道光二十七年，会试仍不中。殿试阅卷大臣祁寯藻却对李多有鼓励。直到咸丰二年，李鸿藻终于中进士，钦点翰林院庶吉士。为了感激祁寯藻的知遇之恩，将长女许配给祁寯藻的长孙。门生加戚谊的关系为祁景颐的人生履迹奠定了基础。祁友慎和李淑宜共育有两子，长子祁景颐（师曾），次

---

1 祁寯藻（1793—1866），字叔颖，嘉庆十九年（1814）中进士，散馆授编修。道光元年（1821）直南书房。三年督湖南学政。十一年迁翰林院侍讲学士，累迁礼部侍郎。十七年，调户部右侍郎，督江苏学政。二十一年闰三月任户部尚书，九月命在军机大臣上行走。二十九年二月，命为上书房总师傅，七月又命为协办大学士。咸丰时期，历任体仁阁大学士，长军机。同治四年（1865）十一月以大学士军机大臣致仕。同治五年病逝，谥文端。祁寯藻著作丰富，包括《息园日记》《枢廷载笔》《圆明园直庐书记》《使陇日记》《亭集》。祁世长曾著《观斋行年自记》一卷。今人侯小宝曾编有《祁文端公简谱》。

2 刘长海：《〈寿阳祁氏试卷汇钞〉考》，《史志学刊》2015 年第 1 期。

3 叶志如等总主编《光绪朝上谕档》第 26 册，广西师范大学出版社，2008，第 106 页。

4 李宗侗、刘凤翰：《李鸿藻年谱》，中华书局，2014，第 130 页。

子祁景裴（师俭）。祁景裴其名不彰，其生平在祁景颐日记中有些许的记录。

祖父祁世长过世后，祁景颐得到外祖父李鸿藻的诸多关照。壬寅，上谕"特旨以员外郎即补"。随后，与五舅李石曾同游欧洲。乙巳，回国。这部日记中也有对布鲁塞尔生活的追忆。作为驻比利时大臣杨兆鋆的随员，在一封给荣禄的信中，祁景颐说："师曾西征随使，北向倾心。小阳九日乘德公司船放洋，月之十三安抵比京勃鲁塞尔，海程三万，平静无风。二十一日随星使呈递国书，肃恭将事，幸勉衍仪。比国初设行人，交涉尚不十分繁要。星使以经费未充，未肯派有参赞。觐见例有随往执事，比外部来请，甫加参赞衔，薪俸仍照随员。师曾诸多未悉邻交，恐有疏虞。比主礼贤好学，日求富强，交涉事宜颇洞奥窍。"[1]

祁景颐的经济状况可以说是大起大落。早年有祖父的荫庇，在京过着豪奢的生活，可谓一掷千金。祖父过世后，家道中落。"癸巳，赖先外大父高阳李文正公侔助及戚友之力五匶同回寿阳。此数年中，家用艰窘，中为弟师俭娶妇，余又续娶，以及两叔读书，辛苦倍尝。"后来，祁景颐游欧，在杨士骧幕中，"此三年境地较丰，余以豪奢，不善治生"。1909年，杨士骧去世后，他又陷入艰窘。"辛亥革命起，嗣皇逊位，伏居未出者三年，中间营商业失败者再。戊午，选为众议院议员。庚申政变，退居析津。壬戌，在江宁省署奉韩公国钧幕二年。甲子，又随济阳卢公永祥在宁。乙丑，充执政合肥段公善后会议议员。四月竣事，即居沽上。"（1927年6月29日）此后，他的家计依赖长子祁彦孺在天津海关监督任上的收入。

---

1 《祁师曾札》，杜春和、耿来金、张秀清编《荣禄存札》，齐鲁书社，1986，第381页。

　　1922 年，祁景颐在江苏省省长韩国钧[1]的幕府中充当秘书。年末，回到天津家中过春节。他感慨说："忆自京师二次移居沽上，忽忽又三年矣。抚岁序之如流，感沧桑之屡易，年来深悟玄理，无人相亦无我相，凡事皆平淡处之，忘客念悉蠲，心气渐定，亦自有乐地也。"1923 年 2 月 16 日，他又回到南京游幕，虽然在此处有好友相伴，时时出游、聚会、谈书论史，但是他的心情是忧郁的。他在 1923 年 7 月 2 日的日记中写道："日来客感纷来，颇苦萦扰，饥驱无奈，怫郁不堪，昔年之将相，眉端双丸挂眼，气象何等不凡，今则局促如辕下驹，无伸眉昂首之概，有奋髯抵几之怀，其亦不可已乎？雍门之琴，易水之筑，不足写我之悲也。"

　　可见，他并不喜欢这份游幕的差事。1924 年 1 月 11 日，他在日记中写道："余自庚申后，息景津门，已阅二岁，饥驱所迫，客夏来此作记室，忽忽已十八阅月，而营此一差，鸡肋无聊，马肝不食，亦太落寞，忽忆三十年来变幻百端，老去孤羁，宁不增感，然蹙蹙靡骋，未知税驾何所耳。"1924 年春节，他没能回天津与家人团聚，心生不少惆怅。腊月三十这一天，他在日记中写道："今岁在此颇增离索，然荒城斗大，宾从宴欢，亦聊以破岑寂也。"正月初七这一天，他回忆道："开岁忽忽已逢人日，北京海王村自元旦至月望，火神庙珠玉骈罗，卷轴阗溢，达官文士以及中外士女联翩而来。每年无日不到，珠钿华毂，珂马朱轮，凤日晴和，流连不置，忆开天之盛事，记坊巷之游踪，今日留滞荒城，弥涉遐想，梦回天上，若忆春明，更忆旧雨京华，益增云树

<hr />

1　韩国钧（1857—1942），字紫石，举人出身。曾任清奉天劝业道、署奉天交涉使。辛亥革命后任江苏民政长、安徽巡按使。1915 年辞职还乡，经营泰源盐垦公司，办理运河工程局。1920 年后，任运河工程局会办、山东省省长、江苏省省长。1925 年段祺瑞执政府成立，被任为善后会议议员。

之感，家三、四叔亦旅居辇下，更为忆念不置也。"（1924年2月11日）几天后，他收到了长子彦孺的来信和寄来的衣物，其中有彦孺与家人的照片，他欣然写道："久不见家中人，殊以为慰，垂老作客，无室家团聚之乐，又为之不怿。"（1924年2月18日）。

祁景颐晚年和四舅李符曾同在天津，来往较多。这可能有两个原因：其一，年龄相近；其二，政治立场也较为接近。李符曾在历史上并没有投身革命的李石曾赫赫有名，但是在天津的遗老圈子里仍具有相当地位。以卢永祥的葬礼为例，点主为陈宝琛，李符曾则参与襄礼。李鸿藻长孙李宗侗在回忆录曾说，李符曾是杨夫人所生，曾学习八股，但李鸿藻不让他考试，说可以由荫生做官，何必同读书人争地位。李符曾后来由兵部员外郎升为刑部郎中，宣统三年做到邮传部左丞署左侍郎。民元初次组阁时，袁世凯想找一个北方人，意欲李符曾加入，但是被李符曾拒绝了。徐世昌任大总统，通过祁荦敏（友蒙）表示希望李符曾出来做官。李符曾对袁世凯和张勋的复辟持反对立场。[1]

这里提到的祁友蒙是祁世长之子（与祁友慎同父异母），祁景颐的三叔，曾任官河南等地。祁世长去世后，清廷赐其子祁友蒙主事。祁友蒙弱冠后，外放过南河堰盱同知（正五品）、湖北知府（从四品）一类的官职。辛亥革命后，定居扬州，为孔剑秋任社长的扬州竹西后社中坚。[2] 其妻为卞士云之孙女、卞宝第之女卞实。其子为祁式潜（字乐陶，曾化名徐大可、李公然、赵政），乃国民党元老居正的女婿，后来参加中共革命，解放后在

---

1 《李宗侗自传》，中华书局，2010，第28—29页。

2 沈建中：《祁寯藻嫡裔事迹述考》，《晋阳学刊》2004年第4期。

近代史研究所工作。[1] 祁式潜的二姐祁巩华嫁给了沈沛霖。[2] 祁式潜的大姐祁醒华第一段婚姻嫁给了吴琪，有一个女儿吴曼之，在地质学领域颇有建树。1939 年，祁醒华又嫁给了改组派的活跃人士武和轩，其子为著名档案学家武重年（1938—2017）。[3] 祁友蒙还有两个妾，二房鞠氏也是扬州府人，是其弟祁友鼎的妻姐，两人共有子女 4 人。三房张氏是祁家的婢女，小名小琴，共育有一子一女。[4]

祁景颐的四叔是祁友鼎，字云帆（一作荣繁）。1923 年，曾在江苏省宝应县担任财厅催征委员。1935 年，寿阳祁氏祖茔发生盗墓事，祁友鼎曾返故里，作为祁氏嫡裔，祭奠先人并对被盗之墓予以修缮。1937 年 4 月 9 日，祁友鼎还曾会面阎锡山。[5] 1937 年夏，祁友鼎独自走上了流浪之路。在重庆，至华龙桥红岩嘴八路军办事处访世交董必武，要求参加中共革命。董以《联共

---

1 祁式潜（1915—1966），化名徐乐陶，别名祁乐陶。原籍山西省寿阳县，生于江苏省扬州市东圈门外的"祁氏山林"。1927 年迁居南京市。1931 年九一八事变后，是南京钟英中学罢课的学生代表，后来成为金陵大学的学运领袖。1935 年一二·九运动爆发，任南京市各界救国会执行委员。秘密加入中国共产党，任中共南京市委委员。1937 年派回扬州与中共党员朱迈先（朱自清长子）组建扬州党支部。1938 年任中共中央长江局青年委员。1939 年 2 月，到安徽省立煌县（今金寨县）白水河新四军第四支队兵站工作，与国民党元老居正的女儿居赢棣结婚。同年 4 月，任中共皖东省委委员，11 月任中共和（县）江（浦）中心县委书记。1941 年，任中共淮南津浦路东省委委员。同年夏，兼淮南艺术专门学校校长。1943 年 2 月，任中共淮南区委宣传部部长兼东南县委书记和东南支队政治委员。8 月在中共淮南区委整风审干中，离队回上海。1944 年 1 月赴重庆，在国民党财政部属下的花纱布管制局任视察。与周恩来取得联系，并派往上海从事秘密工作。全国解放战争时期，以国民党财政部视察身份从事秘密电台工作，并奉命打入国民党上海市警察局，策动代局长陆大公起义。1956 年被批准重新入党，是中国科学院近代史研究所研究员。"文化大革命"中被迫害，1966 年 8 月 4 日自杀身亡。
2 《耆年忆往：沈沛霖回忆录》，江苏文史资料编辑部，1998，第 195 页。
3 《武重年口述历史》，上海书店出版社，2020。
4 沈建中：《祁寯藻嫡裔事迹述考》，《晋阳学刊》2004 年第 4 期。
5 《阎锡山日记》，九州出版社，2011，第 175 页。

（布）党史》相赠。1945 年秋，祁友鼎在西安，生活贫困，住在庙里。祁曾著书立说，书内容有的和共产主义相近，有的又讲大同论。1949 年以后，祁友鼎先后在安徽和上海依亲，被聘为文史馆馆员。1968 年，83 岁时过世。[1]

家庭的延续超越了政治的革故鼎新。祁家人在清末、民国仍保持着联系。南京、北京、天津、上海、扬州、沈阳等地的亲友书信往来是信息传递、情感交流的重要组成部分，内容既有政治国事，也有家事琐屑等。例如 1923 年 8 月 22 日，祁景颐收到四叔祁友鼎来信，不知道信中所言为何，不过从他的评价中可以窥探一二。他写道："所言皆愤世之语，有即日出京行将久别等语，近于神经错乱，极不放心，旋告三叔，回信属由津派人往京，劝其来津，婉为宽导，早日回扬。四叔人甚拘执，近年所如辄阻，激刺所受日深。"

祁景颐先后娶妻唐氏、何氏和段氏。唐氏嫁进祁家一年多，没有生育便过世了。那时祁景颐尚年轻，与妻子似没有深厚的感情。何氏生长子祁彦孺，两个月后何氏因产病去世。他和继室何夫人的感情更为深厚。他晚年曾回忆："余哀痛弥深，曾挽以哀词，为先岳副都公所赏，曾有以汉魏古艳之笔写琴瑟幽好之思评语。"（1933 年 9 月 7 日）祁彦孺从小由祖母抚养成人。在母亲李淑宜的忌日，祁景颐总会将祭品安排妥帖。"今日为吾母忌日，上供祭奠，不见慈容二十八年矣。岁月如驰，思慕追感，中有隐戚也，此身如寄，垂老无成，罔极之思，怆恫莫已，竟日未出门。"（1927 年 3 月 21 日）即便在他暮年搬家之后不能按时祭祀，也会及时补祭。他在日记中写道："每值此日，仰慕慈闱，深悲遗挂，痛戚万分。"（1934 年 4 月 1 日）可以想象，经历了父丧、

---

1 沈建中：《祁寯藻嫡裔事迹述考》，《晋阳学刊》2004 年第 4 期。

妻丧和祖父过世的家庭变故，祁景颐和母亲的关系更为坚固，母亲在他生命旅程中占据相当重要的地位。晚年祁景颐曾在追忆自己的生平的诗词中感怀母亲的教导。

祁景颐续娶军机章京段书云之女为妻，生子三人，女二人。段书云，字少沧，光绪三年拔贡，任刑部郎中、军机章京，后曾任广东雷阳道台，民国初年，曾任湖北省民政长、徐州商埠督办、国会议员等。祁景颐家在清末民初曾得到岳家不少关照，庚子事变时，"适北京拳乱作，家中长物荡然，余由晋南行至徐，依先外舅段荫崔先生以居"（1927年6月29日）。不过，其妻子段氏本人的形象相当模糊，很难勾勒其情感和生活世界。在日记中出现了零星几次，不过是祁景颐与内子谈家事，但所谈的内容并不知晓，更多的情形是祁景颐夫妇陪四舅和四舅母打麻将的记录。妻子不出现在日记中并不意味着在祁景颐的日常生活中不重要，祁景颐对妻子老而贫困的境况深表愧疚，也可以推断段氏在抚养继子、生儿育女、管理家政中扮演了重要的角色。

祁景颐的长子是祁彦孺。1914年，袁世凯授予祁彦孺军衔。[1] 祁彦孺曾于1926年4月29日至1928年6月26日担任津海关监督。[2] 祁家与奉系杨宇霆的关系相当密切，这或许是其长子祁彦孺在奉天供职以及任天津海关监督的人事关系。祁景颐熟知奉系内部派系斗争及杨宇霆被杀的前因后果。抗战时期，祁彦孺曾任华北政务委员会农务总署园艺试验场场长。[3] 祁彦孚（字公博）则在交通银行公债股任办事员。[4] 祁景颐的女儿祁彦荪善画，曾参加

---

1 《准授祁彦孺军衔令》（民国3年5月3日），骆宝善、刘路生主编《袁世凯全集》第26卷，河南大学出版社，2013，第237页。

2 孙修福编译《中国近代海关高级职员年表》，中国海关出版社，2004，第799页。

3 《北京市档案馆指南》，中国档案出版社，1996，第188页。

4 《交通银行同人录》，交通银行总管理处，1931，第109页。

天津撷芳社活动。[1] 该社以陈乐如为社长，祁彦荪女士、罗绮女士为正副文牍，王蕙田女士、胡振华女士为正副会计，并聘请李子畏为名誉社长，冯武越、王小隐、龚礼田为顾问。[2] 1930 年 9 月，祁景颐之三子祁彦孜考取清华大学，其后经历不详。

总之，家庭生活是祁景颐生活世界的底色。他的志向、爱好、交游几乎都是以家庭为基点，向外的延伸和扩展，而家庭生活也超越了政治分野、党派斗争，呈现出变迁中的延续。

三　近代政治人物剪影

作为世家子弟，青年祁景颐有鸿鹄之志。可惜，他所拥有的文化资本和政治资本都在贬值。辛亥之后，他便息影津门。复经皖系徐树铮的援引又担任国会议员，后又游幕于韩国钧和卢永祥府中。期许与现实之间的落差造成祁景颐不小的心理冲突。他在日记中写道："衰老日逼，学问无成，不禁郁闷，然自觉少读书明理，当扩吾之襟抱，兼求所以自立之道，徒自苦恼无益也。"（1923 年 5 月 5 日）

1924 年与友人餐叙时，李玗甫盛赞祁景颐，不过李氏也批评他"太好嬉游，否则早已飞黄腾达矣"。祁景颐对此引为知己之言。他在日记中反思说："回忆三十年来，少席门荫，问世最早，幼年孤露，先大父文恪公最所钟爱，弱冠读书，从金坛冯蒿盫师游，喜与名流往还，日下薄有时誉。先外王父高阳李文正公亦特垂爱，京朝贤士大夫，鲜不捧手，自先大父捐馆舍，遂以任

1　付晓霞、刘斌主编《20 世纪天津美术史料整理与研究》，天津人民出版社，2011，第 214 页。
2　王兴昀：《报里乾坤：北洋画报中的天津城市文化》，天津人民出版社，2017，第 141—142 页。

子出仕为郎官，时为文正效文字奔走之役，无三日不见召侍谈记甲午冬，文正再起，为枢密兼军务处，时恭忠亲王领其事，长白荣文忠公佐之，文正匪躬蹇蹇，不遑宁处，下值辄赁居东华门外酒家休止，余每日下午必谒侍谈，杂询外间各事，宾客谒者恒多不见，又因军务处事，恒命接洽，每入内谒恭邸，邸为先文端公上书房总师傅受业，荣文忠则与先文恪总角交，今为兵部曹长，时为燕见，辄命治事。庚子后，在西欧三岁归来，泗州杨文敬公抚东，招往治文书，文敬调直，多事皆命剖决。政革后，息影不出者数年。复辟时，合肥军起入都，吾友又铮上将佐之，引为宾客，居京师二年，庚申后，间居沽上，前年谋食而南为公署掾曹十八阅月，营此一差，中怀悒悒，无可言者。余天性豪迈，虽奇穷至困，亦不屑为寒相，近日评花赌酒，杂宾满室，依然三十年前承平公子故态。余老矣，轩眉昂首，强作解人，感旧伤时，聊为达者，言者无罪，闻者足戒，斯可已已。"祁景颐本人或许称不上在近代史上赫赫有名、左右大局的大人物，但是其家世背景让他对清末和民国的政情内幕都有独到的观察和见解。已经刊布的《餐谷亭日记》是晚清史学者常引用的史料，便可见一斑。

　　祁景颐曾见过张荫桓，认为张氏"遇人亦和平宽厚，而心机甚工，文笔雅饬，才足副之"。对于翁同龢、张荫桓、康有为的关系，祁氏也有看法，他说："康南海之进身，外传翁文恭所保，其实侍郎密荐也。"（1933年8月2日）清末朝廷舍张（百熙）用瞿（鸿机），他批评瞿氏"精密深刻，器局不甚恢弘，在政地无所表见，当时与长沙张文达同有枢要之望，率以文慎小心翼翼，舍张用瞿，其德望才识不及文达也"（1934年2月17日）。丁卯年八月二十二日（1927年9月17日）日记中写道："郑东甫诸君亦均相熟。端任督抚，调其三次，皆婉辞谢，以端之为人，轻浮少溪刻，不可共事，是真知端者。此公小有才，而以耳为目，好博优礼名士之名，狂妄无大臣度，言尤尖刻不留余地，在当时八旗人士少能读书能动笔已觉少见，盆成括小有才，其后卒以事败也。"此外，日记中也有不少讨论道、咸、同时代宫廷仪节、皇帝出行、宫廷赏赐的记录，对于晚清史研究相当有价值。

1906—1907年祁景颐在山东任巡抚杨士骧的幕僚。杨士骧（1860—1909），安徽清泗人，字莲府。光绪进士，选庶吉士，授编修，历任直隶通永道、按察使、江西布政使。1905年，代理山东巡抚。光绪三十三年任直隶总督。袁世凯小站练兵时提拔杨士骧、陈昭常、朱家宝、徐世昌、荣庆等，一方面是因他的翰林出身，另一方面也因为杨士骧是袁世凯母亲的侄子这一层亲属关系。[1] 不过，在日本记者眼中，杨士骧、杨士琦兄弟可谓轻薄无赖之人。[2] 1907年杨士骧继任直督，是袁世凯极力举荐及奕劻主持的结果。因杨既是袁世凯旧部，也与其有师生之谊。[3] 杨士骧也是李鸿藻的门人，对祁景颐多有照顾。不过，1909年6月28日，杨士骧在直隶总督任上去世。

祁景颐早年与徐树铮订交。他在日记中提到"吾友又铮"，可见两人关系密切。也曾回忆："又铮甫冠，游学来济，为余所介居段合肥幕中也。"（1932年1月2日）又如"又铮天才超迈，诗文以有性灵"（1932年4月12日）。再如，"己未春，又铮太夫人丧事时，到徐，曾一游览"（1924年3月15日）。因此，在政治上他亲皖，段祺瑞六十大寿时祁景颐命长子祁彦孺送去"葛相熏名垂宇宙，令公寿考是神仙"的寿联。1920年祁景颐息影津门，很可能是由于直皖战争后皖系的垮台。也恰恰因为和皖系的关系较近，他后来又追随皖系的卢永祥。卢永祥是山东

---

1 郭寿龄：《直隶总督杨士骧》，《江苏文史资料》第136辑，中国文史出版社，1999，第34页。

2 佐藤铁治郎：《袁世凯传：一个日本记者三十年中国、朝鲜生活札记》，吴小娟译，安徽人民出版社，2012，第228、231页。

3 关晓红：《从幕府到职官：清季外官制的转型与困扰》，生活·读书·新知三联书店，2014，第201页。

济宁人，1867 年出生，毕业于天津武备学堂，至淮军军中任队官。1895 年随袁世凯至天津小站筹建新建陆军，任兵官学堂教习、管带等职。在辛亥革命后为第二十师师长。袁死后，卢永祥与杨善德投靠段祺瑞，为皖系军阀在南方的骨干。[1]

与既存的历史叙述偏向南方新兴的革命力量不同，祁景颐的政治立场偏向皖系和奉系。祁景颐对段祺瑞晚年政治主张有不少独到的见解。祁氏在日记中写道："段合肥蛰居津门，久不言政事。近来对于外交问题，迭发意见，如中俄协定，则谓收回外蒙已成，今日之困难，中东路尤为紧要，正式会议时，万不可忽。金佛朗则谓万万不可承认德发债票。德发赔款则谓此项财款，参战得来，宜用以清还参战借款。最近对于威海案，又著《威案驳议》，痛责处理之不善。此老素不善文，此等笔墨，又不似左右幕客所为，洋洋巨制，意既质率，句亦艰涩，或此老有此愤慨，强自捉笔欤。"（1924 年 6 月 25 日）另一处他写道："章行严自海上来此，群意先由民党发言，而合肥坚欲自表，此老倔强犹昔。"（1924 年 9 月 12 日）可以说，段祺瑞倔强的性格跃然纸上。

与此同时，祁景颐对黎元洪的评价则相对较低。"在黎氏前次政变，已潜弃职。此次发言激越，态度强定，一闻警迫，竟不候驾而行，惴怯之状，贻笑中外，姑不具论"（1923 年 6 月 14 日），在北京发生了截车索印一事后，黎元洪南下。祁景颐在日记中写道："闻黄陂已抵上海，其来也有迎有拒。此公素无主义，无魄力。民党其不赞成。政学系为之犇走活动，意在利用，将来变化，虽未知至何程度，然于大局无利益，可断言也。并闻黎复有两令李印泉辞，以唐少川继，合肥代之。是真滑稽办法，恐

---

1 吴松宝：《卢永祥——皖系地方实力派主要人物》，合肥市政协文史资料委员会、阜阳市政协文史资料委员会编《皖系北洋人物》，安徽人民出版社，1993，第 83 页。

合肥决不受之，然苏省殆不免纷扰矣。此系沪上私电，所言如此。"（1923 年 9 月 11 日）他听韩国钧说"去年此间军长对于黄陂有优美条件。今年六月，黄陂南来，欲组政府，亦有表示。李印泉所策画，半属子虚乌有，江浙内容，直奉暗幕，言之甚详。"（1924 年 1 月 10 日）。

1923 年，听闻张勋过世后，祁景颐在日记中写道："张定武在津逝世，其人虽粗疏，颇为爽直，作事亦非朝秦暮楚者，昔年相熟，近十年未见矣。"与正史中脸谱化和标签化的叙述不同，日记使历史人物的性格重新浮现出来了。

第二次直奉战争前后，祁景颐恰好在江苏省省长韩国钧处做幕僚，这部分日记对于临城劫车案、金佛朗案、直奉战争前苏浙绅耆的和平运动、江苏地方税收、经济状况、匪患和齐卢之战等历史事件都有独到的观察。祁景颐穿针引线，对奔走于南北各政要之间以及 1925 年参加段祺瑞的临时执政的善后会议，日记中都有详细的记述。

北伐后，祁景颐虽然淡出政治，但是不少友人参与其中，因此他也了解政情内幕。他基本上是站在北方的视角来看南方革命力量的崛起，对于济南事变、中原大战、九一八事变等政治军事事件都有记载和评论。1927 年 6 月 8 日，祁景颐在日记中花了较长的篇幅讨论时政，当时北方情势暂缓，阎锡山已经在山西挂起了青天白日旗。"进而论各方之势力变迁，不在天时，专在人事。各方势力所尽之人事，溯其已往，为当然消长之经过，揣以将来，亦为当然进退之推测，无分新旧，亦无分南北。北方旧势力何以失败，南方新势力何以崛起，是在人之努力与不努力耳。意以为失败者固勿庸懊丧，崛起者亦不必骄矜。此时吾国民穷财尽，饥馑流离，倘各戢其欲壑，本诸良心，南北休兵，使垂尽之民生各保残喘。吾侪小民，宁有奢望，期勉兵匪之残暴，苟安锋镝余生即为幸事。若标榜主义以为造乱之谋，醉心武力以为逞欲之地，则一丘之貉，同炉而治，遑论新旧之孰功孰过。吾民可侮，自有不可侮者在，握有新旧势力者，曷一反省之耶。"

1927 年 8 月，自国民党二大以来一直居于权力中心的蒋介石突然宣布辞去国民革命军总司令职务，离职下野。[1] 祁景颐在日记中写道："昨传宁蒋到沪，通电辞职下野。南方局势一变，其原因固由于津浦战事损失甚巨，最大关系为对武汉束手。唐生智反对极力，李石曾与汪精卫交谊最笃，汪与胡汉民积不相能。李以蒋之用人为腐化，前次到汉，密与汪接洽，适蒋大败，内部发生变化，迫而不得不走。此后北方当局不可认为良好机会，看事太易，恐蒋去，宁汉实行合并，专力对北，其势殊不可侮。惟其中派别之分歧，军队之复杂，人心渐去，财力将竭，以为去一蒋即可团结一致径行，亦近梦呓。"（1927 年 8 月 15 日）

1928 年 2 月 25 日日记中写道："平心论之，民穷财尽，苛政如常，实觉难以支持聚敛，而来泥沙以用，二年来迄无报销，而敲吸未已，民怨沸腾，敛怨虐民，此间主之者亦实难却责耳。"九一八事变爆发第二天，祁景颐在日记中沉痛地指出："彼族久蓄侵略，一朝爆发，惊心动魄，祸在眉睫，亡不旋踵，思之痛心。近年政纲不纽，内战无宁，构衅所成，其来者渐，吾侪小民，真不知死所矣。"中国不亡于前清，不亡于军阀，而亡于国民党，这让祁悲愤不已。他对溥仪建立伪满洲国的举动感到羞耻，他说："惟托庇异族威权之下，无形为朝鲜第二，已属无聊，而攀附者流，方兴高采烈，得意忘形，可耻孰甚。"（1931 年 11 月 14 日）

1932 年 1 月 1 日，回首往昔，他在日记中感慨："今日为共和二十一年元日，回忆二十年一切种种，以迄于今，民穷财尽，国难当前，岌岌危亡，不日终日。新政府已成立，值此危急存亡之时从何着手，必应国家与社会一致团结，各负责任，踔厉

---

1 黄道炫：《关于蒋介石第一次下野的几个问题》，《近代史研究》1999 年第 4 期。

精神，抵御外侮，向机回应，收回失地。内以民治为归……使良善人民得安生活，徐图振发工商，整理金融，廉洁官吏，去私为公，努力将来补救过，未始不可由弱而强，由贫而富，然一党政治自居领袖者或隐或病，皆不明负责任，而暗中操纵，国方破碎，党更纷纭，今者登台诸人其经济学问，各人分量，人莫不知，责以整顿残破河山，吾人鳏鳏为虑，终不敢信果能救亡图存，使我庄严伟大之民族屹立于世界也。"

1932 年 1 月 6 日，上海各大学学生抗日救国联合会批评电张学良"以东北最高军事长官，未能尽军人守土卫境之天职"。1932 年汪精卫电张学良，指责其"放弃沈阳，再失锦州"。[1] 汪精卫促张学良下野，到 1933 年 3 月 20 日，张学良在保定与蒋介石会晤，最终不得不辞职。祁在日记中写道："平日东北豪宕自负，失地以来，节节不振，以至今日。"1933 年，九一八纪念日，祁景颐在日记中写道："国耻日重，哀痛弥深，而此二年中负责政府及与此重大事宜有特殊关系之当局，论内政依然麻木不仁，言外交犹是敷衍了事。"颓老的祁景颐可以说是束手无策，痛感丧失国土的愤慨，希望国民能在兵戈离乱的时代上下同心，力矫积习，努力自奋。

四　京津文人圈

祁景颐的表弟李宗侗对他的印象是"工骈体文，颇有师承"。[2] 祁景颐在京师长大，后从冯蒿庵读书十年。祁寯藻为冯

1　张友坤、钱进、李学群编《张学良年谱（修订版）》，社会科学文献出版社，2008，第 440 页。

2　《李宗侗自传》，中华书局，2010，第 41 页。

氏丙戌门下弟子，后做官各省。[1] 老师的文学素养和造诣深深地塑造了祁景颐的文学品味和格调。祁景颐在 1927 年 8 月 13 日的日记中写道："闻冯嵩盒师于初四日归道山，为之感恸，师为先大父丙戌门下弟子，余从师问业十年，后师作官各省，以后不恒见，壬癸在宁时，师往来扬沪，过宁必诣荫老，遂得时亲杖履，师与荫老多年至交，荫老于甲子秋仙去，今师又骑箕尾，感念平生知己之痛，遂不禁涕泗汍澜也。"1923 年 5 月 27 日，他在日记中写道："姚君叠山自芜湖来过访，昔年曾馆于余家，谈及其从兄叔节三先生久病状况，近年小有所积，尽耗于医药，意可闵也。"姚叔节即桐城派姚永概，祁家谁曾受教于姚永概，仍有待进一步考证。

乾隆时，祁家由山西寿阳迁居京师，到 20 世纪 30 年代大约一百五十年。不过，祁景颐三试不第，便从游西欧。日记所述的生活地点在南京、天津，当然还有去庐山、北戴河、苏州、扬州、杭州、上海等地的游记以及诗词唱和。祁景颐曾居北京四眼井老屋，对于承平旧闻掌故颇为知悉。日记中常常有北京和南京民俗的记录。在南京时，"上元令节，此处年例出会，万人空巷，观者倾城，殊有太平丰年之象"。"京中白云观年例，正月会场，五陵少年，鲜衣怒马，士女如云，观者若堵。"（1924 年 2 月 19、20 日）其中有不少游记，或是名川大山，或是都市小景，在其笔下不乏赏心悦目之处。例如，1924 年 2 月 11 日，他在日记中写道："北京海王村子元旦至月望，火神庙珠玉骈罗，卷轴阗溢，达官文士以及中外士女联翩而来。每年无日不到，珠钿华毂，珂马朱轮，夙日晴龢，流连不置。忆开天之盛事，记坊巷

---

1 冯煦（1842—1927），字梦华，号嵩庵，晚号嵩叟、蒿隐。江苏金坛五叶人。1882 年举人，1886 年进士。历任安徽凤阳府知府、四川按察使和安徽巡抚。辛亥革命后，居上海。曾创办义赈协会，纂修《江南通志》，工诗词骈文。

之游踪。"又如1927年中秋节后，"午饭罢，忽动游兴，到海光寺呼一小船，乘之往八里台。于时薄云翳日，微风袭裾，午潮乍兴，柔橹弥迅，丛苇半老残，荷尚繁，近带孤村，远襟浅渚，平畦一碧，俯映清溪，瞩此秋容足矜俊赏。南开大桥泊舟上岸，循河百步，过望海寺，断墙围碧，御碣剥丹，南入刘氏园，名曰留青松阴，遮迤清流，市围一探，即返。虽无丽景之足观，亦觉寻秋之不负矣。"

其日记中常常出现北京掌故的记载。例如，1928年3月24日中写道："偶捡故纸，有记琉璃厂一则，兹为录出。京师琉璃厂，明代官窑制琉璃瓦之地，旧址犹存。元时，为海王村。清初，尚不繁盛。乾隆时，始成市肆。骨董、书籍、字画、碑帖、南纸各肆麋集，于是为士大夫游览之所。每届乡会试放榜前一日，于此买红录，人以先睹为快。每年正月初一至十五日止，百货毕陈，谓之厂甸。合九城之地摊，皆聚于厂之隙地。厂东门之火神庙，珍宝、书画、骨董比肆陈列。凡王公、贵人、命妇、女媛无不至者，车马填塞。光宣之间，东西士女亦均荟止。此二百余年春明故也。其市肆主人每工应对，善酬酢，颇有读书、讲考据、娴习缋事之人，久与名流往还。德宝刘振斋山西太平人。居恒手一编，专考金石之学，曾著《化度寺碑图考》，洋洒数千言，几补覃溪之不足。又德宝主人李诚甫，亦太平人。其肆始于咸丰季年，资本仅千金，规矩严肃，出纳不苟，三十年如一日，今则逾十万金矣。诚甫精鉴别，金石古彝器，考订详博。陈簠斋、潘文勤、吴清卿、王文敏所蓄大半皆经鉴定。诚甫卒，其犹子德宣继之，亦如其在时。又永宝有关姓者，画山水专摹石谷，其精者几可乱真。又有袁春江专抚戴文节。售出甚多，为南皮张文达代笔。古钱刘，直隶人。袁回子，江宁人，收古钱专家，亦能鉴别金石。"

他记述的是清中叶兴起的古董、书记、字画、碑帖的海王村。海王村位于明朝官窑制琉璃瓦的地方，在东、西琉璃厂的中间，是文人雅士笔下的文化象征。海王村其实和科举制度的存在密切相关。顺天乡试后，士子多会在京城滞留几天，听候发榜。海王村也是文人雅士歌咏的对象。[1]除了古玩，还有书和画。有名的书肆则是宝森堂之李雨亭、李兰甫、谈笃生诸人。[2]小摊小贩也善于应酬和经营。德宝斋的大匾是克勤郡王所写，而对联是军机大臣翁同龢题写。咸丰、同治、光绪年间的金石学者多是德宝斋的常客。[3]刘振卿（1840—1913），山西襄汾人，进京应试未中，受雇于"德宝斋"古玩铺。精于鉴别法帖、印章，尤精书法。[4]李诚甫在咸丰九年（1859）开设了德宝斋，他也是有名的能鉴别古彝器的古董商人。[5]袁春江（袁占鳌）则是一位有名的画家，鉴赏书画有修养，收藏书画不少，装裱后开起古玩铺，结交书画界名人，切磋书画笔法意境，他的画笔生辉。他不善于经营，古玩铺关了，但他的山水画却出名了。[6]袁回子，是一位姓袁、来自南京的回民，其生平不详。到1917年，在海王村基础上修建了海王村公园。[7]

胡思敬曾说寿阳祁氏之书已有被典当入市者，或许可见祁家的衰落，但是这也是书籍流通的一部分。胡思敬写道："后数年，祖荫之书归翰文，彝荣之书归正文，物固未有聚而不散者。"[8]书法篆刻家张祖翼（1849—1917）感叹说，"及新学盛行，厂肆多

---

1 丘逢甲、易顺鼎、柯璜等文人士大夫皆有题咏海王村的诗句。

2 《西北视察日记》，第294页。

3 《襄汾李家在北京琉璃厂的德宝斋古玩店》，山西省政协《晋商史料全览》编辑委员会、临汾市政协《晋商史料全览·临汾卷》编辑委员会编《晋商史料全览·临汾卷》，出西人民出版社，2006，第185页。

4 杨如茂：《早期襄汾县在北京古董行的风云人物》，中国人民政治协商会议山西省襄汾县委员会文史资料研究委员会编《襄汾文史资料》第7辑，1992，第107—108页。

5 徐珂编辑《清稗类钞》（鉴赏类），第196页。

6 陈重远：《鉴赏述往事》，北京出版社，1999，第368—369页。

7 王世仁主编《宣南鸿雪图志》，中国建筑工业出版社，1997，第168页。

8 胡思敬：《国闻备乘》，第99页。

杂售石印铅板诸书，科学仪器之属，而好古之士，日见寥寥。此种商业与此种人物，皆成广陵散矣"。[1]可谓世运升降盛衰的结果，也折射出好古转向从新的时代风气对北京文化艺术生产与消费的塑造。祁景颐还记述了北京餐馆业随着政治中心的南移而衰落的情形，这也是饮食文化与政治变迁的互动。而祁景颐生活的时期恰恰是旧文化的没落与新文化的崛起的过渡时代。

1923年春节后，祁景颐从天津到北京看望三叔和四叔，与诸位在京好友聚会。以正月十六日为例，他在日记中写道："午至春华楼，昨与熙二、王大、姜六约聚于此，谈宴甚欢。饭后同至火神庙一游，购一棕精壶，两面刻女皇象、国旗的系乾隆作，甚有别趣。又至天乐观剧，王四、金仲仁《马上缘》、又宸《碰碑》，桂仙七郎颇佳，艳秋荣蝶仙《弓砚缘》，唱工甚佳。匏公极称艳秋善于行腔，有立音，果大进于昔时。又至一炒肝铺吃炒肝，极美。到兵马司中街沈羹梅家，傅沅叔、熙宝臣、张孟嘉、朱幼平、彦明允、张庚楼、单伯宣、邵幼实诸君同坐，手谈一局。"前一天他同傅沅叔、王叔鲁、姜六在春华楼吃饭。这一天饭后他们到火神庙游览。这里的匏公是他的好朋友魏匏公，即书法家魏铁珊，精通史籍声韵碑帖，与名伶交往甚密。他们晚上到沈羹梅家吃饭，同坐者有傅沅叔、熙宝臣、张孟嘉、朱幼平、彦明允、张庚楼、单伯宣、邵幼实。沈羹梅乃沈应奎，浙江人，陈衍的弟子，与张允亮友善，二人常相偕游书肆，所购甚多，家藏书颇丰富。傅沅叔乃傅增湘，进士，翰林院庶吉士，教育总长，藏书家。张孟嘉，对山水画颇有研究，收藏家，主编《画学月刊》，是张伯驹太太潘素的老师。彦明允也是藏书家，民初政府的堂会的提调，他还是北海公园的董事。朱翼盦（翼厂）（1882—

---

[1] 张祖翼：《海王村人物》，秋禾、少莉编《旧时书坊》，生活·读书·新知三联书店，2005，第272页。

1937），字幼平，浙江萧山人，乃近代著名的古籍、碑帖、字画鉴定专家，毕业于牛津大学，辛亥后任财政部参事。张庚楼，毕业于京师译学馆，精于陶瓷美术、版本目录。邵继全，字幼实，出身福建盐商闽侯邵家，是历史学家邵循正的父亲，他的另一个儿子娶了张家女儿，是张爱玲的堂表姑。言检斋、沈夔梅、张庚楼、张孟嘉等是译学馆的学生，也都是戏迷，对传统的书画诗词有相当造诣。能成为交游的对象，可见他们思想与生活世界的交织，祁景颐恰恰就是他们的一员。

一方面祁景颐作为名门之后，另一方面也由于他个性喜交游，因此日记中常常出现文人与政要。1935 年，傅增湘曾偕祁景颐、白栗斋、林子有诸君同游居庸关。[1]傅增湘曾为民国教育总长。白廷夔，字栗斋，满族人，清末为候补道。林葆恒，字子有，为林则徐侄孙，也是有名的词学家。能同一起结伴出游说明他们私交之厚。

此处再略举几位日记中常常出现的人物，来呈现祁景颐朋友圈之大。江南友朋包括江苏省署秘书长张云老、曾任农商部司长淮安田桂舫、早年投身革命的山西人何亚蕤、曾任安徽督办的姜登选、书法家吴承甫、卢永祥之子卢筱嘉、国务院秘书长方立之、名士叶浩吾之子叶少吾、吉长铁路局总办孙章甫等。京津朋友圈包括曾任民初临时参议院议员邓守瑕、革命党人张继、银行家徐新六、书法家魏匏公、靳云鹏内阁财政总长李伯芝、曾任财政总长的王克敏、清末重臣沈桂芬孙沈夔梅、画家张孟嘉、安徽孙氏家族的孙陛甫、朱凤标曾孙收藏家朱文均、李香雪之子李小石、浙江瓯海道尹赵椒圃、淮北盐道副使段士璋、江西黎川陈氏后人陈灏一、内务部职方司长殷铁庵、实业家袁涤庵、张之洞十子张燕卿等。可见，祁景颐公谊和私交范围跨越政界、军界、商

---

1 傅增湘:《藏园游记》，印刷工业出版社，1995，第 7 页。

界、文人以及后文将会提到的戏剧界。不过，他日记中对同一个人有时称字，有时称号，需要耐心解锁才可能通过这个友朋网络，重建他们把酒畅谈、品诗作画、品烟下棋的生活世界。

祁景颐一生酷爱听戏，几乎天天听戏，品戏、评戏是他日常生活的一部分。这或许安抚了他壮志未酬的孤寂。庚子以前，读书的规矩人不与戏界来往，官员就更加谨慎。但是来京会试各省的举人，经丞书办人等，内务府人员，不规矩的大员子弟，炉房、大银号的掌柜等多与戏界人来往。[1] 梅兰芳、余叔岩、程砚秋、杨小楼、朱素云、王又宸、谭富英、裘桂仙、姚玉芙、姜妙香、王凤卿、荀慧生、郝寿臣、周瑞安、王长林、陈德霖、高秉奎、王楞仙、程继仙等人的名字常常出现在日记中。

祁景颐的日记还再现了民国文人诗词书画的世界。品鉴、收藏、抵押、赎回等既是人的历史也是物的历史。既是朋友来往，也体现了书画作品的流通与传播。例如，1928 年 10 月 4 日，"饭后出门，过李崟闇一谈，观其作画"。又如 1928 年 3 月 22 日，"大罗天集萃，见张小蓬蔬果小幅，极生动有致，携回一赏。小蓬名槃，清苑人，同光时以小吏官于山东，善写生，设色鲜艳，小品最工，惜家数小，未能成名家耳。此幅画蔬果十三品，栗、樱桃、石榴、莆萝、莲蓬、藕瓜、菱角、芦菔豆、白菜、芋菌，栩栩欲活，可供清赏"。天津的大罗天是一座花园式综合游艺场，位于今天鞍山道与山西路交口西南侧，为 1916 年广东籍商人何伯英投资兴建。1917 年转手给清朝末年天津海关道台蔡绍基，委托崔星五经营。20 世纪 20 年代中期达到鼎盛。在津的朝野名流、军政要员、豪绅巨贾无不以来此消遣为乐。1925 年，游艺场内又增设了一个古玩市场，生意异常火爆。[2] 此处，祁景颐所

1　齐如山:《齐如山回忆录》，中国戏剧出版社，1998，第 338 页。

2　周利成:《津门掌故》，天津古籍出版社，2014，第 100—101 页。

欣赏的蔬果小幅是张小蓬（1812—1890）所作。张小蓬是直隶定兴人，官山东武定同知。工篆、隶，放情诗酒。余事作花鸟。备极精能，亦能山水。[1]张小蓬与萧绍庭、林纾、姚士凤、罗叔言、王静庵诸名士相友善，他的画作被收入《中国近现代绘画精选集》，可见其仍被后人认可。[2]

1928年3月26日，祁景颐造访李季于，"观其新得廉州山水八开，仿宋元，有题字、印章而无款。殆夫群者，精美无偷。南皮张渊静中丞所藏，近经陈任先经手，以千四百元得之。谛观良久，爱不忍释"。此处的廉州是指清初四王之一的王鉴（1598—1677）。他是江苏太仓人，明朝著名文人学士王世贞之曾孙，受教于董其昌。崇祯六年举人，后任廉州太守，故又称为"王廉州"。以山水画成名的他，还富藏古今名迹，精于鉴赏。受董其昌绘画思想的影响，崇尚以南宗为主的传统，并能融合北宗画学。摹古功深，笔法非凡，过去因其籍贯被视为"娄东画派"，近年有学者从其创作旨趣，将之列为"虞山画派"。[3]

1928年4月12日日记中写道："又见顾子山款山水人物各八小条，皆道咸小名家，其中如汪叔明、潘星斋、秦宜亭，皆精。问之。索价八百元。可谓荒谬矣。"潘星斋乃潘曾莹（1808—1878），江苏吴县人，道光进士。咸丰时官至礼部左侍郎。书学米芾、赵孟頫；画以青藤为宗；工诗词，尤长史学。无锡秦谊亭，山水师黄大痴、吴仲奎，由四王入门。秦谊亭、汪叔明、张士保曾在松筠庵（杨椒山祠）组织画社。吴大澂、顾若波、胡公寿、倪宝田、秦谊亭等组成萍花社书画会，是晚清画派中的"萍花九友"。

1　张鸣珂：《寒松阁谈艺琐录》，丁羲元点校，上海人民美术出版社，1988，第129页。

2　金哲主编《中国近现代绘画精选集》，河北教育出版社，2000。

3　山西博物院、上海博物馆编《虞山画派书画精品集》，山西人民出版社，2015，第31页。

1928 年 4 月 29 日："到傅越凡家，访何祉延，谈赵季华所藏
禹鸿胪画《渔阳小照》、《灞桥诗思图》、黄勤敏为徐廉峰翰林画
《憶壶园图》两卷子。前年曾由张乐蓥夫人议价，未谐。赵君与
何君同事，故挽何再为关说也。余爱此两卷，思之不置，以时事
及余之财力论，皆不必以此时购玩好之物。然不得，则中心若有
所失，甚矣嗜好之足扰清明也。"此处的黄勤敏乃黄钺（1750—
1841），安徽芜湖人，历任乾隆、嘉庆、道光三朝，是著名的教
育家、画家和艺术评论家。徐廉峰乃徐宝善，歙县人，1820 年
庚辰科进士。授编修，历官御史。曾与梅曾亮、黄爵滋组织"江
亭消夏"聚会。徐宝善、黄爵滋的"春禊圈子"和梅曾亮的古文
圈子与桐城派成为全国性的团体有密切关系。[1] 若能耐心通读整本
日记，对祁景颐眼中的书画流通和艺术世界会有更深入的了解。

祁景颐本人也是书法家和诗人。朋友邀请祁景颐为书画作品
写题跋也说明他的书法被时人所欣赏。通过祁景颐日记可以构建
一个男性的文人朋友圈，亦可见戏曲、诗、词、书、画对个体情
感寄托的重要意义。那么，在巨变的近代中国，文人生活究竟如
何延续与转变也是非常值得研究的议题。

余 论

北伐后，祁景颐淡出了政治世界。他与妻子、儿女、媳妇、
叔父、姑母、舅父的交流和交往真实地再现了民国世家生活的
风貌。家庭聚会、婚丧礼节是民国社会史研究的宝贵资料。若
与其曾祖、祖父的资料进行比较研究，或许可以大大深化我们

---

1 **魏泉**：《士林交游与风气变迁：19 世纪宣南的文人群体研究》，北京大学出版社，2008，
第 32 页。

对于近代中国波澜壮阔的历史进程中的家庭生活的变迁的认识。从纵向的代际关系看，家庭在祁家四代人的人生履迹中扮演了怎样的角色以及他们四代人的家庭观念发生了哪些变化都是值得进一步探讨的问题。

晚年寓居天津时祁景颐不堪寂寞，几乎天天过着造访友朋、下棋听戏、赏景游览、写字品字的生活。他早年有吸鸦片的习惯，晚年屡次戒除，但都以失败而告终，他常常慨叹自己衰年无学。有时也感慨"竟日未出门，颇得静趣。余幼年颇能读，记忆亦强，中年而后人事牵率，学殖久荒。近年息影杜门，亟思研读"（1928 年 1 月 28 日）。

随着家境的没落，他眼中的自己也从世家子弟越来越倾向于"吾侪小民"，对政治和社会的左右只能仰仗年轻一代了。那时他的幼子祁彦孜在清华大学读书，九一八事变之后，学生躁动不安，其子亦去南京请愿。他在日记中写道："彦孜前有信言校中开会议决全体赴南京请愿，不能不去，不去以旷课论。近日潮流，学生借此颇有轨外举动，于事无益，徒长嚣张。吾家学生无从制止，只有听之而已。"（1931 年 12 月 8 日）代际关系的转变还表现在父辈经济状况的下降。他在日记中写道："上月廿九日自燕安里移居泰华里一号，大儿彦孺所赁居也。眷幼迁一楼底小屋，艰窘不支，不得不为减缩办法，不图垂老每况愈下，未能安居乐业，度此衰年，乃依子舍就食，心绪烦郁，迄无可言，亦之委心任运而已。"（1934 年 11 月 7 日）

虽然前文分几个部分来介绍祁景颐的生活世界，但是他的生活世界是一个整体，没有阶段性的先后次序，是融为一体的人生履迹。他做幕僚时，闲暇就是听戏、看电影、游赏、写诗、酬酢、品鉴书画等。这些互相镶嵌在一起的片段共同组成了他的生活，虽然各个时期的重心可能略有不同。日记的记录是片段的，并非连贯的，只有将日记史料放在近代中国变化的大脉络中，这些记录才有更丰富的意义和价值。

　　此外，日记中还有几个部分内容比较丰富，其一为聚餐的记述。餐桌可以谈情，也可以谈事，如何坐、吃什么、怎么吃都是有意义的史料。例如个人生日宴会、庆祝父母生日的堂会、年节同人的聚餐等。这些记录和叙述为我们呈现了一个成年男性所组成的友情世界。他们通过怎样的方式编织这张人际网络是非常值得探讨的问题。其二，日记中又很多品鉴书画的记录，或许连贯起来可以构建出祁景颐书画过眼录，但是这方面还需要专业的艺术史训练。其三为风景的记录。日记中有大量寄情山水、咏物抒情的诗文。这部分资料相当之多，和谁旅行、如何游览以及为什么花了这么大篇幅记录下来。换言之，旅行对于文人意味着什么？这些问题也时时提醒笔者深入研究的可能性。其四，他阅读的兴趣非常广泛，包括小说戏曲、史书和名人日记。《曾文正公日记》《越缦堂日记》《翁同龢日记》《瞿文慎日记》常常是他夜半捧在手边的读物。从阅读史角度来看，若能细心解锁或许亦可折射时代风气的转移。总之，相信这部日记的出版将会为晚清史、民国史、近代戏剧史等领域的专家和学者提供一套有价值的参考资料。

2022 年北京史研究综述

操宇晴 [*]

　　2022 年北京史研究在延续重视现实、关怀传统的同时，不断探索跨朝代、跨学科的贯通性研究。本文对 2022 年北京史研究的主要成果略做考察，不当或疏漏之处，尚祈专家指正。

一　考古、文物

　　考古与文物研究是北京史研究的传统议题，本年度相关领域也取得不少高质量的研究成果。

　　墓葬的发掘与研究方面。张利芳的《西晋至北朝时期北京地区墓葬变化的考古学观察》，探讨了西晋至北朝时期北京地区墓葬中出现的诸多不同于汉魏时期该地区汉人墓葬的新特征及出现变化的主要原因和影响。[1] 戤征、卜彦博、刘风亮的《北京顺义区平各庄村唐墓发掘简报》指出，2018 年 9 月，北京市文物研究所在顺义区平各庄村东侧发掘 3 座墓葬，根据墓葬形制以及随葬品的器形推测墓葬的年代为唐代中晚期。[2] 北京市考古研究院的《北京通州翟各庄辽墓考古发掘简报》指出，2019 年 5 月至 7 月，在配合建设项目进行的考古勘探中，发现了 2 座辽代砖室墓（分别编号 M29、M30）。根据墓葬形制和出土

---

*　操宇晴，北京市社会科学院历史研究所助理研究员。

1　张利芳：《西晋至北朝时期北京地区墓葬变化的考古学观察》，《中原文物》2022 年第 4 期。

2　戤征、卜彦博、刘风亮：《北京顺义区平各庄村唐墓发掘简报》，《北方文物》2022 年第 2 期。

器物判断，分别为辽代晚期和辽代中期。两墓出土的白瓷净瓶在北京地区发现较少，为研究辽代通州地区的丧葬文化提供了新的资料。[1] 张玉妍、刘浩洋、屈红国的《北京市朝阳区崔各庄乡南皋村明清墓葬、道路发掘简报》指出，2020 年 11 月，为配合北京市朝阳区崔各庄乡南皋村基础建设工程开展，北京市考古研究院对项目范围内勘探发现的墓葬及道路遗迹进行了发掘。此次共发掘探方 15 个，发现明清墓葬 4 座、清代道路4 条。[2]

出土器物研究。孙勐的《北京出土汉晋时期铜镜概说》认为，这一时期的铜镜分为西汉中晚期、东汉早中期、东汉晚期、魏晋时期四个发展阶段。不同历史时期随葬铜镜现象差异，一定程度上反映了北京的社会状况，墓主人及家庭的财富、地位以及作为日常生活实用器时铜镜在本地区的拥有量，北京与铜镜原产地间的流通与运输等因素的影响与变化。[3] 董坤玉的《北京地区出土墓券与券台特点研究》，搜罗北京地区已发表的有关 52 方墓券（含51 方买地券与 1 方镇墓文）与 30 座券台的资料，并对其特点进行初步归纳分析。[4] 孙勐、冯双元、韩鸿业的《北京海淀玲珑巷明清宦官墓地出土瓷器》指出，该墓地共出土明清时期瓷器 37 件，器形均为罐。其中，明代瓷器 34 件。[5] 刘妍、申红宝的《简述北京地区明代太监墓出土玉带》，对北京地区已知明代太监墓出土

---

1 北京市考古研究院：《北京通州翟各庄辽墓考古发掘简报》，《文物春秋》2022 年第 6 期。

2 张玉妍、刘浩洋、屈红国：《北京市朝阳区崔各庄乡南皋村明清墓葬、道路发掘简报》，《北京文博文丛》2022 年第 1 期。

3 孙勐：《北京出土汉晋时期铜镜概说》，《博物院》2022 年第 2 期。

4 董坤玉：《北京地区出土墓券与券台特点研究》，《北方文物》2022 年第 1 期。

5 孙勐、冯双元、韩鸿业：《北京海淀玲珑巷明清宦官墓地出土瓷器》，《文物》2022 年第12 期。

的玉带做简要梳理，为相关研究提供借鉴与参考。[1]董粉和、邢鹏的《墓志所见明代公主的丧葬礼仪》考察了首都博物馆收藏的 8 合北京地区出土的明代公主（含长公主与大长公主）墓志，认为嘉靖时期公主墓志出现装饰纹络，说明嘉靖年间的社会及墓葬文化正在发生着变化。[2]

城址与其他考古发掘。陈平、孙勐的《北京市通州区路县故城遗址十三号水井（J13）考古发掘简报》指出，2020 年北京市考古研究院在路县故城城郊遗址区的东南部清理木构水井（J13）一口。J13 为北京地区首例战国、西汉木构水井实物与木构建筑遗存，也是北京地区考古出土陶文最多的一处遗迹。[3]王照魁、武仙竹、封世雄、孙勐的《北京路县故城遗址 T3003J4 出土的褐家鼠遗存及其情境分析》，通过动物考古和"情境分析"的结合，再现和解析了"光武中兴"之前路城对峙战的重大历史转折，是考古工作活化和再现历史场景的重要探索。[4]曾祥江等的《北京通州小圣庙遗址与北京运河故道考古发掘简报》指出，北京市文物研究所于 2018 年 11 月至 2019 年 1 月对通州区永顺镇小圣庙村及张家湾镇上马头村部分区域进行了较为全面的考古调查、勘探与发掘，发现清代小圣庙基址 1 处、北运河故道 1 段和清代墓葬 10 座。[5]

1　刘妍、申红宝：《简述北京地区明代太监墓出土玉带》，《收藏与投资》2022 年第 5 期。

2　董粉和、邢鹏：《墓志所见明代公主的丧葬礼仪》，《中州学刊》2022 年第 6 期。

3　陈平、孙勐：《北京市通州区路县故城遗址十三号水井（J13）考古发掘简报》，《中国国家博物馆馆刊》2022 年第 12 期。

4　王照魁、武仙竹、封世雄、孙勐：《北京路县故城遗址 T3003J4 出土的褐家鼠遗存及其情境分析》，《第四纪研究》2022 年第 2 期。

5　曾祥江、魏然、董文印、李清娥、王宇新、张旭、孙勐、刘风亮：《北京通州小圣庙遗址与北京运河故道考古发掘简报》，《运河学研究》2022 年第 1 期。

二 文化、民族

古都文化仍是目前北京史研究关注的热点问题，学者们在北京中轴线、三山五园、大运河、西山永定河文化带、北京地名、都城治理、民族关系等方面均展开深入的讨论。

在北京中轴线方面。北京中轴线申遗工作正在稳步推进，学者围绕北京中轴线的价值、概念的提出与意义等问题展开深入的讨论。王岗强调北京城是三个文化带的核心，而中轴线则是北京城的核心。[1] 张勃认为北京中轴线概念的提出是 20 世纪三四十年代以梁思成为代表的学者们发现中轴线之实，并"取实予名"不断发展的结果，具有重要意义。[2] 李斌等强调 700 多年来，北京中轴线见证了中华文明的源远流长、赓续不绝，也见证了十年来大国首都的与时俱进、历久弥新。[3]

在三山五园方面。刘仲华通过梳理民国时期圆明园所经历清室内务府、清理园产事务所和圆明园遗址保管委员会等阶段的管理状况，分析时人对圆明园遗址文化价值的重构历程，进而展现圆明园从废墟到遗址，再到爱国主义教育基地的曲折历程。[4] 王开玺对近年有学者阐述的"三山五园"新说提出商榷意见，认为"三山五园"这一历史名词的具体指代，不但有狭义与广义之别，且有其史料及图绘画作的依据。[5] 李自典认为，圆明园特殊的社会政治地位，决定了清王朝对其安全保卫工作甚为重视，除了加强

1　王岗：《北京中轴线述要》，《北京地方志》2022 年第 2 期。

2　张勃：《北京中轴线概念的提出及意义》，《北京社会科学》2022 年第 9 期。

3　李斌、鸟梦达、陈钟昊、罗鑫：《北京中轴线的新生》，《瞭望》2022 年第 39 期。

4　刘仲华：《民国时期圆明园的沉浮及其价值重构》，《安徽史学》2022 年第 3 期。

5　王开玺：《"三山五园"说新辨》，《安徽史学》2022 年第 3 期。

兵力部署外，管理也很严格，由此形成一整套严密的护卫制度。[1] 郑艳以圆明园的历史为切入点，将圆明园置于清代历史大背景下来考察，从整体上把握清代历史的全貌，进而分析清代社会由盛转衰的历程。[2] 项旋探讨了 20 世纪 30 年代圆明园遗物文献展览会和遗址保管委员会的工作及成效。[3] 李自典以管理颐和园事务所为中心，探究了民国时期颐和园的管理状况。[4] 张鹏飞通过分析样式雷图，清宫颐和园档案及相关文献，考察了畅观堂的历史变迁。[5]

在大运河方面。王建伟认为，在中国，运河的发展也是一部政治演生史，其兴衰是影响历史进程的关键环节。北京从一个北方地区的边地军事重镇，至元代跃升成为大一统王朝的政治中心，随后的明清两代仍然保持国都地位，这期间运河发挥了关键作用。[6] 郭军连、刘小萌认为，清代北京"二闸"一带的兴起和繁荣，对古城北京的城市变迁及人文历史都产生了重要影响，揭示出清中期这一地带的繁荣有着深厚的时代背景和地域因素。[7] 白云敏指出修建于元朝的北京通惠河，展现了七百多年前北京漕运的繁荣，水运的发达。[8]

在西山永定河文化带方面。李诚指出，南北向延展的西山与自西北向东南流淌的永定河，构成了山水交互的天然形胜，共同为辽金以来建都北京的宏图伟业奠定了地理基础，也为人类活动

1　李自典：《清代圆明园护卫》，《北京档案》2022 年第 5 期。

2　郑艳：《圆明园与大清兴衰》，东方出版社，2022。

3　项旋：《民国时期圆明园遗址保护与文物展览考论》，《北京史学》2022 年春季刊，社会科学文献出版社，2022。

4　李自典：《民国时期管理颐和园事务所述论》，《北京史学》2022 年春季刊。

5　张鹏飞：《从清宫图档看颐和园畅观堂历史变迁》，《北京史学》2022 年春季刊。

6　王建伟：《运河与北京政治中心地位的确立和巩固》，《北京社会科学》2022 年第 10 期。

7　郭军连、刘小萌：《清代北京"二闸"考记》，《北京社会科学》2022 年第 5 期。

8　白云敏：《元代北京通惠河的开凿》，《北京档案》2022 年第 5 期。

上演波澜壮阔的史诗大剧提供了广阔舞台。[1]陈光鑫指出，随着近代考古学的兴起，早期人类在永定河流域及西山一带的活动踪迹逐渐进入我们的视野。泥河湾、东胡林等地的新发现和早已闻名世界的周口店遗址等，都是关乎人类起源和中华文明源头的重要考古成果，见证了这条华夏文化根脉的起源和勃兴。[2]许辉强调，京西古道、卢沟古渡等穿越西山永定河区域的各种山道、水道及渡口，形成了独特的由山水架构的交通网络，对日后北京发展成为政治文化中心发挥了基础性作用。[3]靳宝认为，西山因与永定河浑然一体，使得西山永定河流域自古便成为中原农耕民族与北方游牧民族的杂居区和中原农业经济、农业文化与北方游牧经济、游牧文化的交错带。在这样的自然环境与人文历史背景下，不同民族间的冲突与融合，不同文化间的碰撞与交流，成就了西山永定河文化带的鲜明特色。[4]郑永华指出，北京西山永定河地区既有龙脉绵延、风景秀丽的壮丽山水，也孕育了丰富多彩、和谐共生的寺庙文化，在古都文化的形成过程中，发挥着不可替代的历史作用。[5]张建斌强调，永定河是北京的母亲河，正是它为北京城市发展提供了源源不竭的水源、木材、能源，沟通了南北交通，促进了各民族的文化交流，见证了北京城的成长壮大。[6]孙冬虎指出，京师右臂西山与北京母亲河永定河，构成了山水相依的地理格局。特色物产与主要产地的名称彼此关联，无形中变为社会认同的质量保证和信誉标志，不少山岭沟谷或乡村聚落甚至直接以本地的某种物产为名。经过古往今来的不断积淀，逐渐化作区域

1　李诚：《永定河出西山 碧水环绕北京湾》，《前线》2022 年第 2 期。

2　陈光鑫：《泥河湾东胡林 沿河走来北京人》，《前线》2022 年第 3 期。

3　许辉：《燕山雪太行陉 雄关漫道古渡晓》，《前线》2022 年第 4 期。

4　靳宝：《山为屏河为道 民族交融塑古都》，《前线》2022 年第 5 期。

5　郑永华：《寻幽探胜京西麓》，《前线》2022 年第 6 期。

6　张建斌：《水清木华润京城——永定河与北京城市发展》，《前线》2022 年第 7 期。

历史文脉的载体。[1] 王洪波认为，从早期对永定河自然河道的利用，到金代开凿金口河，打通海淀台地，再到元代大规模改造京西水系，一系列漕运通航的探索实践蕴含了人们尊重自然、利用自然的科学思想以及勇于探索、百折不挠的民族精神。[2] 张艳丽讨论了永定河生态环境的变迁、历史上对永定河的治理以及新中国成立后永定河的生态修复等问题。[3]

在北京地名方面。杨萧杨讨论了元明时期北京海淀附近的地理环境，认为明万历以前海淀聚落附近并不存在较大的湖泊，当时的记载也多作"海店"，未出现"海淀"这一写法。海淀聚落最早的名称应作"海店"。万历以后，文人们才使用了"海淀"这一名称，并逐渐取代了最初的名称"海店"，"海淀"成了约定俗成的法定地名。[4] 马宝民考察了清末民初北京歌谣的地理叙事，认为从北京歌谣地理意象的跳跃性、地理蕴含的多义性和文化空间的交错性，充分体现了北京城立体的、层叠的人文景观。[5]

在都城治理方面。阚红柳的《康熙朝北京"一宫多苑"格局的确立与皇权政治》，认为自康熙朝奠基之后，一宫多苑主导着清代北京的城市格局，并深刻影响了皇权政治。[6] 孟祥晓的《明清卫河流域砖窑烧造及其对环境的影响》，认为砖窑业的繁荣不仅使提升城镇防御能力成为可能，亦带动了沿岸城镇经济的快速发展，但砖窑和陶窑的大量生产需要数量庞大的土和燃料作为支撑，因此砍伐森林植被、破坏田地及山区生态环境的现象愈加严

1　孙冬虎：《物阜名高文脉长》，《前线》2022 年第 8 期。

2　王洪波：《漕船结队城下过》，《前线》2022 年第 9 期。

3　张艳丽：《清泉变浑河 无定到永定》，《前线》2022 年第 12 期。

4　杨萧杨：《元明时期北京海淀附近的地理环境——兼论"海淀"之得名》，《北京社会科学》2022 年第 10 期。

5　马宝民：《清末民初北京歌谣的地理叙事》，《北京社会科学》2022 年第 7 期。

6　阚红柳：《康熙朝北京"一宫多苑"格局的确立与皇权政治》，《清史研究》2022 年第 4 期。

重,对卫河流域乃至华北平原的生态环境产生诸多负面影响。[1]

在民族关系方面。宗喀·漾正冈布、杨才让塔的《从安多、卫藏、北京、蒙古到五台山:松巴班智达的社会与学术活动及对沟通藏汉满蒙文化的贡献》,指出松巴·益西班觉在佛教哲学、佛教史、藏蒙地方史、传统地理学、文学艺术、天文历算及藏蒙医学等领域都有卓越建树,是中古晚期传承保护发展优秀民族传统,沟通藏汉满蒙文化,促进民族及族群间交往交流交融的典范。[2]王倩认为,中国共产党会积极组织少数民族代表赴京参加国庆活动,代表们通过参加接见宴请、观礼阅兵、献礼献旗、走访参观等形式多样的国庆仪式,推动了新型民族关系的发展。[3]

三　政治、经济、社会

政治、经济、社会等是北京史研究的重要议题,相关研究持续深入。

在政治方面。吴文浩讨论了《民四条约》的效力与北京政府的主张,认为一战后,国际法处于从传统向现代发展的过渡阶段。北京政府敏锐注意到国际法的发展趋势,尝试运用国际法中关于条约有效性的诸学说,探索废除《民四条约》的可行性。[4]周海建指出北京政变之后,总统、国会逐渐被边缘化,内阁成为

1　孟祥晓:《明清卫河流域砖窑烧造及其对环境的影响》,《北京社会科学》2022 年第 4 期。

2　宗喀·漾正冈布、杨才让塔:《从安多、卫藏、北京、蒙古到五台山:松巴班智达的社会与学术活动及对沟通藏汉满蒙文化的贡献》,《西藏大学学报》(社会科学版)2022 年第 3 期。

3　王倩:《新中国成立初期少数民族代表赴京参加国庆活动探析》,《云南民族大学学报》(哲学社会科学版)2022 年第 1 期。

4　吴文浩:《论〈民四条约〉的效力与北京政府的主张》,《抗日战争研究》2022 年第 2 期。

北京政府唯一的中枢决策机构。复杂的政团斗争破坏了内阁摄政或执政的信任基础，影响了北京政府行政机制的连续性。内阁政制的复杂性与军阀间的矛盾交互影响，导致了民初政制体系的消亡。[1] 王建伟指出，1928 年京津易帜，北京纳入南京国民政府的行政版图，"国都"地位不再，南京成为新都。国民党人继续沿用了先前的话语策略，大力抨击北京作为帝制余孽、官僚巢穴、腐败温床的身份与标签，并建立起"国都"与"国运"的逻辑关联，北京被定义为"中华民族衰落的中心场"，南京则是"近代中华民族复兴的纪念地"。国民党人形成的这套北京论述既是一种主观认知，也是一种主动建构，背后具有鲜明的政治意旨。[2] 李在全认为，1924 年 11 月冯玉祥等人驱逐溥仪出宫，以完成辛亥革命"未竟之功"，此后清室成为革命阵营的"攻伐"对象。在这一过程中，以孙中山为首的国民党人是重要助推力量。[3]

在经济方面。陈喜波、王亚男认为，元太宗时期，燕京漕运继承了金代漕运制度，采用按依限次之法将漕粮运至通州，利用金代旧漕河运至元大都。元世祖时期，实行漕粮海运，在大都地区创立接运制度，设置接运管理机构专门负责漕粮运输。最初利用坝河转运至大都，随后开凿通惠河进行转运，皆是创举，提升了漕运效率。[4] 高福美考察了清代京城不断蔓延的私酒现象以及未能禁绝的原因，认为屡禁不止的私酒烧造与运销，不仅是崇文门税收缺漏的重要原因，甚至作为另外一种"市场表达"而成为清代京城烧酒贸易的重要构成。[5] 迟云飞、丁高杰的《铁路开通与

1　周海建：《内阁政制与北京政变后的北洋政权代谢》，《清华大学学报》（哲学社会科学版）2022 年第 4 期。

2　王建伟：《1928 年京津易帜与国民党人的北京论述》，《安徽史学》2022 年第 2 期。

3　李在全：《1924—1925 年孙中山北上京津与逊清皇室的反应》，《史林》2022 年第 1 期。

4　陈喜波、王亚男：《元大都漕运问题新探》，《中国历史地理论丛》2022 年第 3 期。

5　高福美：《清代京城私酒考论》，《历史档案》2022 年第 3 期。

晚清北京官员出行——以〈徐世昌日记〉为中心的观察》，认为铁路的利用直接影响了晚清政局，铁路的利用改变了官员的政务模式，并改变了人们的生活。[1] 王显国的《清末民初北京地区银元的兴起、盛行及其原因》，通过对清末民初北京地区房地契约及相关文献的分析，探讨了该地区银元的流通情况及影响因素，认为北京地区银元的流通经历了缓慢起步、逐渐盛行的过程。[2] 周云瑞、罗平汉指出新中国成立初期，由于新旧矛盾交织，北京市失业问题较为严重，为解决失业问题，北京市适应经济发展需求与民众就业需求，不断调整失业救济政策，扩大失业救济范围。[3]

在社会风俗与社会治理方面。刘卓的《民国纸媒中的风俗画——〈北洋画报〉连载陈师曾〈北京风俗画〉册页的若干史料钩沉及分析》，认为借助于现代大众读物《北洋画报》这一新兴媒介，陈师曾《北京风俗画》曾以连载的形式刊行于世，在 20世纪二三十年代的华北地区得到广泛传播。兼具传统文人与新式知识分子双重身份的陈师曾，在绘制《北京风俗画》时深受"到民间去"这一文化思潮的影响，以极具现实主义色彩的、平民化的风俗画题材回应了"眼光向下"的现代性命题。[4] 杨天宏的《"大革命"前夕的社会心理变动——基于北京大学 25 周年校庆民意测验的分析》，指出现行国会、新颁宪法、当选总统，均遭到多数受调查者否定，内政上的"弃北向南"，外交上的"由美徂俄"，以及五花八门的"社会主义"，成为国人新的政治选择

1 迟云飞、丁高杰：《铁路开通与晚清北京官员出行——以〈徐世昌日记〉为中心的观察》，《安徽史学》2022 年第 5 期。

2 王显国：《清末民初北京地区银元的兴起、盛行及其原因》，《博物院》2022 年第 3 期。

3 周云瑞、罗平汉：《新中国成立初期北京市失业救济研究》，《北京社会科学》2022 年第 4 期。

4 刘卓：《民国纸媒中的风俗画——〈北洋画报〉连载陈师曾〈北京风俗画〉册页的若干史料钩沉及分析》，《民俗研究》2022 年第 5 期。

与思想信仰。[1] 荣方超、张芳的《国立北平图书馆青年职员群体结构特征与经验启示》，认为该群体基于年龄结构、职业发展和学术研究等方面的共同特点形成了多元复合的群体结构，图书馆领导层面的引导和定位，职员对图书馆工作学术价值的认同，群体内部紧密稳定的关系网络。[2] 商盛阳的《五四前后的北洋教育部与北京学界风潮（1919—1920）——兼论军阀政治下政学关系的演变》，通过分析这一时期北洋教育部在教育治理中的角色，探讨其种种做法的得失。[3] 安劭凡的《重访平郊村——20 世纪 40 年代华北城郊日常生活的社会学呈现与历史学细读》，认为 20 世纪 40 年代的京郊日常生活有着鲜明的都市化乡村特点，包括生产与生计更依赖城郊集镇与城市间的贸易网络；传统民间信仰与现代教育并存；城郊社会流动性较强，且缺乏稳定的、有控制力的自治组织。[4] 韩晓莉的《乱世浮华：沦陷时期北平的娱乐业与民众心态》，认为随着北平民众对"沦陷"体会日深，他们参加娱乐的心态在发生变化，即使在娱乐场中也可以感受到强烈的民族意识和民族情感。[5] 阳序言的《20 世纪 30 年代北平市政府对女性形象塑造之考察——以刘荷影案为中心》，指出 1935 年 3 月，北平女作家刘荷影沦为妓女一事经媒体报道后引起了全国各界的关注，考虑到刘案引发的舆情，正在大力推行新生活运动的北平

1　杨天宏：《"大革命"前夕的社会心理变动——基于北京大学 25 周年校庆民意测验的分析》，《社会科学研究》2022 年第 5 期。

2　荣方超、张芳：《国立北平图书馆青年职员群体结构特征与经验启示》，《图书馆论坛》2022 年第 10 期。

3　商盛阳：《五四前后的北洋教育部与北京学界风潮（1919—1920）——兼论军阀政治下政学关系的演变》，《中国人民大学教育学刊》2022 年第 2 期。

4　安劭凡：《重访平郊村——20 世纪 40 年代华北城郊日常生活的社会学呈现与历史学细读》，《开放时代》2022 年第 3 期。

5　韩晓莉：《乱世浮华：沦陷时期北平的娱乐业与民众心态》，《山西大学学报》（哲学社会科学版）2022 年第 6 期。

市政府将刘荷影送入妇女救济院，并通过媒体对其进行了符合国民政府所宣扬的新女性形象的改塑。[1] 张华杰的《1949 年中共对北平市报社、通讯社的接管》，指出 1949 年，中共中央组织了专门的接收班子，设立北平市军事管制委员会文化接管委员会新闻出版部，负责接管北平各报社、通讯社，新闻出版部接管人员在良乡进行了干部培训、政策学习、调查研究、整顿入城思想和纪律等准备工作，为入城后对各报社、通讯社的成功接管奠定了基础。[2] 综合性的研究有王建伟的《旧都新城：近代北京的社会变革与文化演进》，将近代北京置放在近代中国大历史的框架之下、通过政治、文化与社会的多维视角透视，交织呈现北京从一座传统帝都到近代城市演进过程中的纷繁画面。具体内容涵括 20 世纪初期北京城市化进程的初步启动、20 年代北京知识群体面对时代更迭时在思想与行动上的选择、国民党新政权建立之后对北京的政治与文化改造、30 年代北平发展路径的新规划、消费空间与城市文化新秩序的构建、抗战时期北平的文化生态等。[3]

以外地来京者的视角审视清末北京的日常与变动，有王康的《得窥天颜：清末拔贡赴京朝考的微观体验》，利用川籍士子彭阜成《庚戌北上日记》，从微观视角呈现出普通士人对拔贡朝考的观感，通过其视野、行踪，探讨清末士子在北京城的流动，游走其间的心态，并深入清末新政的背景了解优拔贡考试生活的实态。[4] 薛舒丹的《浅谈乐嘉藻〈庚戌旅行日记〉中的清末北京古玩市场》，指出乐嘉藻在其 1910 年的《庚戌旅行日记》中记录

1　阳序言：《20 世纪 30 年代北平市政府对女性形象塑造之考察——以刘荷影案为中心》，《中国国家博物馆馆刊》2022 年第 5 期。

2　张华杰：《1949 年中共对北平市报社、通讯社的接管》，《兰台世界》2022 年第 9 期。

3　王建伟：《旧都新城：近代北京的社会变革与文化演进》，中国社会科学出版社，2022。

4　王康：《得窥天颜：清末拔贡赴京朝考的微观体验》，《河北师范大学学报》（哲学社会科学版）2022 年第 3 期。

了自己历时七十三天的北京之行，日记内容涉及当时北京古玩市场的交易模式、买家心理和行业内幕等诸多细节，是清末民初北京古玩市场相关研究和民众日常生活史研究的珍贵补充资料。[1] 张秀玉的《清末民初桐城派士人的"倔强坚守"——以客居北京的桐城籍作家为中心》考察了清末民初，亲历辛亥鼎革、民国肇建、复辟帝制等历史事件的马其昶、陈澹然、姚永朴、姚永概等桐城士人面对巨变都做出了各自的思考和选择。认为这时期的桐城派士人坚持孔教，固守三纲五常为治国之本，即使赞同西学的科技，也强调了西学为用。他们的"倔强坚守"体现出旧士人的骨气及社会进步的曲折。[2]

四　历史文献

在碑刻整理与研究方面。杨亦武编著的《房山碑刻通志》卷6、卷7、卷8，由学苑出版社出版发行。[3] 至此，《房山碑刻通志》卷一至卷八的编研出版全部完成。《房山碑刻通志》（八卷本）共收录房山全境25个乡镇（街道）的碑刻，这些碑刻分布145个村、1个社区，该书最终完成875件碑刻的抄录、整理、编目、分类、考证。刘阳的《青莲朵朵：圆明园的石刻》，系统介绍了圆明园现存御笔石刻，这些石刻主要是乾隆、嘉庆、道光三朝皇帝的御笔，大多数常年存放在私人或单位大院内，鲜

1　薛舒丹:《浅谈乐嘉藻〈庚戌旅行日记〉中的清末北京古玩市场》,《贵州文史丛刊》2022年第 3 期。

2　张秀玉:《清末民初桐城派士人的"倔强坚守"——以客居北京的桐城籍作家为中心》,《社会科学辑刊》2022 年第 4 期。

3　杨亦武:《房山碑刻通志》卷 6、卷 7、卷 8,学苑出版社,2022。

为人知，拓片更是从来没有公布过，对研究圆明园流散石刻及清朝皇帝书法艺术有重要的参考作用。[1] 张志勇的《京津冀方志金石文献述论》，以京津冀碑铭墓志、摩崖石刻、经幢造像等各类金石文献为研究对象，对文坛名家、达官显宦的创作进行深度解读，阐述其创作特征及文学史的意义，并从伦理、教育、民俗、学术、宗教等角度，多层次地发掘其蕴含的价值，并归纳总结其中的地域文化特色。[2]

在档案整理与研究方面。北京市档案馆分别推出《北平地区抗日活动档案汇编》（全 2 册）和《档案中的北京：科技之光·北京档案史料》，前者收录了该馆保存的 1931 年至 1945 年间北平地区有关抗日活动的档案资料 209 件，其中首次公布的档案有 51 件，大部分内容是关于北平沦陷期间的抗日宣传、八路军在北平四郊抗日活动等档案。[3] 后者主要反映了新中国成立初期到 20 世纪 90 年代北京市科技发展历程、成就以及科普工作成果。[4]

在日记、信札整理方面。九州大学中国文学会编《目加田诚北平日记》，记载了 1933—1934 年，作者留学北平的生活，对当时北京民风民俗有生动详细的记载，再现了 20 世纪 30 年代的北平各种世俗光景。[5] 北京师范大学历史学院、北京师范大学图书馆汇编的《陈垣师友手稿信札书画墨迹》，该书基于 2020 年 11 月在北师大图书馆为纪念陈垣 140 周年诞辰而举办的陈垣及其友朋弟子学术手稿、往来书札及书画作品展。该展览陈列展品数十件，囊括了学术作品、来往书札、书画作品、师友题名四个方面

1　刘阳：《青莲朵朵：圆明园的石刻》，清华大学出版社，2022。
2　张志勇：《京津冀方志金石文献述论》，社会科学文献出版社，2022。
3　北京市档案馆编《北平地区抗日活动档案汇编》（全 2 册），中华书局，2022。
4　北京市档案馆编《档案中的北京：科技之光·北京档案史料》2022 年第 1 辑，新华出版社，2022。
5　九州大学中国文学会编《目加田诚北平日记》，凤凰出版社，2022。

的内容。学术作品包含陈垣《通鉴胡注表微》稿本、《建康实录》题跋本、《元西域人华化考》签名本、柴德赓《陈垣著作编目目录》稿本、《鲒埼亭集谢三宾考》稿本、《书目答问补正》批注本、刘乃和硕士学位论文《三国演义与正史》稿本等，均为手泽珍品，价值巨大。[1]

在外文文献的整理与研究方面。顾钧、雷强的《近代北京英文学术刊物研究》，重点研究了当时中国学界享有盛誉，在国际学界也有广泛影响的 4 份刊物：中国社会及政治学会主办的《中国社会及政治学报》(*The Chinese Social and Political Science Review*，1916–1941)、辅仁大学主办的《辅仁英文学志》(*Bulletin of the Catholic University of Peking*，1926–1934)、北京图书馆主办的《图书季刊》(*Quarterly Bulletin of Chinese Bibliography*，1934–1948)、燕京大学主办的《燕京社会学界》(*The Yenching Journal of Social Studies*，1938–1950)。该书对这些英文学术刊物做了全面深入的研究。[2]欧阳哲生的《庚申之变——1860 年英法联军在北京研究》，利用近年翻译出版《圆明园劫难记忆译丛》披露的英、法文献材料，展现了英法联军对圆明园从洗劫到焚烧的实施、占领安定门后对北京城墙的观测和预案、清朝被迫与英法签订《北京条约》现场的内情。[3]

此外，北京市通州区图书馆编的《北京通州历史文献辑录稿》是一部以北京市通州区历史为主题的文献辑录集，全书分《舆地·建置·风土》《运河·漕运·赋税》《职官·选举·人物》

---

1 北京师范大学历史学院、北京师范大学图书馆编《陈垣师友手稿信札书画墨迹》，北京师范大学出版社，2022。

2 顾钧、雷强：《近代北京英文学术刊物研究》，学苑出版社，2022。

3 欧阳哲生：《庚申之变——1860 年英法联军在北京研究》，《清华大学学报》（哲学社会科学版）2022 年第 5 期。

《艺文》四辑，共八册，围绕着北京通州的发展变迁、通州漕运及经济发展、通州地域文化等各方面，从不同的历史文献中对相关内容进行辑录、分类、汇编，其中部分方志内容是首次点校。将历史典籍中有关北京通州的丰富史料辑录成集，为北京史研究、北京通州地区历史文化研究以及全国文化中心建设、大运河文化带建设、北京城市副中心历史文化遗产保护提供了丰富而实用的文献资料。[1]

结　语

综上所述，2022 年北京史研究成果丰硕，可以发现其若干趋势。现予以简要总结。

一是重视新史料的挖掘和多学科研究方法的交叉运用，推进研究的深入发展。二是从现实关怀出发的研究，仍是 2022 年北京史研究的一个趋势，为市委、市政府决策提供有力的学术支撑。

与此同时，北京史研究也存在一些有待加强的领域。首先，北京史宏观性、综合性问题研究有待加强。其次，北京地区民族史和民族史学研究有待进一步深化。再次，需要继续发掘、收集和整理北京地方历史文献，有待开发、爬梳和整理的各类有关文献资料仍有很多。北京史的研究，既要有宏大气魄、开阔视野，也要有细致功夫，以持续扎实地向前推进。

1　北京市通州区图书馆编《北京通州历史文献辑录稿》，中国书店，2022。

稿　约

《北京史学》创刊于 2012 年，最初为年刊。2018 年正式改由社会科学文献出版社出版，每年分春季刊、秋季刊，总计出版两辑。

本集刊系学术性、理论性出版物，定位于北京史研究与交流的专业阵地。为进一步拓展研究领域，我们倡导"大北京史"研究，凡是与北京史相关的研究论题，都在我们的征稿范围之内。

来稿篇幅以 8000—15000 字为宜，个别文章可扩展至 30000 字，需提供 200 字左右的中英文题目、摘要与关键词，并请附作者简介、电话、电子邮箱、邮寄地址等信息。基金项目或资助项目请注明具体名称及编号。注释体例以社会科学文献出版社相关要求为准。

本集刊特设青年论坛，尤其欢迎青年学人（包括博士研究生、硕士研究生）赐稿，一切以学术质量为取舍标准。

本集刊对拟采用稿件有酌情删改权，如不同意删改者，请在来稿中特别声明。来稿一经刊用，即付稿酬，并赠送样书两本。凡刊载于本集刊文稿的著作权，均由本集刊与作者共同享有，作者著作权使用费已在稿酬中一次性给付，不再另行支付。

所有稿件均实行匿名审稿制，如在两个月之内未获采用通知，作者可自行处理。

本集刊倡导良好学风，严格遵守学术规范。来稿如发生侵犯他人著作权的行为，作者应负全部责任并赔偿一切损失。

投稿邮箱：bjsx910@163.com

编辑部地址：北京市朝阳区北四环中路 33 号北京市社会科学院历史研究所

邮编：100101

联系电话：010-64872644

《北京史学》编辑部

图书在版编目（CIP）数据

北京史学 . 2023 年 . 春季刊：总第 17 辑 / 北京市社
会科学院历史研究所编 . -- 北京：社会科学文献出版社，
2023.12

ISBN 978-7-5228-2807-7

Ⅰ . ①北… Ⅱ . ①北… Ⅲ . ①北京 - 地方史 - 文集
Ⅳ . ① K291-53

中国国家版本馆 CIP 数据核字（2023）第 219943 号

北京史学 2023 年春季刊（总第 17 辑）

编　　者 / 北京市社会科学院历史研究所
执行主编 / 任　超

出 版 人 / 冀祥德
责任编辑 / 郑彦宁
文稿编辑 / 白纪洋
责任印制 / 王京美

出　　版 / 社会科学文献出版社 · 历史学分社（010）59367256
　　　　　 地址：北京市北三环中路甲 29 号院华龙大厦　邮编：100029
　　　　　 网址：www.ssap.com.cn
发　　行 / 社会科学文献出版社（010）59367028
印　　装 / 唐山玺诚印务有限公司

规　　格 / 开本：787mm×1092mm　1/16
　　　　　 印张：22.75　字数：298 千字
版　　次 / 2023 年 12 月第 1 版　2023 年 12 月第 1 次印刷
书　　号 / ISBN 978-7-5228-2807-7
定　　价 / 128.00 元

读者服务电话：4008918866